En un mundo donde el gobierno civil puede ser fuente de frustración y desconfianza, es fácil olvidar que también existe un gobierno divino que dirige y guía a la iglesia. En 'Cómo Jesús Dirige la Iglesia', Waters nos sumerge en un viaje revelador y profundamente esclarecedor sobre la importancia del gobierno en la vida de la iglesia.

A través de una mirada detallada a las Escrituras y una sólida base bíblica, Waters demuestra que Jesús mismo instituyó un gobierno para Su iglesia. Con un enfoque particular en la eclesiología, este libro ofrece una visión clara de cómo Jesús modeló y continúa dirigiendo la iglesia en la actualidad.

Eduardo Martorano,
Pastor Iglesia Presbiteriana La Vid (PCA), Laredo, Texas

Interactuando con la Palabra, los Estándares de Westminster y el Libro de Orden de la Iglesia Presbiteriana en América (PCA), el Dr. Waters nos entrega a los cristianos reformados en América Latina una obra clara y práctica acerca de un tema que ha sido poco desarrollado en nuestro medio. El gobierno de la iglesia es una de las áreas que más atención requiere en este momento de la historia de las congregaciones reformadas en la región, tanto para nuestra vida diaria en la iglesia, como para las misiones. Aunque no estoy de acuerdo con todo lo que el autor sostiene, dado que vengo de una tradición reformada distinta, sin duda su libro es una gran contribución a una discusión que debe ser tomada más en serio si deseamos iglesias ordenadas y fuertes de cara al futuro.

Ps. Pablo Landázuri,
Misionero de las Iglesias Reformadas Unidas, Ecuador. Presidente de la Asociación de Seminarios Presbiterianos y Reformados en América Latina

El Dr. Guy P. Waters nos entrega de manera sólida y accesible el caso bíblico para el gobierno presbiteriano de la iglesia. Esta obra presenta un profundo y equilibrado análisis histórico, doctrinal y práctico del gobierno de la iglesia, sin dejar de lado temas claves importantes para responder a las controversias contemporáneas, como el individualismo y el activismo político. Todo lector interesado en la eclesiología reformada ya sea parte del liderazgo de la iglesia o no, se beneficiará en sobremanera de toda la enseñanza bíblica contenida en este importante recurso.

Josué Pineda,
Estudiante del programa de Th.M. en el Puritan Reformed Theological Seminary (PRTS, por sus siglas en inglés).

El despertar teológico de la última década en Hispanoamérica ha traído mucho interés por la tradición teológica conocida como 'Teología Reformada', que si bien es cierto, gracias a Dios se ha centrado en el área de la soteriología o doctrina de la salvación principalmente; todavía no ha visto las implicaciones directas y naturales de dichas doctrinas en otras enseñanzas relacionadas claramente como es la doctrina de la iglesia o eclesiología, que es la forma de vida, adoración y servicio de todos aquellos que han sido salvados por y para Dios. En nuestro caso, además de lo soteriológico, también se requiere un despertar eclesiológico; pues la comprensión profunda de ser salvos se expresa en ser llamados a estar congregados, porque, aunque la salvación sea personal, no implica que la vida cristiana sea ejercida de manera individual; y para que haya una verdadera Reforma en el cristianismo hispano, deben establecerse verdadera Iglesias Reformadas dentro del pueblo hispano. Bienvenido el libro del Dr. Waters como introducción a la eclesiología reformada para la iglesia hispana.

John Edgar Sandoval,
Pastor plantador, Iglesia Reformada Evangélica Presbiteriana de Colombia. Miembro de la Junta Directiva del Seminario Reformado Latinoamericano. Profesor de Teología Histórica y Misiones Reformadas en América Latina.

Una de las cosas fundamentales para que las iglesias se planten y se mantengan saludables es tener un buen conocimiento del gobierno de la iglesia. El Dr. Waters en su libro sobre el gobierno de la iglesia nos brinda un libro muy claro, conciso y accesible sobre el gobierno de la iglesia. Continúo haciendo referencia frecuente y recomendando este libro a muchos pastores y líderes de iglesias. Creo de todo corazón que este libro será de gran bendición para muchos en la iglesia latinoamericana.

Aaron Halbert,
Pastor en la Iglesia Presbiteriana Gracia Soberana, Tegucigalpa, Honduras. Ordenado por la Iglesia Presbiteriana en América (PCA, por sus siglas en inglés).

La eclesiología ha sido durante demasiado tiempo el pariente pobre en los círculos evangélicos e incluso reformados. En los últimos años hemos asistido a una reacción positiva contra esta negligencia, pero gran parte de ella no ha estado bien fundamentada ni bíblica ni históricamente. Por ello, es un placer recomendar el libro de Guy Waters como una guía sólida, bíblica y accesible sobre la naturaleza de la Iglesia. Escrito por un eclesiástico para la Iglesia, puede ser leído con provecho por los titulares de cargos, los profesores de la escuela dominical y cualquier creyente que desee una comprensión más profunda de lo que significa ser miembro de la Iglesia de Cristo en la tierra.

Carl R. Trueman,
Profesor de Teología Histórica e Historia de la Iglesia, Westminster Theological Seminary

Para gran parte del mundo evangélico contemporáneo, la idea de que nuestro Señor estableció una iglesia visible es desconocida o descartada. Sin embargo, los que seguimos creyendo que cuando Jesús dijo "díselo a la iglesia" previó y pretendió el establecimiento de una institución organizada, agradeceremos al Dr. Waters esta obra reflexiva.

R. Scott Clark,
Profesor de Historia de la Iglesia y Teología Histórica, Westminster Seminary California

Aunque el Dr. Waters lamenta con razón que vivamos en una época de baja eclesiología, este libro contribuye significativamente a su recuperación. Waters presenta un argumento contemporáneo a favor de la política presbiteriana, hábilmente defendido a partir de las Escrituras y cuidadosamente anotado a partir de fuentes de la tradición reformada, especialmente la sólida eclesiología de las voces presbiterianas del sur. Su elogio de la concepción reformada del poder eclesiástico, los cargos y los tribunales eclesiásticos es un recordatorio convincente de que la salud de la Iglesia está ineludiblemente ligada a su sistema de gobierno, y que la sumisión al gobierno eclesiástico bíblico es esencial para una vida cristiana correctamente ordenada.

John R. Muether,
Profesor de Historia de la Iglesia, Decano de Bibliotecas, Subdirector del D.Min.

Con demasiada frecuencia se olvida que el cristianismo reformado requiere iglesias reformadas, y que las iglesias reformadas, para ser verdaderamente bíblicas, deben ser presbiterianas en su gobierno. Guy Waters ha reconocido con razón que hay una falta de buen material contemporáneo que explique y defienda esta idea, y en este libro proporciona un remedio maravilloso. El profesor Waters hace un excelente trabajo basándose en la visión teológica de nuestros antepasados presbiterianos y combinándola con su propia experiencia como uno de los mejores biblistas contemporáneos de la comunidad reformada. Resulta especialmente útil la forma en que vincula los principios generales de la eclesiología reformada con las particularidades de la política presbiteriana y su explicación clara y matizada de la naturaleza y los límites de la autoridad eclesiástica. Recomiendo encarecidamente este libro y espero que durante muchos años fortalezca nuestra comprensión y práctica del gobierno bíblico de la iglesia bajo la autoridad de Cristo y sólo de las Escrituras.

David VanDrunen,
Robert B. Strimple Profesor de Teología Sistemática y Ética Cristiana, Westminster Seminary California

En el siglo XIX prácticamente todos los profesores de un seminario presbiteriano escribían sobre teología pastoral y eclesiología. Por qué los profesores de seminario ya no lo hacen es un misterio, pero Guy Waters ha intentado poner remedio a su enigma recurriendo a la riqueza del material que los teólogos presbiterianos elaboraron para el bien de sus comuniones. No se limitaban a defender la importancia de la política presbiteriana, sino que también buscaban en las Escrituras instrucciones sobre cómo quería Cristo que se ordenara su Iglesia. Este es un libro oportuno que deberían leer todos los oficiales de la iglesia (y los que aspiran a un cargo). Puede incluso iniciar una recuperación en el siglo XXI de la eclesiología que los presbiterianos defendieron y mantuvieron como parte de su esfuerzo por construir iglesias reformadas según la Palabra de Dios.

D. G. Hart,
Profesor visitante de Historia, Hillsdale College

CÓMO JESÚS DIRIGE SU IGLESIA

GUY PRENTISS WATERS

Cómo Jesús dirige su iglesia
por Guy Prentiss Waters.

Copyright © Monte Alto Editorial, 2024.

Traductor: Josué Pineda.
Editor: Rudy Ordoñez.

Traducido con permiso del libro How Jesus Runs the Church © Guy Prentiss Waters. 2011, P&R Publishing Company, P.O. Box 817, Phillipsburg, New Jersey 08865–0817.

Ninguna parte de esta publicación puede ser reproducida, almacenada en un sistema de recuperación o transmitida en forma alguna por ningún medio, ya sea electrónico, mecánico, fotocopiado, grabado o de otro tipo, sin el permiso previo del editor.

Primera impresión en el mes de abril, 2024 en Colombia.

A menos que se indique lo contrario, las citas de las Escrituras son de la Nueva Biblia de las Américas (NBLA) © 2005 por The Lockman Foundation.
Monte Alto Editorial

www.montealtoeditorial.com

ISBN: 9786280126715

A mis hijos:

Phoebe Louise Waters
Lydia Anne Waters
Thomas Edward Elzberry Waters

*Que la iglesia y su única Cabeza, Jesucristo,
sea preciosa para ustedes todos los días de su vida.*

CONTENIDO

Prólogo 13
Agradecimientos 17
Abreviaturas 20
Introducción 21
1. ¿Qué es la iglesia? 33
2. El gobierno de la iglesia 61
3. El poder de la iglesia 87
4. Los oficios de la iglesia 115
5. Los tribunales de la iglesia 155
6. Conclusión 185
7. Gobierno eclesiástico: Selección bibliográfica comentada .. 189

PRÓLOGO

Durante aproximadamente una década, enseñé un curso sobre Eclesiología y Adoración Presbiteriana en el Gordon-Conwell Theological Seminary. Para esto, preparé una bibliografía bastante extensa (diecinueve páginas, a espacio sencillo), y me sorprendió lo mucho que se había escrito sobre la iglesia (*eclesiología*) en los siglos diecisiete al diecinueve, y lo poco que se ha escrito desde entonces. Uno de los resultados es que incluso si alguien estuviera interesado en aprender más sobre la iglesia de Cristo, sería difícil hacerlo sin los recursos de un seminario teológico, ya que la mayor parte del buen material escrito sobre la iglesia estaba agotado. Thomas E. Peck (el sucesor de Robert Lewis Dabney en el Union Seminary, en Virginia) estaba agotado; Charles Hodge, de Princeton, registró la mayor parte de sus escritos sobre eclesiología en las publicaciones del *Princeton Theological Review*; Thomas Smyth, de Charleston, estaba agotado; James Bannerman, de Edimburgo, entraba y salía de la imprenta; John B. Adger se escondía en las páginas del *Southern Presbyterian Review* (1847 – 1885).

Los siglos diecisiete al diecinueve habían abordado estos asuntos no sólo de forma exhaustiva, sino también con avidez. En 1841, Thomas Smyth escribió *An Ecclesiastical Catechism* (*Un catecismo eclesiástico*), que constaba de 124 páginas y planteaba y respondía 280 preguntas referentes a la iglesia, como éstas:

¿Cuál es el significado de la palabra *católica*?

Entonces, ¿en qué consiste esencialmente la unidad de la iglesia?

¿Qué se quiere decir con una iglesia verdadera?

¿Es suficiente la conexión con alguna iglesia visible para asegurar la salvación del alma?

¿Qué otros deberes tienen los miembros de cada iglesia particular, hacia aquellos de otras denominaciones cristianas?

Hoy en día, nos sería difícil pensar en plantear 280 preguntas sobre la iglesia, y aún más difícil, encontrar a alguien que pudiera responderlas.

Se habían escrito algunos textos de naturaleza más reciente sobre la iglesia, pero eran predominantemente prácticos: cómo organizar reuniones, cómo tratar con los jóvenes (¡y sus padres!), cómo aconsejar a las personas que no querían nada de eso, etc. Pero las preguntas sobre cómo debe ser gobernada la iglesia, por quién y con qué fines, quedaron en gran medida sin abordar. ¿Qué tipo de poder tiene la iglesia, si es que tiene alguno? ¿Qué tipo de cosas pueden exigir sus oficiales a los miembros? ¿Es la membresía en sí misma importante, o necesaria, o un aspecto del discipulado cristiano? Estas preguntas no se respondían de forma errónea, sino que simplemente no se planteaban en absoluto.

En ocasiones, estas preguntas (y otras similares) se plantearon en circunstancias en las que ya se había producido una catástrofe eclesiástica. En las iglesias que habían sufrido terribles y dolorosas divisiones (o que se habían hundido por completo), los sobrevivientes se preguntaban a veces si el dolor podría haberse evitado y, en caso afirmativo, cómo. Pero, en general, las obras críticas sobre la naturaleza de la iglesia, su gobierno y sus límites, simplemente no se abordaban.

El Dr. Guy Waters ha introducido un oasis en este árido desierto. En un libro que es a la vez exhaustivo y breve, docto y accesible, con matices y claro, el Dr. Waters ha cubierto las bases de la eclesiología con su obra *How Jesus Runs the Church* (*Cómo Jesús gobierna la iglesia*). Su obra está informada históricamente, integrada teológicamente y fundamentada bíblicamente; sus debates sobre asuntos controvertidos son siempre imparciales y juiciosos. Aunque no todo el mundo podrá estar de acuerdo con él en todos los puntos menores, todos encontrarán que aborda de forma justa y caritativa los puntos de vista con los que no está de acuerdo. Si este libro hubiera existido cuando yo daba clases en Gordon-Conwell, no habríamos agotado la fotocopiadora reproduciendo capítulos y artículos de libros y revistas antiguas.

En una cultura estadounidense narcisista, igualitaria, pluralista y voluntariosa, la cuidadosa discusión del Dr. Waters sobre la forma en que el Cristo resucitado gobierna su iglesia puede parecer tan peculiar como mis clases de griego; pero es precisamente lo que necesitamos, y lo que hemos necesitado durante mucho tiempo. Sólo hay dos tipos de personas que deberían leer este libro: los que aman a la novia de Cristo, la iglesia, y los que no.

T. David Gordon
Profesor de religión y griego
Grove City College
Grove City, Pensilvania

AGRADECIMIENTOS

Soy presbiteriano, pero no hijo de presbiterianos. Fui criado en la Iglesia Luterana, pero entré formalmente en la Iglesia Presbiteriana de América[1] (PCA, por sus siglas en inglés) más adelante, a la avanzada edad de veinte años. Disfruté entonces (y sigo haciéndolo) de los compromisos inquebrantables de la PCA con la autoridad bíblica y la fe reformada. Sin embargo, confieso que desde el principio me desconcertó la forma de gobierno presbiteriana. "Anciano", "diácono", "tribunal", "consistorio": estos eran sólo algunos de los términos desconocidos que encontré como nuevo presbiteriano. Me aconsejaron que comprara un ejemplar del *Libro de orden de la iglesia* (BCO, por sus siglas en inglés) de la PCA. Lo hice y comencé a estudiarlo. Algunas de mis preguntas fueron respondidas. Pero, por otra parte, surgieron más preguntas. Siempre me ha gustado saber cómo funcionan las cosas y por qué funcionan como lo hacen. Quería saber cómo y por qué los presbiterianos hacemos lo que hacemos en el gobierno de la iglesia. ¿Dónde podría ir para empezar a obtener algunas respuestas?

En aquel momento no lo sabía, pero esa curiosidad fue la semilla de la que germinaría este libro en su forma actual. En el camino, he tenido mucha ayuda. Fue David F. Coffin Jr., quien primero me señaló algunas de las declaraciones y exposiciones clásicas del gobierno de la iglesia presbiteriana. Este material no siempre ha sido fácil de localizar, pero su recompensa al encontrarlo ha superado con creces mis expectativas. He podido disfrutar de un diálogo sostenido por algunas de las mejores mentes reformadas de los últimos cuatro siglos. Ha sido un verdadero privilegio. Tanto es así que he querido dar a los lectores del siglo veintiuno la oportunidad de "escuchar" conmigo.

---

[1] En este y todos los casos que en este libro se indique la Iglesia Presbiteriana de América, se debe tener presente que América hace referencia a los Estados Unidos de América, no al continente americano.

Es raro el individuo vivo para quien el gobierno de la iglesia despierte un gran interés, y mucho más si se trata de pasión. En la providencia de Dios, he encontrado algunos en el camino. Estoy especialmente agradecido con Dave Coffin, Jr., Ligon Duncan III, James "Bebo" Elkin, David Jussely y W. Duncan Rankin por las provechosas conversaciones y consejos en esta área. También debo extender mi gratitud a Bebo, C. N. Willborn y T. David Gordon, cada uno de los cuales ha dedicado generosamente su tiempo a leer un borrador de este trabajo y a proporcionar comentarios. T. David ha tenido la amabilidad de proporcionar un prólogo para este libro, por lo que le estoy especialmente agradecido.

El gobierno de la iglesia presbiteriana debe aprenderse, pero también debe modelarse. Estoy agradecido por algunos buenos modelos a lo largo de los años. Los ministros y ancianos de la Iglesia del Buen Pastor (PCA), en Durham, Carolina del Norte, donde tuve la oportunidad de servir como pasante, me mostraron cómo el buen funcionamiento del gobierno de la iglesia puede beneficiar la vida de la congregación. El Presbiterio del Valle del Misisipi (PCA), en medio del cual sirvo como anciano docente en la PCA, ha hecho lo mismo para mí en una escala más amplia.

La institución en la que enseño, el Reformed Theological Seminary (RTS) en Jackson, me brinda amablemente la oportunidad de impartir una asignatura de gobierno de la iglesia cada año. Robert C. Cannada Sr., un padre fundador de la PCA y uno de los fundadores de RTS, tenía un interés particular en el gobierno de la iglesia presbiteriana. W. Jack Williamson, otro padre fundador de la PCA, enseñó sobre la forma de gobierno de la iglesia en RTS-Jackson durante muchos años hasta que se fue a casa para estar con el Señor. Este es un gran legado, y asumo las responsabilidades de este curso con algo de temor y trepidación. Por su continuo apoyo y estímulo, debo agradecer especialmente al Dr. Guy Richardson, presidente de RTS-Jackson, y al Dr. Miles Van Pelt, decano académico del mismo seminario.

Agradezco a mis alumnos de la asignatura de gobierno de la iglesia, con los que he puesto a prueba el material de este libro. Sus preguntas, comentarios y reflexiones me ayudaron a agudizar y perfeccionar mis ideas. Estoy seguro de que este libro es mejor por ellos. Debo agradecer especialmente a mi ayudante de investigación, Michael Lynch, quien leyó diligentemente y comentó de forma muy provechosa este trabajo en su versión preliminar.

Un agradecimiento especial a Marvin Padgett, vicepresidente editorial de P&R Publishing. Este proyecto, en su versión en inglés, no habría visto la luz de no ser por su estímulo y apoyo. También agradezco al resto del equipo de P&R por su labor colectiva en relación con este libro. Deseo agradecer especialmente a John J. Hughes, quien supervisó el proceso de edición hasta su finalización; a Rick Matt, quien se encargó de la consistencia y precisión de la obra; y a Mary Ruth Murdoch, quien corrigió la obra.

Debo reservar el agradecimiento final a mi familia. Mi esposa, Sarah, me ha respaldado en todo momento, ofreciéndome nada menos que apoyo y aliento amorosos. Mis hijos están llegando a una edad en la que pueden entender lo que es el gobierno bíblico de la iglesia. Espero que algún día lo hagan y lo acepten como un buen regalo de Jesús a Su iglesia. De hecho, eso es lo que espero que hagan ustedes también. Que el Señor se complazca en usar este libro para ese fin.

Guy Prentiss Waters
Jackson, Misisipi
Febrero de 2011

ABREVIATURAS

BCO *The Book of Church Order of the Presbyterian Church in America* [*El Libro de Orden de la Iglesia Presbiteriana en América*], 6th ed. (Lawrenceville, GA: Office of the Stated Clerk of the Presbyterian Church in America, 2010).

NICNT *New International Commentary on the New Testament series* [*Nueva Serie de Comentarios Internacionales sobre el Nuevo Testamento*], publicado por Eerdmans.

RAO *Rules of Assembly Operations: With Revisions Adopted by the 38th General Assembly* [*Reglamento de Operaciones de la Asamblea: Con las Revisiones Adoptadas por la 38ª Asamblea General*], 2010; distribuido con *The Book of Church Order of the Presbyterian Church in America* (Lawrenceville, GA: Office of the Stated Clerk of the Presbyterian Church in America, 2010).

SCSEE *Studies in Christian Social Ethics and Economics series* [*Serie de estudios de ética y economía social cristiana*], publicado por Acton Institute.

CFW *Confesión de Fe de Westminster* (Glasgow: Free Presbyterian Publications, 1958).

CMaW *Catecismo Mayor de Westminster*, en la *Confesión de Fe de Westminster* (Glasgow: Free Presbyterian Publications, 1958).

CMeW *Catecismo Menor de Westminster*, en la *Confesión de Fe de Westminster* (Glasgow: Free Presbyterian Publications, 1958).

PCA Presbyterian Church in America [*Iglesia presbiteriana en América*].

INTRODUCCIÓN

¿Qué te viene a la mente cuando escuchas la palabra "gobierno"? En Estados Unidos, la mayoría de los ciudadanos tienen contacto regular con el gobierno local, estatal y federal. A veces el gobierno nos exige tiempo, como el servicio de jurado o el servicio militar. En otras ocasiones, el gobierno demanda de nuestros bolsillos, como el impuesto sobre la venta; y de nuestros cheques, como el impuesto sobre la renta. Es habitual oír a la gente quejarse de las exigencias que les hacen sus representantes electos.

También es fácil olvidar las cosas buenas que un gobierno que funciona bien proporciona a sus ciudadanos. Las escuelas, las carreteras, la seguridad pública y una serie de otros servicios y beneficios hacen posible que tú y yo vayamos a trabajar, saquemos adelante a nuestras familias y nos reunamos con el pueblo de Dios para adorar y servir. Si alguna vez has visitado o vivido en un país con un gobierno deficiente o disfuncional, puedes apreciar realmente un buen gobierno. Un mal gobierno puede significar que no podemos contar con cosas como empleos estables, agua potable y electricidad o seguridad personal. Un mal gobierno puede significar incluso que los ciudadanos no puedan disfrutar de las libertades básicas que muchos de nosotros disfrutamos en Occidente. En resumen, pensemos mucho o poco en el gobierno, éste marca una gran diferencia en la calidad de nuestra vida cotidiana.

El gobierno de la iglesia

La iglesia tiene su propio gobierno. Esto no es un accidente. Como veremos, las Escrituras enseñan que Jesús mismo ha instituido un gobierno para Su iglesia, un gobierno que encontramos en la Biblia y solo en la Biblia. Este gobierno es una parte importante de la forma en que Jesús gobierna a Su pueblo.

Al igual que el gobierno civil, el gobierno de la iglesia puede, a veces, exigirnos. También como el gobierno civil, el buen funcionamiento del gobierno de la iglesia ayuda al pueblo de Dios a vivir bien su vida cristiana. Cuando el gobierno de la iglesia deja de ser lo que Jesús lo ha llamado a ser, esa ruptura puede perjudicar la vida cristiana.

En otras palabras, el gobierno de la iglesia es una parte crítica del discipulado cristiano. El gobierno de la iglesia es algo en lo que todo cristiano debería tener un gran interés. Ya seas un cristiano joven o un cristiano maduro; nuevo en una iglesia presbiteriana o descendiente de generaciones de presbiterianos; alguien que no es oficial o un oficial experimentado de la iglesia, necesitas saber lo que la Biblia enseña sobre el gobierno de la iglesia. Este conocimiento te ayudará a llevar una vida cristiana fructífera, a orar mejor por los oficiales y el trabajo de la iglesia, y a servir a la iglesia con más capacidad. Sobre todo, te ayudará a tener un renovado aprecio por la sabiduría y la gloria del único que es Cabeza y Rey de la iglesia, Jesucristo.

¿Qué pasó con el gobierno de la iglesia?

Es justo decir que el interés por el gobierno eclesiástico (también llamado sistema de gobierno de la iglesia) ha disminuido en el último siglo. Una forma de ver esto es mirando las publicaciones relativas a la forma de gobierno de la iglesia. Aunque se han reimpreso, las articulaciones clásicas del gobierno de la Iglesia Presbiteriana de Thomas E. Peck, Thomas Witherow y John Macpherson se escribieron en el siglo diecinueve.[2] Los tratados clásicos presbiterianos sobre la doctrina de la iglesia también datan del mismo período.[3] Esto sin

---

[2] Thomas E. Peck, *Notes on Ecclesiology* [*Notas sobre eclesiología*] (Richmond, VA: Presbyterian Committee of Publication, 1892; repr., Greenville, SC: Presbyterian Press, 2005); Thomas Witherow, *The Apostolic Church: Which Is It? An Enquiry at the Oracles of God as to Whether Any Existing Form of Church Government Is of Divine Right* [*La Iglesia apostólica: ¿Cuál es? Una investigación de los oráculos de Dios sobre si cualquier forma existente de gobierno de la iglesia es de derecho divino*], 5th rev. ed. (1881; repr., Glasgow: Free Presbyterian Publications, 1990); John Macpherson, *Presbyterianism* [*Presbiterianismo*] (Edinburgh: T&T Clark, 1882). Una edición de esta última obra se imprimió en 1949.

[3] Son representativos Stuart Robinson, *The Church of God as an Essential Element of the Gospel* [*La iglesia de Dios como un elemento esencial del evangelio*] (Philadelphia: Joseph M. Wilson, 1858; repr., Willow Grove, PA: The Committee on Christian Education of the Orthodox

hablar de los innumerables artículos, reseñas y discursos que se publicaron en las revistas, periódicos, actas y otros documentos de los organismos presbiterianos del siglo diecinueve.[4]

Estos manuales, libros, artículos y discursos reflejan discusiones vigorosas y, a veces, desacuerdos entre los presbiterianos del siglo diecinueve sobre el gobierno de la iglesia. Nos recuerdan un momento en que algunos de los mejores y más brillantes ministros y teólogos de la Iglesia Presbiteriana dedicaron su tiempo y energía a los asuntos de la forma de gobierno de la iglesia.

Esta preocupación y devoción no fue exclusiva del siglo diecinueve. El Libro IV de la obra de Calvino *Institución de la Religión Cristiana* de 1559, que constituye un tercio de la obra, está dedicado a la doctrina de la iglesia.[5] Una parte importante del Libro IV aborda temas relacionados con el gobierno de la Iglesia. Esta preocupación se trasladó a la Escocia de los siglos dieciséis y diecisiete, donde John Knox, Samuel Rutherford y George Gillespie reflexionaron ampliamente sobre el gobierno de la iglesia.[6] En consonancia con su

---

Presbyterian Church, 2009); James Bannerman, *The Church of Christ: A Treatise on the Nature, Powers, Ordinances, Discipline, and Government of the Christian Church* [*La iglesia de Cristo: Tratado sobre la naturaleza, los poderes, las ordenanzas, la disciplina y el gobierno de la Iglesia cristiana*], 2 vols. (Edinburgh: T&T Clark, 1868; repr., Edinburgh: Banner of Truth, 1960); Thomas Witherow, *The Form of the Christian Temple: Being a Treatise on the Constitution of the New Testament Church* [*La forma del templo cristiano: Un tratado sobre la constitución de la iglesia del Nuevo Testamento*] (Edinburgh: T&T Clark, 1889); William D. Killen, *The Framework of the Church: A Treatise on Church Government* [*El marco de la Iglesia: Un tratado sobre el gobierno de la iglesia*] (Edinburgh: T&T Clark, 1890).

[4] Un buen número de ellos fueron recopilados y se les dio una forma más permanente. Ver Robert L. Dabney, *Discussions: Evangelical and Theological* [*Discusiones: Evangélica y teológica*], vol. 2 (Richmond, VA: Presbyterian Committee of Publication, 1891; repr. Edinburgh: Banner of Truth, 1967); James H. Thornwell, *Collected Writings of James Henley Thornwell* [*Colección de escritos de James Henley Thornwell*], vol. 4: *Ecclesiastical* [*Eclesiástico*], ed. John B. Adger y John L. Girardeau (Richmond, VA: Presbyterian Committee of Publication, 1873; repr., Edinburgh: Banner of Truth, 1974); Thomas E. Peck, *Miscellanies of Thomas E. Peck* [*Misceláneas de Thomas E. Peck*], 3 vols. (Richmond, VA: Presbyterian Committee of Publication, 1895–97; repr., Edinburgh: Banner of Truth, 1999); Charles Hodge, *Discussions in Church Polity: From the Contributions to the "Princeton Review"* [*Discusiones sobre la política de la iglesia: De las contribuciones al "Princeton Review"*] (New York: Charles Scribner's Sons, 1878).

[5] Juan Calvino, *Institutes of the Christian Religion* [*Institución de la Religión Cristiana*], 2 vols. John T. McNeill, trad. Al inglés por Ford Lewis Battles, Filadelfia: Westminster, 1960), 1009-521.

[6] John Knox, *Second Book of Discipline* [*Libro segundo sobre disciplina*] (1578), repr. in Robinson, *The Church of God* [*La Iglesia de Dios*], 117–49; Samuel Rutherford, *A Peaceable and Temperate Plea for Paul's Presbytery in Scotland* [*Una súplica pacífica y templada para el presbiterio de Pablo en Escocia*] (1642); *The Due Right of Presbyteries* [*El debido derecho de los presbiterios*] (1644);

herencia reformada y presbiteriana escocesa, la Iglesia Presbiteriana estadounidense mantuvo la antigua preocupación de la Iglesia Reformada por la doctrina de la iglesia, en general, y la forma de gobierno de esta, en particular.

Los presbiterianos de hoy, por supuesto, siguen estudiando, discutiendo y debatiendo el gobierno de la iglesia.[7] Sin embargo, no lo hacemos en el grado en que lo hicieron las generaciones anteriores. Esto plantea dos preguntas relacionadas. ¿Por qué ha disminuido este interés? ¿Por qué la forma de gobierno de la Iglesia era tan importante para nuestros padres presbiterianos?

Una razón importante por la que el interés en la forma de gobierno de la iglesia ha disminuido es debido a las tristes experiencias de muchos presbiterianos conservadores en las principales iglesias presbiterianas del siglo veinte.[8] La infidelidad de muchas denominaciones e incluso la persecución de oficiales fieles dentro de esas denominaciones corrompieron los propósitos saludables del gobierno bíblico de la iglesia. Muchos cristianos buscaron fuera de las estructuras denominacionales el compañerismo, la evangelización y las misiones. El resultado fue un desafortunado distanciamiento del gobierno de la iglesia y el mandato bíblico de evangelización y discipulado.

Este desarrollo de acontecimientos apenas sirvió para frenar la marea de individualismo y autosuficiencia que ha caracterizado

---

Divine Right of Church Government and Excommunication [*El derecho divino del gobierno de la iglesia y la excomunión*] (1646); George Gillespie, *Treatise of Miscellany Questions, Aaron's Rod Blossoming* [*Tratado de temas misceláneos, florecimiento de la vara de Aarón*] . . ., 111 *Propositions on Church Government* [*Propósitos del gobierno de la iglesia*], *Assertion of the Government of the Church of Scotland, and Dispute against the English-Popish Ceremonies Obtruded upon the Church of Scotland* [*Afirmación del gobierno de la Iglesia de Escocia, y disputa contra las ceremonias inglesas-populares introducidas en la Iglesia de Escocia*], repr. in *The Presbyterian's Armoury* [*El arsenal de los presbiterianos*], 3 vols. (Edinburgh: R. Ogle, Oliver y Boyd, 1846).

[7] Ver, por ejemplo, Robert C. Cannada y W. Jack Williamson, *The Historic Polity of the PCA* [*Historia de la política de PCA*] (Greenville, SC: A Press, 1997).

[8] Estas han sido relatadas en obras como Morton Smith, *How Is the Gold Become Dim: The Decline of the Presbyterian Church, U.S., as Reflected in Its Assembly Actions* [*Cómo se ha oscurecido el oro: La decadencia de la Iglesia Presbiteriana de EE. UU., reflejada en las acciones de su asamblea*], 2nd ed. (Jackson, MS: Steering Committee for a Continuing Presbyterian Church, 1973). (Jackson, MS: Steering Committee for a Continuing Presbyterian Church, 1973); John Edwards Richards, *The Historical Birth of the Presbyterian Church in America* [*El nacimiento histórico de la Iglesia Presbiteriana en América*] (Liberty Hill, SC: Liberty Press, 1987).

durante mucho tiempo al cristianismo estadounidense.⁹ Los evangélicos estadounidenses suelen mostrar desconfianza hacia las instituciones y la autoridad, incluida la de la iglesia. Estos patrones van en contra de las enseñanzas bíblicas sobre la iglesia. Las Escrituras dicen a los creyentes que nos necesitamos los unos a los otros, y en particular a las labores fieles de los oficiales de la iglesia, para crecer en la vida cristiana (ver Ef 4:11-16).

Tal vez un paso hacia la recuperación del interés en la forma de gobierno de la Iglesia Presbiteriana contemporánea sea considerar por qué la doctrina de la iglesia pudo haber sido tan importante para nuestros antepasados presbiterianos. Dado que estaban comprometidos de todo corazón con la Biblia, podemos suponer que su preocupación y su trabajo reflejaban las prioridades bíblicas. De hecho, podemos considerar cuatro formas en las que las Escrituras destacan la importancia de la iglesia.

En primer lugar, existe una estrecha relación bíblica entre Cristo y Su iglesia. Cristo es la cabeza de Su cuerpo, la iglesia (Col 1:18, 24; Ef 5:23; Hch 9:5). Los intereses de Cristo están ligados a la iglesia. Estudiar y honrar el gobierno de la iglesia es dar gloria a Jesús, quien ha instituido ese gobierno para Su propia gloria y para el bien de Su iglesia. Por ejemplo, una de las razones por las que los reformadores protestaron tan enérgicamente contra la pretensión del Papa de ser el vicario de Cristo en la tierra, es que entendían que esta pretensión usurpaba el derecho exclusivo de Cristo a gobernar la iglesia.

En segundo lugar, la iglesia es un cuerpo que ha sido creado y que es gobernado divinamente. Sí, la iglesia ha sido creada divinamente. No es una mera asociación voluntaria de personas con intereses, trasfondos o metas similares. En este sentido, es diferente de los clubes rotarios o de las asociaciones de comercio. Los adultos entran en la iglesia cuando se declaran "pecadores a los ojos de Dios, siendo justamente merecedores de Su desagrado, y sin esperanza, salvo en Su soberana misericordia". Profesan "creer en el Señor Jesucristo como Hijo de Dios y Salvador de los pecadores, y [recibir] y apoyarse sólo en

---

⁹ Ver, en particular, Nathan Hatch, *The Democratization of American Christianity* [*La democratización del cristianismo estadounidense*] (New Haven, CT: Yale University Press, 1989).

Él para la salvación tal y como se ofrece en el evangelio".[10] La adopción de tales votos es "entrar en un pacto solemne con Dios y Su iglesia".[11]

La iglesia también es gobernada divinamente. La iglesia es el cuerpo de Cristo, quien es la única cabeza de esta. Parte de lo que significa que Jesús sea la cabeza de la iglesia es que Él tiene un derecho exclusivo y único de autoridad sobre ella. El Antiguo Testamento enseñaba a los creyentes de antaño a esperar que Dios mismo viniera y reinara sobre Su pueblo (ver los Salmos 2 y 110). El Nuevo Testamento cita con frecuencia estos salmos como si encontraran su cumplimiento en la persona y la obra de Jesucristo.[12] Esta es una de las muchas formas en las que el Nuevo Testamento nos muestra que Jesús es Rey sobre Su pueblo. Jesús no es un gobernante ausente. Está activa, íntima y presencialmente involucrado en el gobierno de Su iglesia. Una forma importante en que Jesús gobierna a Su pueblo es a través del gobierno que ha instituido en Su Palabra.

En tercer lugar, la iglesia es la representación visible del reino de Cristo en la tierra. Esto es lo que quiere decir la Confesión de Fe de Westminster cuando identifica a la "iglesia visible" con "el reino del Señor Jesucristo" (CFW 25.2). Sin entrar en el tema de la relación precisa entre el Reino de Dios y la iglesia visible, podemos señalar simplemente que la Confesión, siguiendo la Escritura, identifica a la iglesia como el lugar donde el reino de Jesús se muestra ahora de forma particular.[13] Visto desde esta perspectiva, el gobierno de la iglesia adquiere un significado especial, ya que este, es una forma de dar una expresión concreta y visible al reino actual de nuestro Mediador resucitado y exaltado, Jesucristo.

---

[10] Estas declaraciones han sido extraídas de los votos de membresía de la PCA. Ver *BCO* 57-5. Los votos de membresía utilizados por otros organismos presbiterianos y reformados contemplan elementos similares a los que aquí se plantean.

[11] *BCO* **57-5**.

[12] La edición más reciente del Nuevo Testamento griego de las Sociedades Bíblicas Unidas (SBU) cita el Salmo 2 en Hechos 4:25-26 (Salmo 2:1); Hechos 13:33; Hebreos 1:5; 5:5 (Salmo 2:7); y cita el Salmo 110 en Mateo 22:44 y paralelos; Mateo 26:64 y paralelos; Hechos 2:34-35; Hebreos 1:13 (Salmo 110:1); Hebreos 5:6; 7:17, 21 (Salmo 110:4). Ver *El Nuevo Testamento Griego*, 4ª ed. rev., ed. Barbara Aland et al. (Stuttgart: Deutsche Bibelgesellschaft/ Sociedades Bíblicas Unidas, 1983), 887-88. Ver también la lista mucho más extensa de "alusiones y paralelos verbales" en 895-96.

[13] Con respecto a la relación entre la iglesia y el reino, ver Geerhardus Vos, *The Teaching of Jesus concerning the Kingdom and the Church* [*La enseñanza de Jesús sobre el reino y la iglesia*] (1903; repr. Nutley, NJ: Presbyterian and Reformed, 1972).

INTRODUCCIÓN

En cuarto lugar, Jesús ha encomendado exclusivamente a la iglesia la labor de las misiones. Nuestros antepasados presbiterianos debatieron si las organizaciones fuera de la iglesia (organizaciones paraeclesiásticas) debían encargarse de la labor de la Gran Comisión.[14] Sin embargo, no había desacuerdo en que Jesús había llamado particularmente a la iglesia para llevar el evangelio a las naciones.

La Gran Comisión de Jesús a Sus discípulos en Mateo 28:18-20 es instructiva. Jesús se presenta a Sus discípulos después de Su resurrección, diciéndoles: "Toda autoridad me ha sido dada en el cielo y en la tierra" (28:18). Por supuesto, Jesús se refiere a la autoridad que el Padre le había concedido, como Mesías, tras Su resurrección. En vista de esa autoridad, da una comisión a "los once discípulos" (28:16). La comisión puede tener aplicación a la iglesia en general, pero pertenece particularmente a los discípulos, y a todos aquellos que después de ellos fueron llamados a llevar la Palabra de Dios a las naciones. En otras palabras, esta comisión tiene aplicación primaria a los ministros de la iglesia.

A los discípulos se les dijo "vayan, pues, y hagan discípulos de todas las naciones, bautizándolos en el nombre del Padre y del Hijo y del Espíritu Santo, enseñándoles a guardar todo lo que les he mandado" (28:19-20a). Los discípulos han de ir a las naciones y, en ellas, hacer discípulos.[15] En otras palabras, son el medio de Dios para llevar a las naciones a una alegre sumisión al reino salvador de

---

[14] Para consultar argumentos del siglo diecinueve que sostienen el papel único de la iglesia como agencia misionera de Cristo, ver Thornwell, *Collected Writings* [*Escritos recolectados*], 4:143-295; Benjamin M. Palmer, *Lay Evangelism and the Young Man's Christian Associations* [*El evangelismo laico y las asociaciones cristianas de jóvenes*], *Southern Presbyterian Review* 29, 2 (abril de 1878): 354-377; Robert L. Dabney, *Lay Preaching* [*Predicación laica*], *Southern Presbyterian Review* 27, 2 (abril de 1876): 228-249; repr. en Dabney, *Discussions* [*Discusiones*], 2:76-95.

[15] La palabra en español *id* se traduce del participio aoristo *poreuthentes*, mientras que las palabras en español *hagan discípulos* se traducen del imperativo aoristo *matheteusate*. Daniel Wallace ha observado que "en Mateo... todos los demás casos del participio aoristo de *poreuomai* seguidos de un verbo principal aoristo (ya sea indicativo o imperativo) constituyen claramente una circunstancia adjunta" (*Greek Grammar beyond the Basics: An Exegetical Syntax of the New Testament* [*Gramática griega más allá de lo básico: Una sintaxis exegética del Nuevo Testamento*] [Grand Rapids: Zondervan, 1996], 645). Por tanto, el participio *poreuthentes* ("id") se entiende mejor como un participio de circunstancia adjunta. Por lo cual, no debe tratarse como un imperativo coordinado con el imperativo traducido "hagan discípulos". Ver aquí la advertencia expresada por R. T. France, *The Gospel according to Matthew* [*El evangelio según Mateo*], NICNT (Grand Rapids: Eerdmans, 2007), 1115n34.

Cristo, para traer a hombres y mujeres junto a ellos como discípulos del Señor Jesús.

¿Por cuáles medios, los ministros de Cristo harán discípulos en las naciones?[16] Cristo proporciona dos medios en esta comisión. Los ministros de Cristo los bautizarán en el nombre trino de Dios (28:19), y les enseñarán todo lo que Cristo ha enseñado a Su iglesia a través de Sus apóstoles (28:20). La Gran Comisión no termina cuando una persona hace profesión pública de fe y se bautiza. Más bien, la Gran Comisión acaba de empezar. Jesús compara la iglesia con una escuela en la que Sus discípulos reciben continuamente enseñanzas de la Palabra de Dios. El Nuevo Testamento continúa diciéndonos que los discípulos son "enseñados a guardar todo lo que [Jesús] ha mandado" a través de la predicación de la Palabra de Dios y de la disciplina de la iglesia (ver 2Ti 4:1-5 y 1Co 5:1-13, respectivamente).

¿Qué tiene que ver todo esto con el gobierno de la iglesia? En pocas palabras, para que la iglesia lleve a cabo la Gran Comisión con fidelidad, debe ser bien gobernada. El ministerio de la Palabra a través de los oficiales y la disciplina de la iglesia son asuntos relacionados con el gobierno de la iglesia. En consecuencia, la integridad del llamado misionero de la iglesia está ligada a su sistema de gobierno.

Este patrón es precisamente lo que vemos en el libro de los Hechos. El ejemplo de Pablo, Bernabé y la iglesia de Antioquía es especialmente instructivo. En Hechos, la iglesia comisiona y envía a Pablo y Bernabé a predicar el evangelio (Hch 13:1-3). Estos hombres habían sido dotados y llamados por el Espíritu para una obra particular (Hch 13:2). La iglesia reconoce que Dios los ha llamado y, por tanto, los aparta mediante la imposición de manos (Hch 13:3). La iglesia entonces los envía a la obra para la que Dios los ha llamado (Hch 13:3).

Estos dos misioneros predican el evangelio y luego organizan a los que profesan la fe como congregaciones locales: "Después que les designaron ancianos en cada iglesia, habiendo orado con ayunos, los encomendaron al Señor en quien habían creído" (Hch 14:23). Pablo y Bernabé regresan entonces a su iglesia de origen para el ánimo

---

[16] Los participios *baptizontes* y *didaskontes* (Mt 28:19, 20) son probablemente participios de medio. Ver Wallace, *Greek Grammar*, 645; France, *The Gospel according to Matthew*, 1115.

mutuo (Hch 14:26-28), y, posteriormente, vuelven a las iglesias recién plantadas para animarlas y continuar con su instrucción: "Volvamos y visitemos a los hermanos en todas las ciudades donde hemos proclamado la palabra del Señor, para ver cómo están" (Hch 15:36). Antes de emprender este siguiente viaje misionero, Pablo participa en una intensa asamblea eclesiástica en Jerusalén (Hch 15:1-35). El fruto de esta reunión es un decreto que, entre otras cosas, reafirma formalmente el compromiso de la iglesia con el evangelio que está proclamando a las naciones (Hch 15:22-35).

En resumen, el buen funcionamiento del gobierno de la iglesia es fundamental para su fidelidad como la agencia misionera que Cristo ha designado en la tierra.

Nuestros antepasados presbiterianos valoraban el gobierno de la iglesia porque entendían la importancia y el lugar que este ocupa dentro de las enseñanzas de las Escrituras sobre la vida de la iglesia y del cristiano. Comprendieron que la fidelidad al modelo de gobierno de la iglesia establecido en las Escrituras era nada menos que la fidelidad a Cristo mismo. Dado que comprendían la relación bíblica entre el gobierno de la iglesia y el reino de Su exaltado Salvador y Señor, su amor por el Salvador les impulsaba a prestar una cuidadosa atención a las labores de la iglesia. Espero que este mismo amor por Cristo nos impulse, como iglesia, a valorar y comprometernos de nuevo con el gobierno que Cristo nos ha dado.

Y AÚN. . .

Ya que he enfatizado la importancia de la iglesia y su gobierno, podría ser útil hacer un par de comentarios para evitar malentendidos.

Primero, no estoy diciendo que las iglesias no presbiterianas no son verdaderas iglesias por no ser presbiterianas. Para usar una distinción clásica, el gobierno bíblico de la iglesia es crucial para el bienestar (*bene esse*), pero no para la existencia (*esse*) de la iglesia. En las palabras del *Libro de Orden de la Iglesia* de la PCA: "Esta doctrina bíblica del presbiterio es necesaria para la perfección del orden de la iglesia visible, pero no es esencial para su existencia".[17]

---

[17] *BCO* 1-7.

Por consiguiente, abrazamos como hermanos y colaboradores en Cristo a aquellos creyentes que difieren con nosotros en asuntos de gobierno de la iglesia. Reconocemos que sus membresía y credenciales como oficiales en su iglesia son válidas.[18] Sin embargo, esperamos que los hermanos que difieren con nosotros y que leen este libro, con verdadero espíritu bereano, sopesen nuestros argumentos a la luz de las Escrituras.

Segundo, no estoy diciendo que el gobierno presbiteriano sea en sí mismo la fuente de la vida en la iglesia. Es el Espíritu de Cristo el que resucita a los muertos, y el que fortalece y capacita a los discípulos de Cristo para Su servicio. F. P. Ramsay, un importante comentarista del siglo diecinueve sobre la forma de gobierno de la Iglesia Presbiteriana en América (PCA), insiste con fuerza en este punto.

La iglesia es una organización espiritual... Debe realizar todas sus acciones en el Espíritu. No es la regularidad constitucional, ni la perfección mecánica, lo que hace que la iglesia sea eficiente para su fin; es el Espíritu de Cristo usando a la iglesia como Su agente... Lamentablemente, la forma y la maquinaria pueden existir sin la vida y el poder.[19]

Ramsay continúa diciendo: "Este Espíritu crea instrumentos adecuados para su propio uso, y, por tanto, podemos esperar que la iglesia se vuelva cada vez más casi perfecta en organización y métodos a medida que se convierte más perfectamente en el órgano obediente del Espíritu Santo".[20] Para estar claros, el Espíritu y no el gobierno es la fuente de la vida y poder de la iglesia. Sin embargo, Dios obra a través de medios. El gobierno de la iglesia es uno de esos medios designados. Si anhelamos ver a la iglesia prosperar y florecer, no podemos mirar a esa esperanza y al mismo tiempo descuidar el gobierno de la iglesia.

---

[18] Morton Smith, *Commentary on the Book of Church Order of the Presbyterian Church in America* [Comentario al Libro de Orden de la Iglesia Presbiteriana en América], 6th ed. (Taylors, SC: Presbyterian Press, 2007), 31.

[19] F. P. Ramsay, *An Exposition of the Form of Government and the Rules of Discipline of the Presbyterian Church in the United States* [Una exposición de la forma de gobierno y las reglas de disciplina de la Iglesia Presbiteriana en los Estados Unidos] (Richmond, VA: Presbyterian Committee of Publication, 1898), 9–10.

[20] Ibid., 10.

Lo que este libro es y lo que no es

¿Qué se supone que es este libro? Esta obra no pretende ofrecer un tratamiento exhaustivo de toda la gama de temas relacionados con la forma de gobierno presbiteriana. No trata de decir la última palabra con respecto a algunos de los problemas relacionados con la forma de gobierno de la iglesia que han sido persistentes durante décadas, incluso siglos. Tampoco trata de ofrecer refutaciones exhaustivas de otras formas de gobierno eclesiástico como el episcopal y el congregacionalista. Tampoco es esta obra un comentario extenso sobre el *Libro de Orden de la Iglesia* de la PCA o sobre las formas de gobierno de otros organismos presbiterianos. El libro no está destinado exclusivamente a los miembros y oficiales de la PCA. Aunque su autor forma parte de la PCA, mi objetivo es que los presbiterianos que no son de la PCA puedan aprender de esta obra y ponerlo en práctica en sus propios entornos denominacionales.

Por el contrario, este libro pretende alcanzar dos objetivos relacionados. En primer lugar, ofrecer un argumento bíblico a favor de la forma presbiteriana de gobierno de la iglesia. Creo que el gobierno que Cristo ha designado para Su iglesia es de naturaleza presbiteriana, y que las Escrituras confirman este hecho. Al decir esto, quiero dejar en claro que no creo que cada (o incluso la mayoría) de los detalles de, por ejemplo, el *Libro del Orden de la Iglesia* se enseñen explícitamente en algún pasaje de las Escrituras. Como argumentaremos, esta afirmación tiene sus raíces en la enseñanza bíblica.

Al plantear este caso, no pretendo ser original ni ingenioso. Me apoyo en los hombros de gigantes. Mi deuda con los escritores más antiguos sobre el tema del gobierno de la iglesia será evidente en todas partes. Mi deseo es dar a los argumentos clásicos su expresión bíblica para un público contemporáneo. Si soy capaz de articular el presbiterianismo desde las Escrituras a la iglesia en los albores del siglo veintiuno, entonces habré logrado lo que me he propuesto.

Mi segundo objetivo es presentar este caso de la manera más accesible posible. Anteriormente he insistido en que el conocimiento del gobierno de la iglesia es beneficioso no sólo para sus oficiales, sino también para cada uno de sus miembros. Me doy cuenta de que los ministros, los ancianos y los estudiantes de seminario tienen un interés particular en el gobierno de la iglesia. Sin embargo, mi deseo al escribir este libro es que tanto los miembros como los oficiales, presbiterianos y no presbiterianos, lean, estudien, consideren y sopesen su contenido.

Para quienes llegan a la iglesia presbiteriana desde un entorno no presbiteriano, el sistema de gobierno de la iglesia puede ser una especie de rompecabezas. Esto fue lo que me ocurrió a mí como nuevo creyente no presbiteriano que se acercó al presbiterianismo. Es más, hay pocos recursos contemporáneos disponibles que expongan los fundamentos bíblicos de la forma de gobierno presbiteriano. He intentado que este libro sea precisamente un recurso de este tipo.

Tengo el privilegio de formar parte del cuerpo docente del Reformed Theological Seminary de Jackson y de enseñar la asignatura de *gobierno de la iglesia* a los estudiantes del seminario cada año. Como ministro, soy miembro de un presbiterio de la PCA y tengo la oportunidad de servir a la iglesia en muchos niveles. He sido testigo de cómo el gobierno presbiteriano trabaja para mi propio bien espiritual y para el bien de la iglesia a la que tengo el privilegio de servir.

Espero que los lectores vean tanto la verdad bíblica como las implicaciones prácticas de la forma de gobierno presbiteriano. No estoy argumentando que el presbiterianismo es verdadero porque funciona. Más bien, sostengo que el presbiterianismo es verdadero y que, por la bendición de Cristo, puede funcionar y funciona para Su gloria y para el bien de Su pueblo. Es mi esperanza y deseo que esta obra pueda desempeñar algún papel, por pequeño que sea, para ayudar y equipar al pueblo de Dios en el servicio a nuestro gran y glorioso Salvador y Rey.

1 ¿QUÉ ES LA IGLESIA?

La mayoría de los cristianos dan por sentado que deben ser miembros activos de la iglesia local. Podemos recordar los sermones que nos han ayudado a comprender la enseñanza cristiana y nos han instado a vivir fielmente para Cristo. Podemos recordar la ayuda espiritual que nos han proporcionado la Cena del Señor y las oraciones de la iglesia. Pensamos en el compañerismo que hemos disfrutado con el pueblo de Dios: su aliento y apoyo en los momentos difíciles y en los buenos.

Por supuesto, esto no es una casualidad. Todo cristiano puede dar testimonio de las muchas maneras en que la iglesia ha sido útil para su crecimiento cristiano. Esto es porque Dios ha diseñado la iglesia y la vida cristiana para que funcionen juntas de esta manera. En Colosenses 2:19, el apóstol Pablo nos dice que la iglesia es como un cuerpo humano con "coyunturas y ligamentos". Los cristianos están unidos como las articulaciones y los tendones del cuerpo humano. Es "por las coyunturas y ligamentos", dice Pablo, que "todo el cuerpo", "asiéndose a la cabeza", es decir, a Jesús, "crece con un crecimiento que es de Dios".

La iglesia no sólo es crucial para la vida cristiana, sino también para el plan y el propósito redentor de Dios, decretado desde la eternidad y ejecutado en la historia. Por tanto, difícilmente hay una página de la Escritura que no nos enseñe, de alguna manera, sobre la iglesia, o el pueblo de Dios.

Antes de examinar los aspectos específicos del gobierno de la iglesia, consideremos tres líneas interrelacionadas de la enseñanza bíblica sobre la iglesia. La primera línea para considerar es la iglesia en la historia de la redención. En otras palabras, ¿qué lugar ocupa el pueblo de Dios en el plan de Dios para redimir a los pecadores por la obra de Su Hijo? La segunda línea es una distinción importante que las Escrituras utilizan para hablar del pueblo de Dios. Esta distinción ha llegado a conocerse como la iglesia "visible" e "invisible". Debido a que esta distinción es importante y a la vez fácilmente malinterpretada, queremos reflexionar sobre ella. La tercera línea es la pertenencia a la iglesia. Retomaremos esta línea de enseñanza bíblica planteando y respondiendo dos preguntas. Primero, ¿es necesaria la membresía en la iglesia para los cristianos? En segundo lugar, ¿quiénes son los miembros de la iglesia?

La iglesia en la historia de la redención

¿Un pueblo?

Tal vez te preguntes por qué he estado usando la palabra "iglesia" para describir al pueblo de Dios en cada época de la historia de la redención. ¿Se aplica la palabra "iglesia" a Israel bajo el Antiguo Testamento? Tal vez tengas la impresión de que la iglesia nació el día de pentecostés (Hch 2).

Cuando examinamos las Escrituras, descubrimos que Dios ha tenido un solo pueblo a lo largo de la historia de la redención. No reemplazó a Israel con un pueblo completamente nuevo, la iglesia. Más bien, tomando prestado el lenguaje de la Confesión de Fe de Westminster, el "pueblo de Israel [era] una iglesia menor de edad" (19.3).

¿Cuál es la evidencia bíblica de que Dios ha tenido un único pueblo a lo largo de la historia redentora, frecuentemente llamado "Israel" en el Antiguo Testamento, e "iglesia" en el Nuevo Testamento? ¿Cómo sabemos que Israel y la iglesia son los títulos del Antiguo y del Nuevo Pacto del único pueblo de Dios, respectivamente? Un pasaje que nos ayuda es el de Romanos 11, en el que Pablo trata una seria pregunta pastoral. ¿El hecho de que muchos judíos de la época de Pablo rechazaran el evangelio significa que "Dios ha desechado a Su pueblo" (11:1)? Pablo responde rotundamente en sentido negativo. Lo hace de dos maneras.[1] En primer lugar, insiste en que la caída de Israel no es total (11:1-10): "ha quedado en el tiempo presente un remanente conforme a la elección de la gracia de Dios" (11:5). En segundo lugar, argumenta que la caída de Israel no es definitiva (11:11-32). Prevé

---

[1] La siguiente distinción procede de John Murray, *The Epistle to the Romans* [*La epístola a los romanos*], 2 vols., NICNT (Grand Rapids: Eerdmans, 1959, 1965), 2:75.

la "plena inclusión" de Israel (11:12). Específicamente, "a Israel le ha acontecido un endurecimiento parcial hasta que haya entrado la plenitud de los gentiles. Así, todo Israel será salvo" (11:25b-26a). Los comentaristas reformados difieren en cuanto a lo que Pablo prevé exactamente en estos versículos, pero el punto básico de Pablo es claro.[2] Dios no ha renunciado a Sus compromisos y promesas. Es fiel y digno de confianza.

Pablo enfatiza que la incredulidad de Israel no es sin propósito. Por la incredulidad de Israel, Dios está trayendo la salvación a las naciones, ya que "por su transgresión ha venido la salvación a los gentiles, para causarles celos". "Su transgresión es riqueza para el mundo", "su fracaso es riqueza para los gentiles" y "excluirlos a ellos es la reconciliación del mundo" (11:12, 15).

El apóstol utiliza una imagen sorprendente para ayudarnos a entender lo que quiere decir. Compara al pueblo de Dios con un olivo en Romanos 11:16b-24. Algunas de las "ramas naturales" fueron "desgajadas por su incredulidad" (11:21, 20). Aquí Pablo está pensando en los judíos incrédulos. Los judíos que rechazaron a Cristo tal y como se les ofreció en el evangelio fueron cortados del pueblo de Dios. Otras ramas, como tú, dice Pablo, "fuiste hecho participante con ellas de la rica savia de la raíz del olivo" (11:17). Aquí Pablo está pensando en los gentiles que, por la gracia de Dios, han llegado a la fe en Cristo. Han sido introducidos en el pueblo de Dios. Observa cómo Pablo resume su punto en Romanos 11:24: "Porque si tú [creyente gentil] fuiste cortado de lo que por naturaleza es un olivo silvestre, y contra lo que es natural fuiste injertado en un olivo cultivado, ¿cuánto más éstos, que son las ramas naturales, serán injertados en su propio olivo".

Este pasaje tiene muchas cosas que decir a los cristianos de hoy. Nos anima a orar por la salvación de los judíos incrédulos. También reprende a los cristianos que se jactan de su posición en la iglesia al testificar a las "ramas desgajadas" (ver 11:19-23).

Además de esto, la imagen de Pablo en Romanos 11 nos enseña una importante verdad sobre el pueblo de Dios: Dios siempre ha

---

[2] Para un estudio de opinión reciente, ver Douglas Moo, *The Epistle to the Romans* [*La epístola a los romanos*], NICNT (Grand Rapids: Eerdmans, 1996), 710-739.

tenido un solo pueblo en la historia redentora. Hay una raíz que sostiene las ramas (11:16b, 18). Algunas ramas se desgajan y se injertan ramas "silvestres", pero sólo hay un árbol. Dicho de otro modo, en Su providencia, Dios ha eliminado a los judíos incrédulos de Su pueblo y ha incluido a los gentiles creyentes dentro de Su pueblo. No ha cortado un árbol para plantar otro. Dios siempre ha tenido un solo pueblo al cual llamar Suyo.

La epístola a los Hebreos nos ofrece otra imagen para ilustrar el mismo punto.[3] Después de una introducción impresionante que despliega el esplendor y la majestad de la persona y la obra consumada de Jesucristo (1:1-4), el autor procede a argumentar la superioridad de Cristo. Jesús es superior a los ángeles (Heb 1-2). En Hebreos 3-4, aprendemos que Jesús es superior a Josué. En Hebreos 5-7, aprendemos que es superior a los sacerdotes levitas de la época del Antiguo Testamento. En Hebreos 8-10, aprendemos que Su obra es superior a todo lo realizado bajo los sistemas del tabernáculo y el templo del Antiguo Pacto.

En Hebreos 3, el autor hace hincapié en que Jesús es superior a Moisés.

Por tanto, hermanos santos, participantes del llamamiento celestial, consideren a Jesús, el Apóstol y Sumo Sacerdote de nuestra fe. El cual fue fiel al que lo designó, como también lo fue Moisés en toda la casa de Dios. Porque Jesús ha sido considerado digno de más gloria que Moisés, así como el constructor de la casa tiene más honra que la casa. Porque toda casa es hecha por alguno, pero el que hace todas las cosas es Dios. Moisés fue fiel en toda la casa de Dios como siervo, para testimonio de lo que se iba a decir más tarde. Pero Cristo fue fiel como Hijo sobre la casa de Dios, cuya casa somos nosotros, si retenemos firme hasta el fin nuestra confianza y la gloria de nuestra esperanza (Heb 3:1-6).

Al decir que Jesús fue "fiel al que lo designó", el autor no sugiere que Moisés fuera infiel. Por el contrario, afirma que "también lo fue Moisés en toda la casa de Dios".

---

[3] La epístola a los Hebreos no afirma haber sido escrita por alguien en particular. Durante siglos, la iglesia no ha logrado identificar a su autor. Por esta razón, me referiré a él como "el escritor" o "el autor".

Aun así, Jesús supera a Moisés. ¿Cómo es esto posible? Porque Jesús es "el constructor de la casa" (3:3). Como tal, tiene más gloria que la propia casa y, por implicación, que el siervo de la casa, Moisés.[4] Además, si bien es cierto que Moisés fue fiel "*en* toda la casa de Dios como siervo" (3:5, énfasis mío), Jesús es "fiel *sobre* la casa de Dios como un hijo" (3:6, énfasis mío). Moisés es el siervo en la casa. Jesús es el hijo sobre la casa.

Pero ¿qué es exactamente esta casa? El escritor nos dice en el versículo 6: "cuya casa somos nosotros, si retenemos firme hasta el fin nuestra confianza y la gloria de nuestra esperanza". En otras palabras, la casa es el pueblo de Dios.

Observa que sólo hay una casa en este pasaje. Moisés sirvió en esta casa, y Jesús está sobre esta casa, pero es la misma casa. Dios ha tenido un solo y único pueblo a lo largo de la historia redentora.

El hecho de que Dios tenga un solo pueblo a lo largo de la historia redentora nos ayuda a entender algunas de las maneras en que los escritores del Nuevo Testamento se dirigen a los cristianos. Por ejemplo, el apóstol Pedro dice de los creyentes que son "linaje escogido, real sacerdocio, nación santa, pueblo adquirido para posesión de Dios" (1P 2:9a). Estas son precisamente las formas en que Dios se dirigió a Israel en el Antiguo Testamento, como, por ejemplo, en Éxodo 19:5-6: "serán Mi especial tesoro entre todos los pueblos... y ustedes serán para Mí un reino de sacerdotes y una nación santa". También, el apóstol Pedro saludó a la iglesia en estos términos: "A los expatriados, de la dispersión en el Ponto, Galacia, Capadocia, Asia y Bitinia" (1P 1:1). Es probable que Pablo se dirija a la iglesia como "el Israel de Dios" en Gálatas 6:16.[5]

---

[4] Al afirmar, en el versículo 4, que "el que hace todas las cosas es Dios", Hebreos afirma una vez más la deidad de Jesucristo.

[5] El versículo dice: "Y a los que anden conforme a esta regla, paz y misericordia sea sobre ellos y sobre el Israel de Dios". Se discute si Pablo tiene en mente dos grupos, la iglesia y el Israel étnico ("todos los que andan conforme a esta regla" y "el Israel de Dios") o un solo grupo, la iglesia ("todos los que andan conforme a esta regla", es decir, "el Israel de Dios"). Si Pablo tiene en mente un solo grupo, la iglesia, entonces ha aplicado el título "Israel" a la iglesia. Y dado que Pablo ha argumentado a lo largo de Gálatas que los creyentes de todas las épocas son hijos de Abraham, es poco probable que concluya su epístola "dividiendo a los judíos y a los gentiles e incluyendo sólo a los judíos bajo el título privilegiado de 'Israel de Dios'". Michael F. Bird, *Introducing Paul* [*Presentando a Pablo*] (Downers Grove: IL: InterVarsity, 2008), 50.

¿Cómo es que los apóstoles pueden hablar de esta manera? Porque las Escrituras entienden que existe un único pueblo de Dios a lo largo de la historia redentora. A la luz de esa realidad, los títulos que el Antiguo Testamento atribuye a Israel pueden atribuirse con la misma facilidad a la iglesia.

La iglesia en el plan de Dios.

Las Escrituras no sólo nos dicen que Dios ha tenido un solo pueblo a través de la historia redentora. También nos dicen que la iglesia tiene un lugar crucial en el plan redentor de Dios. No nos tomaremos el tiempo para desarrollar el punto en detalle, pero, así como Dios ha tenido un solo pueblo en la historia redentora, también ha tenido un solo plan para redimir a los pecadores.[6] Un plan, un pueblo. Un propósito de redimir, un cuerpo de los redimidos.

Este propósito de redención se anunció por primera vez en el Jardín del Edén, después de que Adán pecara contra Dios al comer el fruto prohibido del árbol de la ciencia del bien y del mal. Dios dijo a Adán y Eva: "pondré enemistad entre tú y la mujer, y entre tu simiente y su simiente; él te herirá en la cabeza y tú lo herirás en el calcañar" (Gn 3:15). Muchos cristianos acertadamente han considerado este pasaje como *protoevangelium*, que en latín significa "el primer anuncio de las buenas noticias". En términos tenues y sombríos, Dios estaba anunciando Su plan para salvar a los pecadores. Lo haría resucitando de Eva a un descendiente, del que el Nuevo Testamento nos dice que es Jesucristo.[7] Aunque Satanás "heriría el calcañar [de Jesús]" en la cruz, Jesús "heriría la cabeza [de Satanás]" en la cruz y en Su resurrección. En otras palabras, Jesús asestaría a Satanás el golpe mortal (Ro 16:20; Heb 2:14-15).

El resto del Antiguo Testamento es un comentario de este versículo. ¿Quién es este descendiente? ¿Cómo vendrá al mundo?

---

[6] Ver O. Palmer Robertson, *The Christ of the Covenants* [*El Cristo de los pactos*] (Phillipsburg, NJ: Presbyterian and Reformed, 1980), y *Covenants: God's Way with His People* [*Pactos: El plan de Dios para Su pueblo*] (Philadelphia: Great Commission Publications, 1987).

[7] Como bien observa Geerhardus Vos, dado que la "serpiente" en cuestión es un solo individuo (el diablo), deberíamos entender la prometida "simiente de la mujer" en términos de un solo descendiente, *Biblical Theology: Old and New Testaments* [*Teología bíblica: Antiguo y Nuevo Testamento*] (Edimburgo: Banner of Truth, 1975), 42.

¿Cómo vencerá al diablo y salvará al pueblo de Dios? Una de las formas en que Dios desarrolla esta promesa a lo largo del Antiguo Testamento es a través de una serie de pactos que hace con Su pueblo. Su pacto con Noé, Su pacto con Abraham, Su pacto con Israel en el monte Sinaí, Su pacto con David y el "nuevo" pacto profetizado por Jeremías nos hablan cada vez más del propósito de Dios de salvar a los pecadores por medio de Jesús, y nos acercan cada vez más a la llegada de Jesús, que llevaría a cabo el plan redentor de Dios.

Una de las cosas que aprendemos al estudiar el progreso del plan de Dios para salvar a los pecadores a lo largo de la historia redentora, es que Dios estaba trabajando para hacer algo más que salvar a los pecadores individualmente. Ciertamente, Dios salva a los pecadores individualmente. Cada persona debe, por sí misma, arrepentirse y creer en Cristo conforme al evangelio. Para ser un verdadero cristiano, debe ser personalmente habitado y fortalecido por el Espíritu de Cristo. En este sentido es cierto el dicho: "Dios tiene hijos, pero no tiene nietos".

Al mismo tiempo, Dios enfatiza a lo largo de la historia redentora que está salvando a los pecadores como un cuerpo, como una multitud. Como dijo Stuart Robinson en su obra clásica *The Church of God as an Essential Element of the Gospel* [*La iglesia de Dios como un elemento esencial del evangelio*]: "Se establece como una característica distintiva del propósito de la redención, que es salvar no sólo a miríadas de hombres como hombres *individuales*, sino a miríadas de pecadores, como componiendo un cuerpo Mediado o Reconciliado, del cual el Mediador será la cabeza".[8] En otras palabras, la iglesia como tal es una parte indispensable del plan de Dios para salvar a los pecadores.

¿Cómo vemos esto en el Antiguo Testamento? Ya lo hemos visto en Génesis 3:15, el "primer anuncio del evangelio". Dios dice aquí: "Pondré enemistad entre tú y la mujer, y entre tu simiente y su simiente". Discutimos anteriormente que este versículo está profetizando la victoria de Jesús sobre el diablo. El versículo también dice algo más. Dios va a poner una división espiritual dentro de la humanidad. Algunos estarán alineados espiritualmente con el diablo.

---

[8] Stuart Robinson, *The Church of God as an Essential Element of the Gospel* [*La iglesia de Dios, como un elemento esencial del evangelio*] (Filadelfia: Joseph M. Wilson, 1858; repr., Willow Grove, PA), 34.

Otros, por gracia, estarán alineados espiritualmente con Dios. Vemos esta división y el conflicto que resulta en Génesis 4, donde leemos de Caín matando a Abel. El apóstol Juan comenta sobre este sombrío acontecimiento: "No como Caín, que era del maligno, y mató a su hermano. ¿Y por qué causa lo mató? Porque sus obras eran malas, y las de su hermano justas" (1Jn 3:12). Caín estaba espiritualmente alineado con el diablo, mientras que Abel estaba espiritualmente alineado con Dios.[9]

Después de que Abel fue asesinado, Dios levantó a Set en su lugar (Gn 4:25). Durante la generación del hijo de Set, Enós, leemos: "comenzaron los hombres a invocar el nombre del Señor" (Gn 4:26). Es decir, la gente comenzó a reunirse públicamente para adorar al Señor.[10] La promesa de Dios de redimir a los pecadores estableció un pueblo que sería apartado del mundo y que le ofrecería una adoración verdadera y sincera.

El pacto que Dios hace con Noé (Gn 6, 9) refleja los graves peligros espirituales en los que se encontraba el pueblo de Dios. Dios juzga la tierra y libera a Noé y a su familia en vista de que el pueblo de Dios se estaba casando de manera pecaminosa con los no creyentes.[11] Dios establece este pacto para la preservación y el bienestar espiritual de Su pueblo.[12]

Sin embargo, es el pacto que Dios establece con Abraham en Génesis 17 el que ilustra de manera preeminente la importancia de la iglesia para el plan redentor de Dios. De hecho, Robinson ha llamado a este pacto el "pacto eclesiológico" (es decir, un pacto que se

---

[9] Lo vemos en Génesis, cuando Abel, en un acto de adoración, trae una ofrenda a Dios. Moisés comenta: "Y el Señor miró con agrado a Abel y a su ofrenda, pero a Caín y su ofrenda no miró con agrado" (4:4b-5a). No es sólo la ofrenda de Abel lo que el Señor consideró, sino también al propio Abel.

[10] Comparar con Salmos 116:17, donde el salmista dice: "Te ofreceré sacrificio de acción de gracias e invocaré el nombre del Señor". Puesto que "invocar el nombre del Señor" está en relación paralela con "ofrecer sacrificio de acción de gracias", y este último es un acto de adoración, podemos concluir que "invocar el nombre del Señor" es también un acto de adoración.

[11] Es decir, "los hijos de Dios se unieron a las hijas de los hombres y ellas les dieron a luz hijos" (6:4). "Los hijos de Dios" probablemente se refiera al pueblo de Dios, y "las hijas de los hombres" probablemente se refiera al mundo de los incrédulos.

[12] Ver además Robertson, *Christ of the Covenants*, 109-125.

relaciona fundamentalmente con la iglesia).[13] En este pacto, el pueblo de Dios es "separado visible y formalmente para convertirse en el pueblo especial del Mesías".[14] Es en este punto de la historia de la redención, observa Robinson, que "la promesa del Mesías, el vencedor sobre Satanás, toma la forma definitiva de Libertador, Legislador y Gobernante de un pueblo".[15]

Además, este pacto anticipa el plan de Dios de extender el evangelio, a través de la prometida descendencia de Abraham, a todo el mundo (ver Génesis 12:1-3). La circuncisión, el signo del pacto de Dios, se administró en aquel momento incluso a los miembros de la familia de Abraham que no descendían físicamente de él (Gn 17:12-13). De esta manera, vislumbramos el propósito de Dios de establecer un pueblo redimido de toda nación, tribu, pueblo y lengua (Ap 7:9).

Como observa Robinson, el pacto abrahámico establece el escenario para el resto de los pactos de la historia redentora.

El pacto con Abraham es específicamente con él, como representante y cabeza de una sociedad aparte. El pacto hecho a través de Moisés es con esta misma sociedad, ahora realmente existente. El pacto con David estipula un Rey, que gobernará esta sociedad peculiar como su cabeza perpetua. Y cuando, en la plenitud de los tiempos, el Rey se manifiesta, no reclama directamente el liderazgo del mundo en general, sino de un reino que no es de este mundo. Su misión es para las ovejas perdidas de la casa de Israel, y sentarse en el trono de David.[16]

En otras palabras, el pacto mosaico (Ex 19) ordena la vida de la sociedad que Dios ha hecho nacer de Abraham. El pacto de Dios con David (2S 7) promete específicamente que el pueblo de Dios será gobernado por un rey descendiente de la línea de David. El Nuevo Testamento nos dice que a Jesús: "El Señor Dios le dará el trono de Su padre David" (Lc 1:32). Jesús es aquel a quien Dios había prometido a David que "establecería el trono de Su reino para siempre" (2S 7:13).

---

[13] Robinson, *The Church of God*, 42.
[14] Ibid, 43.
[15] Ibid.
[16] Ibid., 42.

Aunque Jesús gobierna todo el mundo como Hijo de Dios, ejerce un gobierno especial y distinto sobre Su pueblo como su Mediador y Cabeza.[17] Es a este gobierno al que se refiere Pablo cuando escribe: "Él es también la cabeza del cuerpo que es la iglesia" (Col 1:18). Es esta regla la que preveía el pacto de Dios con David. Es esta regla de la que los profetas hablan con tanta elegancia (Is 9:1-7; 11:1-16; 33:17-24; Miq 4:1-5; Ez 34).

El Nuevo Testamento nos informa que este pueblo será formado no sólo por personas étnicamente judías. Este pueblo saldrá de las "naciones" a las que Jesús envía a Sus discípulos (Mt 28:18-20). El apóstol Juan nos muestra "una gran multitud, que nadie podía contar, de todas las naciones, tribus, pueblos y lenguas, de pie delante del trono y delante del Cordero" en alabanza y adoración a Cristo (Ap 7:9). ¡Ciertamente, en Jesús la bendición de Abraham ha llegado a las naciones! (Ga 3:14).

El Nuevo Testamento no pierde de vista el lugar que ocupa la iglesia como tal en el plan de redención de Dios. Ya hemos visto que Pablo relaciona la iglesia con Cristo como un cuerpo humano con su cabeza (Col 2:19; ver también Ef 1:21-22; 5:23). En Mateo 28, vimos que Jesús reina sobre Su pueblo como su rey. Por eso Pablo escribe: "Él nos libró del dominio de las tinieblas y nos trasladó al reino de Su Hijo amado, en quien tenemos redención: el perdón de los pecados" (Col 1:13-14). Los creyentes han cambiado el duro servicio a su antiguo amo, el diablo, por el alegre servicio al Rey Jesús. La iglesia, además, es una familia. Somos la "casa de Dios" (Ef 2:19). Como hijos del Dios vivo, cada cristiano es un hermano de todos los demás cristianos.

Es más, el Nuevo Testamento describe al pueblo de Dios como la novia de Cristo, y a Él como su esposo (Mr 2:18-20; Ef 5:22-33; 2Co 11:2). Nuestra gran esperanza, como pueblo de Dios, es "la ciudad santa, la nueva Jerusalén, que descendía del cielo, de Dios, preparada como una novia ataviada para su esposo" (Ap 21:2). La historia redentora comenzó con una promesa de y para la iglesia (Gn 3:15). Como corresponde, la historia redentora se cierra con esa promesa maravillosamente cumplida en Cristo.

---

[17] Así, distinguimos el "dominio esencial" de Dios del "dominio mediador" de Cristo. Tendremos más que decir sobre esto en el próximo capítulo.

Iglesia "Visible" e "Invisible

Es en este punto donde debemos recordar otra línea de enseñanza bíblica. Esta línea se ha descrito en términos de la distinción entre la "iglesia visible" y la "iglesia invisible". Esta es una distinción muy antigua en la teología cristiana, y se expresa en el capítulo 25 de la Confesión de Fe de Westminster. La iglesia invisible "consiste de todo el número de los elegidos que han sido, son o serán reunidos en uno, bajo Cristo, su cabeza; y es la esposa, el cuerpo, la plenitud de Aquel que todo lo llena en todo" (CFW 25.1).

La iglesia visible, "que es también católica o universal bajo el evangelio (no confinada a una nación, como antes bajo la ley), consiste en todos aquellos que profesan la verdadera religión en todo el mundo; y en sus hijos; y es el reino del Señor Jesucristo, la casa y la familia de Dios, fuera de la cual no hay posibilidad ordinaria de salvación" (CFW 25.2).

Es importante reconocer que los Estándares de Westminster no están afirmando que las Escrituras enseñan que existen dos iglesias, una invisible y otra visible. No están diciendo que el cristiano deba elegir a qué iglesia desea pertenecer. Tampoco están diciendo que la iglesia invisible es "inmaterial" mientras que la iglesia visible es "material".

Entonces, ¿en qué se diferencian? En primer lugar, la iglesia visible es de naturaleza universal. Es, sin embargo, la iglesia tal y como la vemos tú y yo en nuestra generación. La iglesia invisible, también universal, se extiende a través de muchas generaciones. En segundo lugar, uno es miembro de la iglesia visible por profesar el cristianismo o por descender de un padre que profesa el cristianismo. Uno es parte de la iglesia invisible por el decreto eterno de Dios. Tercero, el número de miembros de la iglesia visible aumenta o disminuye. El número de miembros de la iglesia invisible es fijo y nunca cambia.

Cuarto y particularmente importante para nuestra consideración, hay algunos miembros de la iglesia visible que no son verdaderos miembros de la iglesia invisible. Uno puede profesar la fe de manera no sincera y con ello, ser réprobo, es decir, no elegido. Además, algunos miembros de la iglesia invisible no son todavía miembros de la iglesia visible. Tomemos un ejemplo. Considera a las personas que llegan a ser cristianos genuinos en la parte tardía de sus vidas. Al principio de sus vidas, Dios todavía no los había regenerado. No esperamos que tales personas en ese momento hayan hecho profesión de fe. Cuando Dios los regenere, ellos ciertamente harán profesión de fe. Sin embargo, mientras no sean regenerados, no esperamos que estos miembros de la iglesia invisible sean parte de la iglesia visible.[18] Aunque no podían saberlo sino hasta que fueron regenerados y llegaron a creer en Cristo, como personas elegidas, eran todo el tiempo, miembros de la iglesia invisible.

Observa que la composición de la iglesia invisible sólo Dios la conoce plenamente. Tú, habiendo asegurado tu llamado y elección, puedes estar seguro de que personalmente eres parte de la iglesia invisible. Sin embargo, no tienes conocimiento seguro de otros que puedan ser parte de ella. De este cuerpo, "sólo Dios juzga con certeza sobre sus miembros".[19]

Sin embargo, la composición de la iglesia visible se basa en la profesión de fe y la descendencia. Estos son asuntos que tú y yo podemos contemplar y que los seres humanos pueden juzgar como creíbles o no. De este cuerpo, "el hombre es también juez".[20]

En resumen, hay un traslape, pero no coincidencia entre la iglesia visible y la iglesia invisible. Los que profesan y poseen fe pertenecen a la iglesia invisible y a la visible. Los que sólo profesan la fe y son réprobos pertenecen sólo a la iglesia visible. Las personas que son elegidas, pero no regeneradas pertenecen a la iglesia invisible, pero no a la visible.

¿Dónde vemos reflejada esta distinción en las Escrituras? El apóstol Pablo reconoce esta distinción dentro de Israel. En Romanos 2:28-29, dice que es posible ser un judío circuncidado físicamente y, sin embargo, no ser un verdadero miembro del pueblo de Dios: "Porque no es judío el que lo es exteriormente, ni la circuncisión es la externa, en la carne; sino que es judío el que lo es interiormente,

---

[18] A no ser, por supuesto, que desciendan de un progenitor que profesa el cristianismo.

[19] Thomas E. Peck, *Notes on Ecclesiology* [*Notas acerca de eclesiología*] (Richmond, VA: Presbyterian Committee of Publication, 1892; repr., Greenville, SC: Presbyterian Press, 2005), 16.

[20] Ibid.

y la circuncisión es la del corazón, por el Espíritu, no por la letra; la alabanza del cual no procede de los hombres, sino de Dios".

Pablo no está menospreciando la circuncisión. No está diciendo que sea malo estar circuncidado. De hecho, más adelante en Romanos, Pablo dice que el Israel étnico gozaba de grandes privilegios (Ro 9:1-5). Lo que Pablo está diciendo es que uno puede estar físicamente circuncidado sin estarlo espiritualmente. En otras palabras, uno puede tener una marca en la carne que llamamos circuncisión, pero puede que no tenga un corazón renovado por la obra de gracia del Espíritu de Dios. Hay de israelitas a *israelitas*, dice Pablo. Hay quienes sólo tienen la señal del pacto. Y hay también aquellos que tienen tanto la señal como los beneficios salvíficos o redentores del pacto. Lo que Pablo ha descrito aquí es lo que expresa la distinción entre la iglesia visible y la iglesia invisible.

Considera el argumento posterior de Pablo en Romanos 9:6-18, donde aplica esta distinción a la historia del pueblo de Dios del Antiguo Pacto, Israel. En Romanos 9:6, declara: "no todos los descendientes de Israel son Israel". Él recuerda del Génesis que la descendencia prometida se contará a través de Isaac y no de Ismael: "no son los hijos de la carne los que son hijos de Dios, sino que los hijos de la promesa son considerados como descendientes" (Ro 9:8). El verdadero pueblo de Dios, prosigue Pablo, no está determinado por la descendencia biológica o la actividad humana. Lo único que cuenta es la elección soberana de Dios: "Así que no depende del que quiere ni del que corre, sino de Dios que tiene misericordia... del que quiere tiene misericordia, y al que quiere endurece" (Ro 9:16, 18). Bajo el Antiguo Pacto, entonces, había dos maneras de considerar a Israel. Había quienes tenían la pretensión de ser israelitas basándose únicamente en la ascendencia física. Sin embargo, los verdaderos israelitas, aunque formaban parte del pueblo visible de Dios bajo el Antiguo Pacto, eran elegidos y salvados por un Dios soberano y misericordioso. Una vez más, la distinción entre iglesia visible e iglesia invisible expresa esta realidad bíblica.

Por tanto, la distinción entre iglesia visible e iglesia invisible es bíblica. Pero ¿por qué es importante? Lo es al menos por dos razones. En primer lugar, esta distinción nos ayuda a entender la apostasía, es decir, una persona que se aleja de la fe que una vez profesó. Tal vez sea algo de lo que tú mismo has sido testigo. Una persona da toda la apariencia de ser un cristiano celoso, está en la banca todos los domingos por la mañana y por la tarde, es conocedor de las Escrituras, parece irradiar la paz, el gozo y el amor característicos de los hijos de Dios, pero entonces, un día, le da la espalda a Cristo y a su iglesia. Es casi como si se hubiera convertido en una persona diferente.

¿Qué debemos hacer con tales personas? Las Escrituras enseñan que ningún verdadero hijo de Dios puede caer completa o definitivamente del estado de gracia.[21] Jesús dice que de todos los que el Padre le da, no perderá a ninguno, y los resucitará en el día postrero (Jn 6:39). Los creyentes, dice Pedro, son "protegidos por el poder de Dios mediante la fe, para la salvación que está preparada para ser revelada en el último tiempo" (1P 1:5). Las Escrituras nos aseguran que "el que comenzó en ustedes la buena obra, la perfeccionará hasta el día de Cristo Jesús" (Fil 1:6).

Al mismo tiempo, las Escrituras también enseñan que a veces las personas profesan la fe aun cuando no la poseen. Un ejemplo es Simón, descrito en Hechos 8. Cuando Felipe predicó el evangelio en Samaria, la Biblia dice que "aun Simón mismo creyó" y "después de bautizarse, continuó con Felipe" (Hch 8:13). Sin embargo, más tarde Simón preguntó a los apóstoles si podía comprarles la capacidad de dar el Espíritu Santo (Hch 8:19-20). Pedro reprende severamente a Simón (Hch 8:21-23). Después de decirle que se arrepienta, Pedro dice que Simón está "en hiel de amargura y en cadena de iniquidad" (Hch 8:23). Lo que la Biblia está diciendo es que Simón hizo una profesión de fe, aunque su corazón no había sido cambiado por la gracia de Dios. Para Simón, era sólo cuestión de tiempo antes de que su verdadero carácter se diera a conocer a los que le rodeaban.

Cuando vemos que la gente se aleja de Cristo y de la iglesia no sabemos qué pasará con ellos en el futuro. Puede ser que se arrepientan y regresen a la comunión con el pueblo de Dios o puede ser que sigan rechazando a Cristo. En cualquier caso, podemos estar seguros de que ningún verdadero hijo de Dios se apartará completa o definitivamente. Si son verdaderos cristianos, entonces Dios los restaurará. Si no lo

---

[21] Ver aquí el resumen de la enseñanza bíblica en CFW 17 y CMaW 79. 41. Ver el útil tratado de Robert Peterson, *Our Secure Salvation: Perseverance and Apostasy* [*Nuestra salvación segura: La perseverancia y la apostasía*] (Phillipsburg, NJ: P&R Publishing, 2009).

son, puede ser que Dios los convierta o que los deje en sus pecados. Aquí, la distinción entre iglesia visible e iglesia invisible nos ayuda a entender tanto la enseñanza bíblica sobre la perseverancia de los santos como el reconocimiento bíblico de que a veces los miembros de la iglesia visible rechazan la fe que una vez profesaron.

Esta distinción es importante en un segundo sentido. Da el trasfondo de la forma en que Dios llama a la iglesia a recibir personas adultas en su membresía. La iglesia juzga el cristianismo de una persona sobre la base de lo que ella profesa creer y la vida que vive. A partir de esto, la iglesia admite a la persona en su membresía. En los círculos presbiterianos, esto se llama a veces una "profesión de fe creíble". Por "profesión" queremos decir "una profesión inteligente de verdadera fe espiritual en Cristo, que no se contradice con la vida". Por "creíble" queremos decir "lo que se puede considerar genuino", no "lo que convence". No se trata de "juzgar positivamente su conversión, sino de determinar negativamente que no hay razón para declarar que no es cristiano".[22] En ningún momento la iglesia ha tenido un conocimiento infalible de los corazones de los que buscan ser miembros. Este es un conocimiento que Dios no nos ha dado.

Por lo tanto, la iglesia, por diseño, no es una sociedad compuesta exclusivamente por personas regeneradas. Es nuestra esperanza y oración que la iglesia sea pura y que sus miembros sean renovados por la gracia de Dios. Sin embargo, la membresía en la iglesia se calcula por la profesión, no por la regeneración. Es bueno que todo cristiano conozca este hecho. Ser miembro de la iglesia no es una declaración de que soy una persona regenerada. Es, más bien, una declaración de que la fe que profeso y la vida que vivo son creíbles. No es una garantía infalible de que soy cristiano. Es una garantía de que mis hermanos cristianos me consideran cristiano.

La membresía en la iglesia

Ahora estamos listos para abordar una tercera línea de enseñanza bíblica: la membresía en la iglesia. Tenemos dos preguntas ante

---

[22] Archibald Alexander Hodge, *Outlines of Theology* [*Notas sobre teología*] (1879; Edimburgo: Banner of Truth, 1972), 645–646.

nosotros. Primero, ¿es necesaria la membresía en la iglesia? ¿*Tiene* un cristiano que ser miembro de la iglesia? Segundo, ¿cuál es la definición bíblica de un miembro de la iglesia? ¿Quién dice la Escritura que puede ser admitido como miembro de la iglesia?

¿Es necesaria la membresía de la iglesia?

¿Es necesario unirse a la iglesia? Ya hemos visto que el cristiano obtiene un gran beneficio del servicio y la comunión de sus hermanos cristianos. Hemos visto que la Escritura concibe al creyente como parte de un cuerpo mucho más grande, unido a su cabeza, la cual lo dirige: Jesús (Ef 4:11-16; Col 2:19). De este modo, vemos que es ciertamente provechoso unirse a la iglesia. ¿Pero es necesario?

Algunos cristianos de hoy cuestionan la necesidad de ser miembro de la iglesia. En ocasiones esto se hace de forma teórica. Algunos han razonado, "soy un miembro de la iglesia invisible, ¿por qué entonces necesito unirme a la iglesia visible? Sin duda, la pertenencia a la iglesia visible es redundante".

Sin embargo, esto se ve más a menudo en la práctica cuando las personas simplemente no se unen a la iglesia. Puede que asistan a los servicios de adoración, a los estudios bíblicos y que participen en actividades organizadas por la iglesia, pero no son miembros reconocidos de ese organismo. No ven la importancia de unirse a la iglesia y, por tanto, no dan los pasos necesarios para ser miembros de esta. Para agravar el problema, hay ciertas congregaciones en los Estados Unidos y otras partes del mundo, que no requieren ni tienen membresía en la iglesia. Uno podría decir: "Si estas iglesias no exigen que me una a ellas, entonces ¿por qué debería unirme a la iglesia?".

Situaciones como ésta nos remiten a las Escrituras. ¿Requiere la Biblia la membresía de la iglesia? Si es así, ¿por qué obliga a los cristianos a unirse a la iglesia?[23]

---

[23] A lo largo de esta discusión hablaremos de la relación del individuo cristiano con la congregación local. Por supuesto, cuando los creyentes se unen a la iglesia, no son simplemente parte de ese cuerpo local. Son miembros de todo el cuerpo de creyentes. Ver nuestra discusión en el capítulo 5.

Definitivamente, la Escritura requiere de los creyentes la membresía a la iglesia.[24] Si buscamos un solo versículo que diga "debes unirte a la iglesia", nos decepcionaremos. Más bien, las Escrituras nos muestran la necesidad de ser miembro de la iglesia de una manera diferente. Al mostrarnos lo que es la vida cristiana y lo que es la iglesia, nos lleva ineludiblemente a la conclusión de que los cristianos deben unirse a la iglesia.

Vemos esta conclusión al menos de seis maneras. En primer lugar, recordemos la Gran Comisión, de la que ya hablamos en la Introducción. Jesús encarga a Sus discípulos a "vayan y hagan discípulos" en las naciones. Deben hacer esto de dos maneras: deben bautizarlos y deben enseñarles todo lo que Jesús les había ordenado enseñar a los demás. La Gran Comisión, como vimos, no termina en la conversión, apenas comienza. La Gran Comisión consiste tanto en la reunión como en el perfeccionamiento de los santos.

Pero ¿cómo ha de ejecutarse la Gran Comisión? El libro de los Hechos nos da una respuesta a esta pregunta. En la Introducción, observamos un cierto patrón de la obra misionera en el libro de los Hechos, en el que la Palabra es predicada por hombres dotados y llamados por el Espíritu y enviados por la iglesia. Cuando el Espíritu Santo bendice la predicación de la Palabra, las personas responden con fe y arrepentimiento. Entonces comienzan una vida en común. En Hechos 2:42, leemos que los primeros discípulos "se dedicaban continuamente a las enseñanzas de los apóstoles" y también compartían una vida en común (Hch 2:46). Lucas comenta que "el Señor añadía cada día al número de ellos los que iban siendo salvos" (2:47). En otras palabras, cuando una persona profesa la fe en Cristo, es "añadida" al cuerpo de creyentes existente. Es decir, se une a la iglesia.

---

[24] Para un tratado útil y completo de este tema, ver el documento inédito de Mark Herzer, "*The Church: A Covenant Community*" ["*La iglesia: Una comunidad pactual*"]. En el momento de escribir este documento, está disponible en línea. Ver también Wayne Mack, *To Be or Not to Be a Church Member? That Is the Question!* [¿Ser o no ser un miembro de la Iglesia? ¡Esa es la cuestión!] (Amityville, NY: Calvary, 2004); Wayne A. Mack y Dave Swavely, *Life in the Father's House: A Member's Guide to the Local Church* [*La vida en la casa del Padre: Una guía para el miembro de la iglesia local*], ed. rev. y exp. (Phillipsburg, NJ: P&R Publishing, 2006), esp. páginas 15-52.

Este es el patrón que vemos una y otra vez en los Hechos. Se predica la Palabra, las personas profesan la fe y se reúnen localmente en congregaciones o asambleas regidas por Cristo a través de un gobierno designado por Él (Hch 14:23). Sus vidas, individual y colectivamente, son gobernadas por Cristo a través de las Escrituras. No hay ninguna ocasión en los Hechos de los Apóstoles en la que un cristiano individual viva una existencia solitaria, es decir, aislada de otros creyentes. Los cristianos, por definición, se unen al cuerpo de creyentes.

En segundo lugar, muchos mandatos dados a los cristianos en el Nuevo Testamento suponen la membresía de la iglesia. Veamos dos ejemplos. El Nuevo Testamento ordena a los creyentes mostrar debida sumisión a los líderes de la iglesia. En 1 Tesalonicenses 5:12-13, Pablo dice: "Pero les rogamos hermanos, que reconozcan a los que con diligencia trabajan entre ustedes, y los dirigen en el Señor y los instruyen, y que los tengan en muy alta estima con amor, por causa de su trabajo". Este mandato supone que los creyentes tesalonicenses tenían una relación reconocida con los líderes de esa iglesia. Sus líderes "les dirigen", están llamados a "instruirles" cuando sea necesario y, deben recibir "reconocimiento" y "alta estima" de parte de aquellos a quienes sirven. ¿Cómo surgió esta relación? Se estableció cuando los creyentes de Tesalónica se comprometieron a unirse a la iglesia de Tesalónica.

O bien, considera la exhortación de Pablo en Colosenses 3:13: "Soportándose unos a otros y perdonándose unos a otros, si alguien tiene queja contra otro. Como Cristo los perdonó, así también háganlo ustedes", o en Colosenses 3:16: "Que la palabra de Cristo habite en abundancia en ustedes, con toda sabiduría enseñándose y amonestándose unos a otros con salmos, himnos y canciones espirituales, cantando a Dios con acción de gracias en sus corazones". Los cristianos tienen obligaciones definidas de "unos a otros". ¿A quiénes tiene Pablo en mente cuando dice "unos a otros"? La respuesta se encuentra en el saludo de la carta: "a los santos y fieles hermanos en Cristo que están en Colosas" (Col 1:2). La expresión "unos a otros" se refiere a la iglesia de Colosas. Pablo tiene en mente un cuerpo específico y definido de creyentes que tienen ciertos compromisos y obligaciones entre sí en ese cuerpo.

La membresía de la iglesia es lo que hace posible y da lugar a estos compromisos y obligaciones. Pablo simplemente no concibe, ni aquí ni en ningún otro lugar, a los cristianos que fluctúan libremente de una congregación a otra. Asume que los cristianos existen en las relaciones de compromiso que la membresía de la iglesia solemniza.

En tercer lugar, la enseñanza de Jesús sobre la disciplina en la iglesia asume la necesidad de la membresía en la iglesia. En Mateo 18:17b, Él habla a Sus discípulos sobre un pecador no arrepentido, "y si también rehúsa escuchar a la iglesia, sea para ti como el gentil y el recaudador de impuestos". Por mandato de Cristo, una persona que persiste en sus pecados debe ser confrontada. Si permanece impenitente, quien debe confrontarlo es la "iglesia", es decir, la asamblea de los ancianos de la iglesia.[25] Si una persona no es miembro de la iglesia, si no tiene una relación formal con la iglesia, entonces ¿sobre qué base puede la "iglesia" confrontarlo sobre su pecado? La disciplina de la iglesia presupone la membresía de esta.

Pablo hace lo mismo en su primera epístola a los Corintios. En 1 Corintios 5, Pablo se dirige a una iglesia que no ha confrontado a uno de los suyos sobre un pecado grave, escandaloso y persistente. ¿Qué le dice Pablo a la iglesia que haga?: "El que de entre ustedes ha cometido esta acción [sea] expulsado de en medio de ustedes" (1Co 5:2). Esto debe hacerse "en el nombre del Señor Jesús" estando la iglesia "reunidos" y "con el poder de nuestro Señor Jesús" (1Co 5:4). El objetivo de la disciplina no es punitivo, sino restaurador: "Entreguen a ese [hombre] a Satanás para la destrucción de su carne, a fin de que su espíritu sea salvo en el día del Señor Jesús" (1Co 5:5). Una vez más, este ejercicio de la disciplina eclesiástica sería incomprensible si el infractor no fuera miembro de la iglesia. No podría ser "expulsado" de la iglesia si no fuera ya miembro de ella.

En cuarto lugar, el sacramento de la Cena del Señor supone la existencia de la membresía de la iglesia. Pablo, escribiendo de nuevo a los corintios, deja claro que no todo el mundo tiene derecho o

---

[25] Por *iglesia*, Jesús no se refiere a la congregación como tal. Se refiere, más bien, a la asamblea de los ancianos. Volveremos a tratar este punto con más detalle en el capítulo 3. A la luz de estas consideraciones, T. David Gordon acertadamente ha sugerido traducir la palabra griega *ekklesia* de Mateo 18:17 como "asamblea", en lugar de "iglesia". Ver su artículo inédito "*When 'Church' is a Judicial Assembly*" [*Cuando la 'iglesia' es una asamblea judicial*].

permiso para venir a la mesa del Señor y participar del sacramento (1Co 11:17-34). Da instrucciones específicas a la iglesia sobre cómo se debe observar la Cena del Señor, lo que incluye una advertencia a las personas de que nadie "coma el pan o beba la copa del Señor indignamente" (1Co 11:27). Cada persona debe "examinarse cada uno a sí mismo, y entonces coma del pan y beba de la copa" para no traer "juicio para sí" (1Co 11:28-29).

Nota las premisas detrás del argumento de Pablo. Él asume que la Cena del Señor será administrada sólo en la iglesia, cuando esta se reúna para el culto público (ver Hch 20:7), también que los que se acercan a la Mesa del Señor son cristianos profesantes. Esto es lo que Pablo ya ha afirmado en 1 Corintios 10:16-17, que la Cena del Señor representa la unión de los creyentes con Cristo y la unidad del cuerpo de los creyentes.[26] Pero ¿Cómo se reconoce a una persona, como tal, en unión y comunión con Cristo y en comunión con otros creyentes? Como hemos visto, el patrón bíblico es que se unan formalmente a la iglesia. Esta vinculación o membresía es precisamente lo que se asume en la observancia de la Cena del Señor por parte de la iglesia. Sin la membresía de la iglesia, la cual es representada por la Cena del Señor (la comunión de los creyentes) carecería de sentido, en términos bíblicos.

En quinto lugar, los pasajes sobre el crecimiento del cristiano que hemos considerado anteriormente (Ef 4:11-16, Col 2:19) exigen la membresía de la iglesia. El crecimiento del cuerpo, dice Pablo, requiere del "funcionamiento adecuado de cada miembro" (Ef 4:16). Además, los creyentes están unidos entre sí de la misma manera que las partes del cuerpo humano están unidas entre sí. No se trata simplemente de que los creyentes compartan unos con otros los dones y las gracias, es que lo hacen comprometidos y vinculados entre sí. ¿Cómo se expresa este compromiso y vinculación en la iglesia? En la membresía de la iglesia.

En sexto lugar, la responsabilidad de los ancianos de la iglesia requiere la membresía de esta. En Hebreos 13:17a leemos el siguiente mandamiento: "Obedezcan a sus pastores y sujétense a ellos, porque ellos velan por vuestras almas, como quienes han de dar cuenta". Los

---

[26] Herzer, "*The Church*", 6.

ancianos de la iglesia, o "líderes", son los que tienen la responsabilidad de cuidar de las "almas" de la congregación y, en el día del juicio, deberán "dar cuenta" a Cristo de esas almas. Pero a menos que los ancianos estén en una relación claramente definida con un grupo específico de cristianos, ¿cómo pueden velar por ellos y mucho menos dar cuenta de ellos? Sin la membresía de la iglesia, los ancianos no podrían cumplir con la tarea que Dios les ha asignado.[27]

En conclusión, el Nuevo Testamento requiere que cada cristiano profesante sea miembro de la iglesia. La membresía es la base del gobierno, la disciplina, la adoración y la vida de la iglesia. Uno no tiene la libertad de alegar membresía en la iglesia invisible sin unirse también a la iglesia visible. El discipulado cristiano requiere que uno se convierta en miembro de la iglesia.

¿Quiénes son los miembros de la iglesia?

Hemos visto que es necesario ser miembro de la iglesia. Hemos visto que uno se vincula a la iglesia por la profesión de fe. Por último, hemos de considerar con mayor precisión quiénes son los miembros de la iglesia visible.

Anteriormente citamos la definición de iglesia visible desde la Confesión de Fe de Westminster, que menciona dos grupos de personas: (1) Están aquellos que hacen una profesión de fe creíble y (2) están los hijos de aquellos que han hecho una profesión de fe creíble.

Pocos se oponen a recibir en la membresía de la iglesia a personas que son capaces de profesar la fe cristiana y adornar esa profesión con una vida piadosa. Sin embargo, algunos se han opuesto a reconocer a los hijos de tales personas como miembros de la iglesia. Esta objeción explica una diferencia entre los presbiterianos y los bautistas. Ambos consideran al otro como cristiano. Históricamente, los presbiterianos y los bautistas han coincidido teológicamente en mucho más de lo que han diferido. Sin embargo, difieren en cuanto a si los hijos de los creyentes profesantes, como tales, son miembros de la iglesia. Los presbiterianos dicen "sí", mientras que los bautistas dicen "no".

---

[27] Agradezco a T. David Gordon por haberme alertado sobre este argumento.

¿Cuál es la evidencia bíblica de que los hijos de los creyentes profesantes son por derecho de nacimiento miembros de la iglesia y tienen derecho a que la iglesia reconozca su membresía? Del mismo modo que con nuestro estudio de la necesidad de la membresía en la iglesia, la respuesta a esta pregunta no se encontrará en un solo versículo. Debemos observar la enseñanza de las Escrituras y considerar algunas implicaciones que sin duda, se derivan de esa enseñanza.

Comenzamos con el pacto que Dios hizo con Abraham en Génesis 17. Dios quiso que este pacto confirmara las promesas que había hecho a Abraham en Génesis 12 (ver Gn 17:5-6). Este pacto incluía a Abraham y a sus hijos, de modo que Abraham y sus hijos eran reconocidos como parte del pueblo visible de Dios. A partir de esto, los hijos varones de Abraham debían recibir la señal del pacto, la circuncisión: "Y estableceré Mi pacto contigo y con tu descendencia después de ti, por todas sus generaciones, por pacto eterno, de ser Dios tuyo y de toda tu descendencia después de ti" (Gn 17:7), y, "este es Mi pacto con ustedes y tu descendencia después de ti y que ustedes guardarán: Todo varón de entre ustedes será circuncidado" (Gn 17:10).

Además, el pacto que Dios hizo con Abraham es un pacto evangélico, es decir, este pacto administra las promesas del evangelio. Este es el razonamiento de Pablo en Gálatas 3:8: "Y la Escritura, previendo que Dios justificaría a los gentiles por la fe, anunció de antemano las buenas nuevas a Abraham, diciendo: 'En ti serán benditas todas las naciones'". Pablo cita aquí la promesa que Dios hace a Abraham en Génesis 12. Además, describe la declaración de Dios de esta promesa a Abraham como "anunciar el evangelio de antemano". Esta es la promesa que Dios diseñó y que el pacto de Génesis 17 administraría.

No sólo la promesa tuvo un carácter evangélico, sino que también la señal del pacto con Abraham es evangélica. Esto es evidente por la descripción que hace Pablo de la circuncisión en Romanos 4:11: "sello de la justicia de la fe" (comparar Ro 4:1-5). Al representar la justificación por la fe solamente, la circuncisión sirvió para señalar a Abraham y a sus hijos a la promesa por la que él y los creyentes de todos los tiempos fueron salvos.

Dios no ha anulado este pacto, el cual incluye a los creyentes del Nuevo Testamento. Por eso Pablo llama a los creyentes "descendencia de Abraham" e "hijos de Abraham [por la fe]" en Gálatas 3:29 y Gálatas 3:7. Pablo llama a las bendiciones del evangelio que los creyentes del Nuevo Testamento disfrutan actualmente la "bendición de Abraham" (Ga 3:14). Como "descendencia de Abraham" somos "herederos según la promesa" (Ga 3:29).

Pero si el pacto con Abraham continúa, ¿qué pasa con la circuncisión como señal del pacto? ¿Qué ocurre con la circuncisión? Bajo el Nuevo Pacto, las Escrituras argumentan que el bautismo ha reemplazado a la circuncisión como señal y sello del pacto de gracia. Esto es lo que argumenta Pablo en Colosenses 2:11-12:

> También en Él ustedes fueron circuncidados con una circuncisión no hecha por manos, al quitar el cuerpo de la carne mediante la circuncisión de Cristo; habiendo sido sepultados con Él en el bautismo, en el cual también han resucitado con Él por la fe en la acción del poder de Dios, que lo resucitó de entre los muertos.

¿Qué está diciendo Pablo aquí? Está diciendo que los creyentes han sido "circuncidados" por la "circuncisión de Cristo". Esta no es una circuncisión física, por lo que es "no hecha por manos", es decir, es una obra de Dios. Esta circuncisión Pablo la describe en términos de "quitar el cuerpo de la carne". Aquí, Pablo está diciendo que el creyente tiene una nueva relación con el pecado ("el cuerpo de la carne"). El pecado ya no tiene dominio sobre el creyente. Ya no se sienta en el puesto de conductor, determinando los pensamientos, elecciones y acciones del creyente. Por eso Pablo puede decir que "el cuerpo de carne" ha sido "quitado" (comparar con Colosenses 3:9, "han desechado al viejo hombre con sus malos hábitos"). Esta "circuncisión" describe lo que tuvo lugar en la regeneración del creyente. Compara lo que vimos decir a Pablo en Romanos 2:29: "es judío el que lo es interiormente, y la circuncisión es la del corazón, por el Espíritu, no por la letra". Dios ha hecho que el creyente, antes vivo para el pecado y muerto para la justicia, ahora, en Cristo, esté muerto para el pecado y vivo para la justicia.

Pero la "circuncisión" no es la única forma en que Pablo puede describir aquí este cambio decisivo en el creyente. Dice que los creyentes han sido "sepultados con [Cristo] en el bautismo" y "resucitados con Él". Tan plenamente ha unido Dios a los creyentes con Jesús en Su muerte, que Pablo puede decir que fueron "sepultados con Él". Dios ha unido tanto a los creyentes con Jesús en Su resurrección que Pablo puede decir que fueron "resucitados con Él".

Pero Pablo dice que los creyentes han sido "sepultados con [Cristo] en el bautismo". ¿Está Pablo hablando del bautismo con agua aquí? No. Pablo no está pensando principalmente en el bautismo físico, como tampoco está pensando en la circuncisión física en Colosenses 2. El "bautismo" es la forma en que Pablo habla del cambio decisivo que Dios ha realizado en los creyentes, de manera que tienen una relación totalmente nueva con el pecado y con la justicia: "en el cual también han resucitado con Él por la fe en la acción del poder de Dios, que lo resucitó de entre los muertos".

Así como la circuncisión espiritual tuvo una vez su contraparte en la circuncisión física, podemos inferir que el bautismo espiritual tiene ahora su contraparte en el bautismo con agua. Es decir, la circuncisión sirvió una vez como señal y sello de la regeneración del creyente del Antiguo Testamento. Ahora, el bautismo sirve como señal y sello de la regeneración del creyente del Nuevo Testamento. Tenemos la misma gracia representada bajo diferentes señales.

Esto es precisamente lo que vemos en el Nuevo Testamento. Cristo encarga a Sus discípulos que "bauticen" a quienes respondan con fe al evangelio (Mt 28:18-20). Más adelante en el Nuevo Testamento, vemos que después de que las personas hacen una profesión pública de fe, son bautizadas (Hch 2:38 con Hch 2:41; 8:12; 16:14-15, 31-33). La circuncisión ya no se exige al pueblo de Dios (ver Hch 15). Ahora el bautismo hace el trabajo que la circuncisión hacía antes de la venida de Cristo.

Esta observación nos lleva a nuestro último punto. Los hijos de los creyentes durante el Antiguo Testamento debían, por mandato divino, recibir la señal del pacto, la circuncisión. Del mismo modo, los hijos de los creyentes durante el Nuevo Testamento deben, por el mismo mandato, recibir la señal del pacto, el bautismo. En ambos casos, tienen derecho a la señal del pacto porque son miembros de la iglesia por derecho de nacimiento.

Pero ¿tenemos alguna indicación de que el Nuevo Testamento reconozca a los hijos de los creyentes como miembros de la iglesia? La tenemos. Nota lo que Pablo dice en Efesios 6:1-3:

> Hijos, obedezcan a sus padres en el Señor, porque esto es justo. Honra a tu padre y a tu madre (que es el primer mandamiento con promesa), para que te vaya bien, y para que tengas larga vida sobre la tierra.

¿A qué niños se dirige Pablo? Se dirige a los hijos de los creyentes de la iglesia de Éfeso. ¿Cómo se dirige Pablo a estos niños? Se dirige a ellos como "los santos que están en Efeso y que son fieles en Cristo Jesús" (Ef 1:1). Es decir, se dirige a ellos como miembros de la congregación. ¿Por qué llama a los miembros de la iglesia de Éfeso "santos"? Pablo no está diciendo que todos sean santos por dentro. Lo que dice es que, por vocación, están separados del mundo y apartados para Dios.

Entonces, los niños son miembros de la iglesia y, como tales, son llamados a buscar la santidad. En Efesios 6:1-3, Pablo les dice a los hijos de la congregación cómo deben vivir a la luz de ese llamado. En Efesios 6:4, Pablo dice a los padres de estos niños que "los críen en la disciplina e instrucción del Señor". Estos niños, en otras palabras, están llamados a ser estudiantes en la escuela de Cristo, a ser discípulos de Jesús.

Considera lo que Pablo argumenta en 1 Corintios 7:14: "El marido que no es creyente es santificado por medio de su mujer; y la mujer que no es creyente es santificada por medio de su marido creyente; de otra manera sus hijos serían inmundos, mas ahora son santos". Los hijos de al menos un creyente son "santos", no "inmundos". A la luz de nuestras conclusiones de las declaraciones de Pablo en Efesios, podemos decir que son "santos" precisamente de la manera en que Pablo los llamó santos en Efesios 1:1. Son, por vocación, apartados del mundo, y apartados para Dios.

Uno podría objetar: "Pero Pablo dice que la esposa incrédula es santificada gracias a su marido. ¿Está diciendo que los cónyuges incrédulos deben unirse a la iglesia simplemente porque están casados con un creyente?". En respuesta, observa la preocupación que Pablo aborda en este pasaje. Su principal preocupación es la posición eclesiástica del hijo de un matrimonio espiritualmente mixto. ¿Qué cónyuge, el incrédulo o el creyente, determina la posición de ese hijo? Pablo responde que el hijo debe ser reconocido como miembro de la iglesia visible debido a su relación con su padre creyente. ¿En qué sentido son "santos" los cónyuges no creyentes? Son "santos" en el sentido de que son aquellos a través de los cuales estos hijos "santos" han venido al mundo.[28]

Un último conjunto de pasajes que muestran el reconocimiento de la membresía de los niños en la iglesia y su derecho al sacramento del bautismo son los "bautismos familiares" del libro de los Hechos. Leemos de Lidia que "ella y su familia se bautizaron" (Hch 16:15). El carcelero de Filipos "enseguida fue bautizado, él y todos los suyos" (Hch 16:33).

Esto es precisamente lo que esperamos ver. En Génesis 17, vimos que los creyentes profesantes y sus familias recibieron la señal del pacto para indicar su membresía en la iglesia. En estos pasajes del Nuevo Testamento, estamos viendo que los creyentes profesantes y sus familias también reciben la señal del pacto para indicar su membresía en la iglesia.

Quizá alguien pueda objetar que en ninguno de estos bautismos se menciona a ningún niño y mucho menos a los bebés. Podemos responder que no es necesario que la Escritura nos diga con precisión quiénes formaban parte o no de ese hogar. El punto importante para lo que estamos tratando de mostrar es que la "familia" fue bautizada por la profesión de fe del jefe de ese hogar.

---

[28] Charles Hodge parafrasea la declaración de Pablo de esta manera: "El marido pagano, en virtud de su unión con una esposa cristiana, aunque seguía siendo pagano, era santificado; asumía una nueva relación; era apartado para el servicio de Dios, como guardián de uno de sus elegidos, y como padre de hijos que, en virtud de su madre creyente, eran hijos del pacto". Charles Hodge, *An Exposition of the First Epistle to the Corinthians* [*Una exposición de la primera epístola a los corintios*] (Nueva York: Robert Carter, 1860), 116.

También se podría objetar que en Hechos 18:8 las Escrituras dicen que "Crispo... creyó en el Señor con toda su casa". ¿Implica eso que los miembros de la casa del carcelero y de la casa de Lidia también creyeron? No necesariamente. Ya sea que la familia creyera o no, tenían derecho a la señal del bautismo una vez que el jefe de familia hiciera profesión de fe. Tenían derecho a esa señal porque eran miembros de la iglesia en virtud de su relación con la persona que profesaba la fe.

En resumen, las Escrituras reconocen que los hijos de un padre creyente son, en virtud de esa relación, miembros de la iglesia. En otras palabras, estos hijos tienen una relación que se reconoce con la iglesia, están bajo su gobierno, gozan de los privilegios y responsabilidades que conlleva esa membresía.[29]

Al decir que estos niños son miembros de la iglesia, no estamos diciendo que son regenerados o que sin duda llegarán a serlo. No diríamos esto de ningún miembro de la iglesia, ya sea bajo el Antiguo o el Nuevo Pacto. Estamos diciendo que, como hijos de los creyentes, tienen ciertos privilegios y responsabilidades.[30] Tienen derecho a las oraciones, la instrucción y la amonestación de sus hermanos miembros de la iglesia. ¿Qué se les debe enseñar a estos niños? Se les debe enseñar que son pecadores a los ojos de Dios, que justamente merecen el castigo de Dios por su pecado y que necesitan la limpieza de la sangre de Cristo y la renovación del Espíritu Santo. Se les debe enseñar el modelo de mente y vida de las Escrituras que es agradable al Señor. Se les debe enseñar a volverse a Cristo con fe y arrepentimiento y a vivir una vida agradable a Él.

Hemos examinado la enseñanza de las Escrituras sobre la importancia de la iglesia en la historia redentora. Hemos considerado la distinción bíblica entre la iglesia "visible" y la "invisible". Hemos considerado por qué la membresía en la iglesia visible es necesaria para los cristianos y por qué las Escrituras consideran que los hijos de los creyentes son miembros de la iglesia. Ahora estamos listos para echar un vistazo más de cerca al gobierno de la iglesia.

---

[29] Debo esta definición triple a David F. Coffin Jr.

[30] Hay algunos privilegios que no pueden ejercer hasta que demuestren la madurez y las calificaciones espirituales que las Escrituras requieren para esos privilegios. Uno de esos privilegios, por supuesto, es la admisión a la Mesa del Señor (1Co 11).

2 EL GOBIERNO DE LA IGLESIA

En el capítulo anterior vimos que Dios tiene un solo pueblo a lo largo de la historia de la redención. Desde que Dios proclamó por primera vez el evangelio a Adán y Eva, ha habido un único pueblo compuesto por aquellos que profesan la verdadera religión, junto con sus hijos.

También hemos visto que la iglesia está en el centro del plan de redención de Dios. Esto es cierto en Génesis, en Apocalipsis y en cada punto intermedio.

¿Por qué la iglesia ocupa un lugar tan importante en el desarrollo del propósito redentor de Dios? Sin duda, la respuesta a esta pregunta se encuentra en la relación de la iglesia con su Salvador y Cabeza, Jesucristo. En la Introducción, abordamos la enseñanza bíblica de que la iglesia visible es el "reino del Señor Jesucristo" (CFW 25). Las Escrituras indican que la iglesia es la evidencia del glorioso reino de Jesús sobre todas las cosas, la cual muestra de manera única el reino de Jesús al mundo que la rodea. En la iglesia, el mundo ve un cuerpo de personas que profesan sumisión a un Rey majestuoso y resucitado. Por tanto, cuando la Biblia destaca a la iglesia en la historia redentora, pone el foco de atención en su Rey, Jesús.

Al decir que Jesús reina sobre Su iglesia se plantea una serie de preguntas. Si la Biblia enseña que Dios es soberano sobre todo lo que ha hecho, ¿es redundante decir que Jesús reina sobre la iglesia? En segundo lugar, ¿cómo puede decir Jesús a Sus discípulos: "toda autoridad *me ha sido dada* en el cielo y en la tierra" (Mt 28:18)? En otras palabras, ¿qué tiene ahora Jesús que no poseía antes? Además, dado que Jesús ha ascendido al cielo (Hch 1:9-10), ¿con qué medios reina sobre Su iglesia que habita en la tierra? ¿Qué relación tiene el reinado de Jesús con el gobierno civil? ¿Llaman las Escrituras al gobierno civil a desempeñar algún papel en la dirección de los asuntos de la iglesia? ¿Llaman las Escrituras al gobierno de la iglesia a desempeñar algún papel en los asuntos del Estado?

Todas estas son preguntas relacionadas con el gobierno de la iglesia. En este capítulo exploraremos la enseñanza bíblica sobre el gobierno de la iglesia mientras abordamos estas preguntas.

Jesús reinará donde sea que el sol alumbre

La Biblia es clara y completa en su enseñanza concerniente a la soberanía de Dios. J. I. Packer ha resumido bien esta doctrina.

> La afirmación de la soberanía absoluta de Dios en la creación, la providencia y la gracia es básica para la fe y la alabanza bíblica. La visión de Dios en el trono, es decir, gobernando, es recurrente... Constantemente se nos dice en términos explícitos que el Señor reina como rey, ejerciendo dominio sobre cosas grandes y pequeñas por igual (Ex 15:18; Sal 47; 93; 96:10; 97; 99:1-5; 146:10; Pro 16:33; 21:1; Is 24:23; 52:7; Dn 4:34-35; 5:21-28; 6:26; Mt 10:29-31). El dominio de Dios es total: Él desea lo que decide, y lleva a cabo todo lo que quiere, y nadie puede detener Su mano, ni frustrar Sus planes.[1]

La doctrina de la soberanía divina nos ayuda a entender la enseñanza de las Escrituras sobre la providencia de Dios. Según el Catecismo Mayor de Westminster, las obras de la providencia de Dios son "Su santísima, sabia y poderosa preservación y gobierno de todas Sus criaturas; ordenándolas, así como todas sus acciones, para Su propia gloria" (CMaW 18). Como explica Packer, "[Por la providencia], el Creador, según Su propia voluntad, (a) mantiene la existencia de todas las criaturas, (b) se involucra a sí mismo en todos los acontecimientos y (c) dirige todas las cosas a su fin señalado... Dios está completamente a cargo de Su mundo. Su mano puede estar oculta, pero Su dominio es absoluto".[2]

Si la Biblia afirma la soberanía del Dios trino de esta manera, ¿cómo podemos entender la afirmación de Jesús de que "toda

---

[1] J. I. Packer, *Concise Theology: A Guide to Historic Christian Beliefs* [*Teología concisa: Una guía de las creencias cristianas históricas*] (Wheaton, IL: Tyndale, 1993), 33.

[2] Ibíd., 54. Ver en las páginas 54-55 las docenas de textos bíblicos que Packer cita del estudio de Louis Berkhof sobre la providencia divina.

autoridad *me ha sido dada* en el cielo y en la tierra"? Si Jesús es plenamente divino, y si el Dios trino es plenamente soberano, entonces la soberanía de Jesús no puede aumentar ni disminuir. Entonces, ¿en qué sentido Jesús habla de una autoridad recibida recientemente?

Considera pasajes del Antiguo Testamento que anticipan el dominio mundial de Jesús el Mesías:

> Seguí mirando en las visiones nocturnas, y he aquí, con las nubes del cielo venía uno como un Hijo de Hombre, que se dirigió al Anciano de Días y fue presentado ante Él. Y le fue dado dominio, gloria y reino, para que todos los pueblos, naciones y lenguas le sirvieran. Su dominio es un dominio eterno que nunca pasará, y Su reino uno que no será destruido (Dn 7:13–14).

> Ciertamente anunciaré el decreto del Señor que me dijo: "Mi Hijo eres tú, yo te he engendrado hoy. Pídeme, y te daré las naciones como herencia Tuya, y como posesión Tuya los confines de la tierra" (Sal 2:7–8).

> Dice el Señor a mi Señor: "Siéntate a Mi diestra, hasta que ponga a Tus enemigos por estrado de Tus pies. El Señor extenderá desde Sion Tu poderoso cetro, diciendo: Domina en medio de Tus enemigos" (Sal 110:1–2).

> Porque un niño nos ha nacido, un hijo nos ha sido dado, y la soberanía reposará sobre Sus hombros; y se llamará Su nombre Admirable Consejero, Dios Poderoso, Padre Eterno, Príncipe de Paz. El aumento de Su soberanía y de la paz no tendrán fin sobre el trono de David y sobre Su reino, para afianzarlo y sostenerlo con el derecho y la justicia desde entonces y para siempre. El celo del Señor de los ejércitos hará esto (Is 9:6–7).

Considera pasajes del Nuevo Testamento que declaran que Jesús, después de Su resurrección y ascensión, ha asumido este reino mesiánico mundial:

> Porque para esto Cristo murió y resucitó, para ser Señor tanto de los muertos como de los vivos (Ro 14:9).

> Entonces vendrá el fin, cuando Él entregue el reino al Dios y Padre, después que haya abolido todo dominio y toda autoridad

y poder. Pues Cristo debe reinar hasta que haya puesto a todos Sus enemigos debajo de Sus pies. Y el último enemigo que será abolido es la muerte (1Co 15:24-26).

Y hallándose en forma de hombre, se humilló a sí mismo, haciéndose obediente hasta la muerte, y muerte de cruz. Por lo cual Dios también le exaltó hasta lo sumo, y le confirió el nombre que es sobre todo nombre, para que al nombre de Jesús se doble toda rodilla de los que están en el cielo, y en la tierra, y debajo de la tierra, y toda lengua confiese que Jesucristo es Señor, para gloria de Dios Padre (Fil 2:8-11).

[El Padre] obró en Cristo cuando le resucitó de entre los muertos y le sentó a Su diestra en los lugares celestiales, muy por encima de todo principado, autoridad, poder, dominio y de todo nombre que se nombra, no sólo en este siglo sino también en el venidero. Y todo sometió bajo Sus pies, y a Él lo dio por cabeza sobre todas las cosas a la iglesia, la cual es Su cuerpo, la plenitud de aquel que lo llena todo en todo (Ef 1:20-23).

Una vez más podemos preguntar: ¿cómo es que Jesús asumió una autoridad y un reinado que no poseía previamente? La respuesta se encuentra en una importante distinción. Podemos distinguir el dominio o reinado *esencial* de Jesús de Su dominio o reinado *mediador*. Así es como Ebenezer Erskine y James Fisher, dos escoceses del siglo dieciocho y comentaristas del Catecismo Menor de Westminster, expresan la diferencia.

> Pregunta 17. ¿En qué sentido es *múltiple* el reino [de Jesús]?
> Respuesta. Es *doble*, puesto que Su reino es *esencial* y *mediador*.
>
> Pregunta 18. ¿Qué es Su reino *esencial*?
> Respuesta. Es el poder absoluto y supremo que tiene sobre todas las criaturas en el cielo y en la tierra, *esencial* y *naturalmente*, como Dios igual al Padre, Salmo 103:19, "Su reino domina sobre todo".
>
> Pregunta 19. ¿Qué es Su reino *mediador*?
> Respuesta. Es ese poder y autoridad soberanos en y sobre la iglesia, que le son dados como Mediador, Efesios 1:22.[3]

---

[3] James Fisher, *The Westminster Assembly's Shorter Catechism Explained by Way of Question and Answer* [*El Catecismo Menor de la Asamblea de Westminster explicado mediante preguntas y*

El reinado esencial de Jesús le pertenece como Segunda Persona de la Divinidad. Este reino es inalterable e inmutable. Sin embargo, el reino mediador de Jesús le pertenece como Hijo de Dios encarnado, el Dios-hombre. Este reino lo asumió al ser exaltado.[4] Este reino está sujeto a cambios y se puede decir que aumenta o crece. Este reino se extiende hasta los confines de la tierra, pero tiene a la iglesia como su foco particular. Como explicó el teólogo presbiteriano estadounidense del siglo diecinueve Robert L. Dabney: "La iglesia es el dominio inmediato [de Jesús]: sus miembros son Sus ciudadanos; y para su beneficio se ejercen todos Sus poderes. Pero Su poder se extiende sobre toda la humanidad, los ángeles, buenos y malos, y los poderes de la naturaleza".[5] En otras palabras, al reconocer el reino *esencial* de Jesús, los creyentes confiesan particularmente que Jesús, con el Padre y el Espíritu Santo, es Dios sobre todo. Al reconocer el reinado *mediador* de Jesús, los creyentes confiesan especialmente que Jesús es el Señor resucitado que los compró con Su propia sangre.

Como planetas moviéndose en órbitas concéntricas

¿Cuál es la relación entre el reinado mediador de Jesús y el dominio de los gobiernos de este mundo? ¿Tienen los gobiernos civiles un papel legítimo en el gobierno de la iglesia? Muchos en la historia de la iglesia han respondido "sí" a esta pregunta. La Iglesia Oriental, durante el período bizantino (alrededor del 500-1500 d.C.), experimentó la intervención directa de los emperadores bizantinos en sus asuntos. Esta relación entre el gobierno civil y la iglesia se ha denominado "cesaropapismo".[6] En la Iglesia Occidental en la época de la Reforma,

---

respuestas], 3ª ed. (repr., Filadelfia: Presbyterian Board of Christian Education, 1925), 138.

[4] Debemos notar, con A. A. Hodge, que "aunque Cristo ha sido virtualmente Rey mediador así como Profeta y Sacerdote desde la caída de Adán, la asunción pública y formal a Su trono y la inauguración de Su reino espiritual data de Su ascensión y entronamiento a la diestra de Su Padre". Archibald Alexander Hodge, *Outlines of Theology* [*Apuntes de teología*] (1879; Edimburgo: Banner of Truth, 1972), 429.

[5] Robert L. Dabney, *Systematic Theology* [*Teología sistemática*], 2nd ed. (St. Louis: Presbyterian Publishing Company of St. Louis, 1878; repr., Edimburgo: Banner of Truth, 1985), 550.

[6] Por "cesaropapismo" se entiende la dirección estatal de los asuntos de la iglesia. Algunos han objetado esta caracterización de las relaciones entre la iglesia y el estado bizantino. Ver Timothy Ware, *The Orthodox Church* [*La iglesia ortodoxa*], rev. ed. (Londres: Penguin, 1993), 40-41.

el "erastianismo", llamado así por el protestante Tomás Erasto (1524 – 1583), instaba a que el gobierno civil tuviera un papel legítimo en el gobierno de la iglesia, lo que incluía la responsabilidad por el ejercicio de la disciplina en la iglesia. Después de debatir el asunto, la Asamblea de Westminster rechazó esta posición y afirmó que las Escrituras confían la disciplina en la iglesia enteramente en "manos de los oficiales de la iglesia, quienes son distintos al magistrado civil" (CFW 30.1).[7]

En el próximo capítulo hablaremos más sobre las esferas propias del gobierno civil y del eclesiástico. Por ahora podemos simplemente señalar la enseñanza de la Escritura de que estos dos gobiernos son completamente distintos el uno del otro. Es necesario hacer cuatro observaciones. La primera proviene de dos asuntos relacionados: la naturaleza del reino de Cristo y la membresía en el reino de Cristo. El cristiano tiene entrada en el reino por el nuevo nacimiento, el que no se efectúa por cosas como la primogenitura, la genealogía o el esfuerzo humano (ver Jn 1:13). Más bien, uno debe nacer del Espíritu para ver o entrar en el reino (Jn 3:3, 5). Este nuevo nacimiento es una obra soberana del Espíritu Santo (Jn 3:8). No es en respuesta a, en anticipación de, o en conjunción con, el privilegio o la actividad humana. La entrada en el reino es totalmente una obra de Dios: "[el Padre] nos libró del dominio de las tinieblas y nos trasladó al reino de Su Hijo amado, en quien tenemos redención: el perdón de los pecados" (Col 1:13-14). Por eso Jesús le dice a Pilato: "Mi reino no es de este mundo" (Jn 18:36). El reino de Dios no pertenece a la esfera del gobierno civil, sino a un orden totalmente distinto. La entrada y la membresía en este reino son fundamentalmente diferentes a la entrada y la membresía en los reinos de este mundo. A la luz de esta observación, sería sorprendente escuchar que las Escrituras justifiquen la participación del gobierno civil en la administración del gobierno de la iglesia.

En segundo lugar, Jesús reconoció la independencia del gobierno de la iglesia con respecto al gobierno civil. Una pregunta que se

---

[7] Diarmaid MacCullough, *The Reformation* [*La reforma*] (Nueva York: Penguin, 2003), 355; Robert Letham, *The Westminster Assembly: Reading Its Theology in Historical Context* [*La Asamblea de Westminster: La lectura de su teología en el contexto histórico*] (Phillipsburg, NJ: P&R Publishing, 2009), 312.

planteó en la época de Jesús fue cómo debía vivir la nación judía bajo el dominio romano. ¿Debían los judíos acomodarse al dominio romano? Si es así, ¿cómo? ¿Debían rebelarse contra el dominio romano? ¿Deben retirarse de la sociedad civil? Estas preguntas eran apremiantes porque Dios, en el Antiguo Testamento, había dado a Israel un conjunto distinto de leyes para ordenar su vida común. ¿Qué sucedería en caso de que esas leyes y la ley romana entraran en conflicto?

Los fariseos trataron de arrastrar a Jesús a este debate. Las Escrituras dicen que "deliberaron entre sí cómo atraparle, sorprendiéndole en alguna palabra" (Mt 22:15). Es decir, no preguntaron a Jesús movidos por un deseo sincero de conocer la verdad. Trataron de atraparlo para que dijera algo que lo metiera en problemas con las autoridades romanas o que lo desacreditara entre los judíos.

La pregunta que plantearon era concerniente a la más temida de las responsabilidades: los impuestos. Junto con los herodianos, preguntaron: "¿Es lícito pagar impuesto al César, o no?". Jesús, después de sostener una moneda romana, les preguntó: "¿De quién es esta imagen y esta inscripción?". Ellos respondieron: "Del César". A esto, Jesús respondió: "Pues dad al César lo que es del César, y a Dios lo que es de Dios" (Mt 22:17, 21).

Jesús no está diciendo que Dios es indiferente al gobierno civil: "A Dios no le preocupan los impuestos en absoluto, ¡que el César se encargue de ellos!". Más bien, Jesús afirma que el gobierno civil tiene una esfera de responsabilidad asignada por Dios. Esta esfera del magistrado civil incluye, entre otras cosas, el poder de los impuestos (ver Ro 13:1-7). Dado que esta tarea es asignada por Dios, no se deja a nuestra discreción obedecer o desobedecer al gobierno civil según nuestra voluntad. Por tanto, Jesús no caerá en la trampa de decir que, en nombre de la obediencia a Dios, debemos negarnos a pagar nuestros impuestos.

Jesús también afirma que existe una esfera de responsabilidad distinta que Dios ha asignado al gobierno de Su pueblo (Mt 22:17, 21). Aunque Jesús no detalla aquí lo que implica esa esfera, sí señala que hay límites o fronteras que Dios ha asignado al gobierno civil con respecto al pueblo de Dios. El estado no puede transgredir esos límites. Por tanto, la autoridad del estado es limitada, y eso por designación divina. Esta autoridad es limitada en parte porque Dios ha establecido una esfera y un gobierno distintos e independientes de los del estado. Por tanto, hay responsabilidades que tenemos con el César y hay otras responsabilidades distintas que tenemos con Dios.

En tercer lugar, Jesús designa antes y en otros lugares un gobierno para la iglesia, distinto de los gobiernos de los reinos de este mundo. En Mateo 16:16, Pedro confiesa que Jesús es "el Cristo, el Hijo del Dios viviente". Entonces Jesús le dice a Pedro:

> Bienaventurado eres, Simón, hijo de Jonás, porque esto no te lo reveló carne ni sangre, sino Mi Padre que está en los cielos. Yo también te digo que tú eres Pedro, y sobre esta roca edificaré Mi iglesia; y las puertas del Hades no prevalecerán contra ella. Yo te daré las llaves del reino de los cielos; y lo que ates en la tierra, será atado en los cielos; y lo que desates en la tierra, será desatado en los cielos (Mt 16:17–19).

¿Qué está diciendo Jesús aquí? Antes de ocuparnos de esta pregunta, tenemos que abordar una pregunta anterior. ¿A quién se dirige Jesús en este momento? Algunos han insistido en que Jesús no se dirige a los discípulos en general, sino a Pedro en particular. Por ejemplo, la Iglesia Católica Romana ha apelado a este texto en apoyo del papado o de que el papa, el supuesto sucesor de Pedro, es la cabeza de la iglesia. Los católicos romanos ven aquí a Jesús confiando únicamente a Pedro una tremenda autoridad eclesiástica.

Los protestantes han discrepado enérgicamente respecto a esta conclusión. La Confesión de Westminster declara: "No hay otra cabeza de la iglesia sino el Señor Jesucristo. Tampoco el papa de Roma puede ser su cabeza en ningún sentido" (CFW 25.6). Sólo Jesús es la cabeza de la iglesia. Por tanto, ni el papa ni ningún otro individuo pueden ser considerados o denominados "cabeza" de la iglesia.

A primera vista, este recurso de Roma basado en Mateo 16 tiene cierta lógica. Al fin y al cabo, Jesús se dirige aquí directamente a

Pedro.⁸ Sin embargo, antes de concluir que sólo se trata de Pedro, conviene reflexionar en dos consideraciones. En primer lugar, la confesión de Pedro (16:16) fue provocada por las preguntas de Jesús: "¿Quién dicen los hombres que es el Hijo del Hombre?" (16:13), y, "vosotros, ¿quién decís que Soy Yo?" (16:15). En otras palabras, Jesús está haciendo una pregunta a todos Sus discípulos.⁹ Cuando Pedro responde con su confesión acerca de Jesús, debemos entender que habla en nombre de todo el cuerpo de discípulos de Jesús. En segundo lugar, cuando Jesús vuelve a tratar el asunto de "atar y desatar" en Mateo 18:18, se dirige a los discípulos colectivamente.¹⁰ Esto sugiere que el "atar y desatar" de Mateo 16 es un asunto que pertenece a los discípulos colectivamente.

Entonces, ¿cuál es la "roca" sobre la que Jesús edificará Su iglesia? Está claro que no es Pedro, ya que él no es exaltado por su confesión, ni su confesión contiene elementos que lo exalten. Esta "roca" es la confesión de Jesús como Mesías, una confesión que el cuerpo de discípulos ha hecho a través de Pedro.¹¹ Jesús está diciendo aquí lo que el apóstol Pablo escribiría más tarde a los efesios, es decir, que la iglesia está "edificada sobre el fundamento de los apóstoles y profetas, siendo Cristo Jesús mismo la piedra angular" (Ef 2:20). Los apóstoles dieron un testimonio único de Jesús, el Mesías de Dios, crucificado y resucitado para la salvación de los pecadores. Es sobre esta confesión única y fundacional que Jesús edificará Su iglesia a través de los tiempos.¹²

---

⁸ El griego distingue entre la segunda persona del singular y la segunda persona del plural. En el original griego de Mateo 16, la segunda persona a la que se dirige está siempre en singular y no en plural. En otras palabras, Pedro está en el punto de mira de una manera que no lo está todo el grupo de discípulos.

⁹ El griego lo deja claro. Jesús no sólo utiliza la forma de segunda persona del plural del verbo "decir", sino que añade el pronombre personal de segunda persona "vosotros" (gramaticalmente innecesario).

¹⁰ El griego de Mateo 18:18, que prácticamente reproduce la redacción de Mateo 16:16, está en plural.

¹¹ Matthew Poole, *A Commentary on the Holy Bible* [*Comentario de la Santa Biblia*], 3 vols. (repr., Peabody, MA: Hendrickson, n.d.), 3:76.

¹² Es razonable, en vista del carácter único de este testimonio ocular y de la imagen de la fundación única que utiliza Jesús, que el cargo de apóstol no es perpetuo en la iglesia. En otras palabras, este oficio ha servido su propósito designado por Dios en la historia redentora, por lo que, Dios ya no da hombres para este oficio en la era post-apostólica. Abordaremos este punto con más detalle en el capítulo 4.

Entonces, ¿cuáles son las "llaves" que Jesús confía a este cuerpo fundacional de testigos confesantes? ¿Qué es el "atar y desatar" al que se les llama? Es importante reconocer, en primer lugar, que estas "llaves" son algo que Jesús "da" a estos discípulos: "Te daré las llaves del reino de los cielos" (Mt 16:19).[13]

¿Qué significa confiar las "llaves" a alguien? Aquí nos ayuda un pasaje del Antiguo Testamento. En Isaías 22:22, leemos que Dios dice: "Pondré la llave de la casa de David sobre su hombro [el de Eliaquim]; cuando él abra, nadie cerrará, cuando él cierre, nadie abrirá". Eliaquim es el "siervo" del Señor (22:20), a quién se le da "autoridad" en "su mano" (22:21). El lugar en el que se ejerce esta autoridad es la casa (22:15).

¿Cómo nos ayuda este pasaje de Isaías a entender la entrega de las llaves a los apóstoles en Mateo 16? Nos muestra que los apóstoles sirven como siervos o administradores en la casa de Dios. El jefe de la casa les asigna autoridad dentro de la misma. ¿Qué deben hacer? Deben usar las "llaves del reino de los cielos" para "atar y desatar" (16:19). La imagen de Mateo 16 es la de usar las llaves para abrir un almacén con el fin de proveer a la casa.[14] No se trata de admitir o excluir de la casa, sino de la "autoridad administrativa" de estos discípulos como sirvientes de la casa.[15] El comentarista puritano del siglo diecisiete, Matthew Poole, explica:

> El sentido es: Pedro, te encomendaré a ti y al resto de Mis apóstoles toda la administración de Mi evangelio; pondrás los cimientos de la Iglesia cristiana y administrarás todos los asuntos de la misma, abriendo las verdades del evangelio al mundo y gobernando a los que reciban la fe del evangelio... Nuestro Salvador, mediante esta promesa, declaró Su voluntad de que Sus apóstoles resolvieran los asuntos de la iglesia evangélica, determinando lo que debía ser lícito e ilícito, y estableciendo reglas, según las cuales debían actuar todos los ministros y oficiales sucesivos de Su iglesia, las

---

[13] Comparar con Apocalipsis 3:7, donde Jesús dice de sí mismo: "[Tengo] la llave de David, el que abre y nadie cierra, que cierra y nadie abre".

[14] R. T. France, *The Gospel of Matthew* [*El Evangelio de Mateo*], *NICNT* (Grand Rapids: Eerdmans, 2007), 625.

[15] Ibid.

cuales serían confirmadas por nuestro Señor en el cielo... No creo que el sentido de atar y desatar aquí sea excomulgar y absolver, sino una determinación doctrinal o judicial de las cosas lícitas e ilícitas concedida a los apóstoles.[16]

Entonces, lo que nos muestra Mateo 16:17-19 es que Cristo ha confiado expresamente a Sus apóstoles la autoridad para ordenar la vida del pueblo de Dios bajo el Nuevo Testamento. Como veremos más adelante, una parte fundamental de ese orden es un gobierno que pertenece exclusivamente a la iglesia. Es importante para nuestra discusión, observar que no hay ninguna disposición en Mateo 16 para que el magistrado civil participe en este ordenamiento fundamental de la vida de la iglesia.

Sin embargo, quizás haya espacio para que el magistrado civil participe en la administración continua de la vida de la iglesia. Tal vez el magistrado civil podría tener un papel que desempeñar en la disciplina de la iglesia. Las declaraciones de Jesús en Mateo 18:15-20 nos muestran que hay una disciplina que pertenece exclusivamente a la iglesia y no al gobierno civil. Jesús prevé una situación en la que un cristiano peca contra otro: "Si tu hermano peca, ve y repréndelo a solas" (18:15). Sin embargo, supongamos que el cristiano ofensor se niega a arrepentirse, incluso en presencia de otros cristianos que el cristiano ofendido ha traído consigo (18:16). En ese caso, Jesús dice: "Dilo a la iglesia" (18:17a). Si el ofensor "también rehúsa escuchar a la iglesia", debe ser expulsado de la misma (18:17b). Tales personas están bajo la censura del mismo cielo (18:18). Jesús no está enseñando aquí que los discípulos son "los iniciadores de nuevas direcciones para la iglesia". Por el contrario, son "los fieles administradores de los decretos previos de Dios".[17] Jesús no está prometiendo a la iglesia la infalibilidad en las decisiones relativas a la disciplina eclesiástica. Más bien, Su punto es que la decisión de la iglesia anticipada aquí, cuando es fiel a la Palabra de Dios, ya ha sido hecha en el cielo. Sólo en la medida en que la iglesia sea fiel a la Palabra, sus decisiones, en materia de disciplina o en cualquier otro asunto, recibirán la sanción y el apoyo de su Cabeza ascendida.

---

[16] Poole, *Commentary*, 3:77.

[17] France, *Matthew*, 627.

En ningún momento en los pasos establecidos en Mateo 18:15-20 Jesús anticipa o permite la participación del magistrado civil en la disciplina de la iglesia. Tal participación sería nada menos que una intrusión ilegal. La disciplina de la iglesia se lleva a cabo dentro y por la iglesia.

Un cuarto indicio de que la iglesia tiene un gobierno totalmente distinto al del magistrado civil se encuentra en las epístolas del Nuevo Testamento, las cartas redactadas o impuestas por los apóstoles de Cristo para la iglesia en cada época. El Nuevo Testamento nos muestra que la iglesia tiene un gobierno propio. Pablo, escribiendo a los cristianos de Tesalónica, dice: "Os rogamos hermanos, que reconozcáis a los que con diligencia trabajan entre vosotros, y os dirigen en el Señor y os instruyen, y que los tengáis en muy alta estima con amor, por causa de su trabajo" (1 Ts 5:12–13). El escritor a los Hebreos da una instrucción similar: "Obedeced a vuestros pastores y sujetaos a ellos, porque ellos velan por vuestras almas, como quienes han de dar cuenta. Permitidles que lo hagan con alegría y no quejándose, porque eso no sería provechoso para vosotros" (Heb 13:17).

Estos líderes están a cargo de sus compañeros creyentes "en el Señor". Tienen un conjunto específico de tareas espirituales que Cristo les ha dado, por las que tendrán que dar cuenta. Los creyentes deben a estos líderes respeto y obediencia en el Señor. En otras palabras, tenemos un gobierno independiente designado sobre la iglesia como pueblo de Dios y apropiado para ella. La iglesia y el Estado, tomando prestadas las palabras del *Libro de Orden de la Iglesia* de la PCA, son "como planetas que se mueven en órbitas concéntricas".[18]

Antes de concluir este tema, es importante subrayar lo que *no* estamos diciendo cuando afirmamos que el gobierno de la iglesia es totalmente distinto del gobierno civil. No estamos diciendo que los miembros de la iglesia y los oficiales de la iglesia no tienen obligaciones con el magistrado civil. Los miembros de la iglesia y los oficiales de la iglesia están tan sujetos a las leyes y penas del Estado como todos los demás ciudadanos. Las Escrituras ordenan: "Sométase toda persona a las autoridades que gobiernan" (Ro 13:1). Pablo no vio nada impropio

---

[18] Esta frase se debe al "Mensaje a las iglesias de Jesucristo en toda la tierra", adoptado en 1861 por la Iglesia Presbiteriana en los Estados Confederados de América.

en su comparecencia ante el tribunal de Agripa para enfrentarse a los cargos presentados por los judíos en su contra (Hch 25:10). De hecho, Pablo dijo a su juez: "Si soy, pues, un malhechor y he hecho algo digno de muerte, no rehúso morir" (25:11). Pablo estaba dispuesto a pagar la pena civil por cualquier fechoría de su parte.

Esto significa que los oficiales de la iglesia deben ser conscientes de cuáles son sus responsabilidades personales y colectivas ante el Estado. Si tienen conocimiento de asuntos que podrían someter a alguien de la iglesia a sanciones civiles o penales, los oficiales de la iglesia tienen la responsabilidad cristiana de conocer sus opciones y obligaciones legales y de actuar apropiadamente a la luz de esas opciones y obligaciones.

Además, el afirmar que la iglesia tiene un gobierno independiente del gobierno del Estado no significa que sea antibíblico que una iglesia se constituya legalmente, es decir, que busque el reconocimiento del Estado como entidad civil. A menudo y por muchas razones, la constitución legal de una iglesia puede ser un paso sabio, lo que de ninguna manera infringe la independencia del gobierno de la iglesia.

Lo que hemos estado insistiendo, es que Cristo no ha confiado el ordenamiento y la administración de la vida de la iglesia al magistrado civil. Estos asuntos han sido confiados exclusivamente a la iglesia. Específicamente, Cristo ha dado a la iglesia un gobierno para ordenar su vida bajo su propia y gloriosa dirección.

El rey Jesús reina

Ya hemos visto que el Cristo resucitado ejerce un reinado particular sobre todo el mundo en favor de Su pueblo. Su pueblo, la iglesia, está en el centro o punto focal de ese dominio mundial. Además, hemos visto la evidencia de que Jesús ha designado para la iglesia un gobierno totalmente distinto de los gobiernos del mundo.

Esto plantea otra pregunta: ¿Dónde vamos a aprender sobre este gobierno? Los apóstoles desempeñan un papel fundamental en el establecimiento de este gobierno, pero ¿cuál es precisamente ese papel? Hemos visto pruebas en el Nuevo Testamento de un gobierno distinto perteneciente a la iglesia, pero ¿dónde se originó precisamente ese gobierno? ¿Es la iglesia en cada generación libre de formar y transformar su gobierno de acuerdo con su propio sentido de lo que funciona mejor? ¿O la Escritura ha designado para la iglesia un gobierno con el que debe comprometerse sin reservas?

Estas preguntas se reducen a una sola: ¿El gobierno de la iglesia es por *jure divino* (derecho divino) o es por *jure humano* (derecho humano)? James Bannerman describe el gobierno por *jure humano* de la siguiente manera:

> La forma de gobierno para la iglesia debe dejarse a la discreción y el juicio de sus miembros, y debe ser ajustada por ellos para adaptarse a las circunstancias de la época, el país o el gobierno civil con el que están conectados... no hay ningún modelo bíblico de gobierno de la iglesia establecido para la imitación de los cristianos en todos los tiempos, ni ninguna forma particular de ella universalmente vinculante... La conveniencia cristiana, guiada por una consideración discriminatoria de las ventajas y necesidades de la iglesia en el momento, es la única regla para determinar su organización externa y la única guía para el gobierno de la iglesia.[19]

Según Bannerman, este enfoque del gobierno de la iglesia encontró una amplia expresión en la Iglesia de Inglaterra durante y después de la época de la Reforma.[20]

Contrasta la descripción de Bannerman del gobierno por *jure divino*, históricamente característico de la mayoría de las iglesias presbiterianas:

> La forma y los acuerdos del gobierno eclesiástico no han sido dejados para ser fijados por la sabiduría del hombre, ni reducidos al nivel de una cuestión de mera conveniencia cristiana, sino que han sido determinados por la autoridad divina y están suficientemente expuestos en las Escrituras... En cuanto a su gobierno y organización, así como en cuanto a su doctrina y

---

[19] James Bannerman, *The Church of Christ: A Treatise on the Nature, Powers, Ordinances, Discipline and Government of the Christian Church* [*La Iglesia de Cristo: Tratado sobre la naturaleza, los poderes, las ordenanzas, la disciplina y el gobierno de la Iglesia cristiana*], 2 vols. (Londres: Banner of Truth Trust, 1960), 2:202.

[20] Ver también, ibid., 2:202-203.

ordenanzas, la iglesia es de Dios y no del hombre. Las Escrituras, interpretadas y entendidas correctamente, brindan materiales suficientes para determinar cuál era la constitución y el orden de la sociedad cristiana que su Fundador Divino pretendía que fuesen. En el precepto expreso de la Escritura, en el ejemplo apostólico, en el precedente de las iglesias primitivas bajo una dirección inspirada y en los principios generales encarnados en el Nuevo Testamento, ellos creen que es posible encontrar las características principales y esenciales de un sistema de gobierno eclesiástico que es de autoridad divina y de obligación universal. Creen que la Palabra de Dios encarna los principios y lineamientos generales de un sistema de gobierno eclesiástico, capaz de ser un modelo autoritativo para todas las iglesias, capaz de adaptarse a las exigencias de todas las épocas y de todos los países y, sin embargo, de mostrar una unidad de carácter y de disposición en armonía con el modelo de la Escritura. El gobierno de la iglesia, según este punto de vista, no es un producto de la discreción cristiana, ni un desarrollo de la conciencia cristiana; ha sido formado y establecido, no por la sabiduría del hombre, sino por la de la Cabeza de la iglesia. No descansa sobre una base de conveniencia humana, sino de designación divina.[21]

En pocas palabras, por gobierno por *jure divino* entendemos que "los *principios fundamentales* del gobierno de la iglesia apostólica se han mantenido y se aplican legítimamente en las circunstancias y en las condiciones propias de nuestra época y de nuestro país".[22] *El gobierno por jure divino* no sostiene que el gobierno de la iglesia en cada generación será uniforme hasta el último detalle. Más bien afirma que el gobierno de la iglesia está determinado por principios extraídos de las Escrituras. Además, son estos principios y no otros los que se admiten para estructurar el gobierno de la iglesia. De esta manera, hablamos del gobierno de la iglesia como si hubiera sido designado por Cristo en la Palabra.

---

[21] Ibid., 2:203-204.

[22] John MacPherson, *Presbyterianism* [*Presbiterianismo*] (Edimburgo: T&T Clark, s.f.), 9; énfasis de MacPherson.

Es la convicción de muchos cuerpos presbiterianos que las Escrituras enseñan el gobierno de la iglesia por *jure divino*. Considera esta declaración del Prefacio al *Libro de Orden de la Iglesia* (PCA):

> Cristo, como Rey, ha dado a Su iglesia oficiales, oráculos y ordenanzas; y especialmente ha ordenado en ella Su sistema de doctrina, gobierno, disciplina y adoración, todo lo cual está expresamente establecido en la Escritura, o por buena y necesaria inferencia puede deducirse de ella; y a cuyas cosas ordena que no se añada nada y que no se quite nada de ellas.

¿Qué indicaciones tenemos en las Escrituras de que el gobierno de la iglesia es por derecho divino y no por derecho humano? Podemos señalar tres.

Primero, el gobierno eclesiástico por derecho divino es evidente "por el carácter de Dios como un Dios de orden".[23] Dios ha fundado Su reino espiritual. Cristo reina sobre ese reino. Sería sorprendente descubrir que Dios ha cedido el gobierno de ese reino a la "autonomía no inspirada" del pueblo de Dios.[24] En tal caso, el desorden podría fácilmente ser la consecuencia. Más bien, esperamos que Dios y sólo Dios autorice y provea el gobierno de ese reino. Tal disposición salvaguarda y alimenta el orden que debe caracterizar a cualquier pueblo que lleve el nombre de Dios.

Segundo, el gobierno de la iglesia por derecho divino es evidente "por el carácter de Cristo como Mediador".[25] Cristo es la cabeza de Su iglesia. Una prerrogativa de la realeza y jefatura de Cristo es Su gobierno soberano y exclusivo sobre Su pueblo. Un propósito del gobierno de la iglesia es salvaguardar esa preciosa prerrogativa. Si el gobierno de la iglesia se dejara en manos de la sabiduría y la conveniencia de la iglesia, esa prerrogativa estaría en peligro.

---

[23] Alexander T. McGill, *Church Government: A Treatise Compiled from His Lectures in Theological Seminaries* [*Gobierno de la iglesia: Un tratado recopilado de sus conferencias en seminarios teológicos*] (Filadelfia: Presbyterian Board of Publication and Sabbath-School Work, 1888), 27. Lo que sigue es el argumento de McGill.

[24] Ibid.

[25] Ibid., 28. Lo que sigue es, de nuevo, el argumento de McGill.

Por tanto, debe haber alguna ley orgánica, o al menos principios de organización, en Su palabra para antagonizar y "derribar" las invenciones de los hombres que obstruyen el progreso de Su reino. No podemos renunciar a la influencia previa y poderosa de una forma de gobierno divina sobre la libertad de los hombres, ni admitir, sin una insubordinación desleal a la Cabeza, que Su iglesia pueda convertirse tan fácilmente en la sierva de un gobierno corrupto y despótico como de una libertad bien regulada.[26]

Por tanto, los derechos a la corona de Jesús, cabeza de Su iglesia, se mantienen por derecho divino en el gobierno de la iglesia.

Tercero, la Escritura atestigua que Cristo ha ejercido Su prerrogativa como única Cabeza de la iglesia al dar a Su pueblo un gobierno que es exclusivamente suyo. En las horas previas a Su muerte, en el Aposento Alto, Jesús prometió a Sus discípulos dos cosas. Prometió enviar al Espíritu Santo quien "os enseñará todas las cosas, y os recordará todo lo que os he dicho" (Jn 14:26). Además, Jesús dijo a Sus discípulos "Aún tengo muchas cosas que deciros, pero ahora no las podéis soportar. Pero cuando Él, el Espíritu de verdad, venga, os guiará a toda la verdad" (Jn 16:12-13a). Entonces, el Espíritu Santo "os hará saber lo que habrá de venir.... tomará de lo Mío y os lo hará saber" (Jn 16:13b-14).

Aquí está el fundamento del canon del Nuevo Testamento. En Juan 14, Jesús prometió a Su iglesia un registro inspirado de lo que había dicho y hecho durante Su ministerio terrenal. El cumplimiento de esta promesa se encuentra especialmente en los cuatro Evangelios. En Juan 16, Jesús también prometió que diría más cosas, por medio de Sus apóstoles, a la iglesia. El cumplimiento de esta promesa se encuentra especialmente en el libro de los Hechos, las Epístolas y el Apocalipsis.

Que los apóstoles llevaran las enseñanzas de Jesús a la iglesia siguió siendo una preocupación de nuestro Señor después de Su resurrección de entre los muertos. En la Gran Comisión, Jesús encarga a los once discípulos que hagan discípulos "enseñándoles a guardar todo lo que os he mandado" (Mt 28:20). Dado que Jesús continúa

---

[26] Ibid., 28–29.

diciendo a Sus discípulos que estará presente con ellos "hasta el fin del mundo" (28:20), podemos concluir que la observancia de todo lo que Jesús ha ordenado debe continuar hasta que Jesús regrese en gloria al final del siglo.

Los apóstoles eran conscientes de esta gran y única responsabilidad que Jesús les había confiado. Comprendieron que estaban poniendo un "fundamento" de una vez por todas para la iglesia, de la cual Cristo Jesús mismo es la piedra angular (Ef 2:20). Pablo, por ejemplo, entendió que cuando escribió sus cartas, no estaba hablando por su propia autoridad personal. Más bien, escribió a los Corintios: "Si alguno piensa que es profeta o espiritual, reconozca que lo que os escribo es mandamiento del Señor. Pero si alguno no reconoce esto, él no es reconocido" (1Co 14:37-38). De manera similar, Pedro pudo hablar de "las palabras dichas de antemano por los santos profetas, y el mandamiento del Señor y Salvador declarado por vuestros apóstoles" (2P 3:2). Persistir en la desobediencia a la enseñanza apostólica era someterse a la disciplina de la iglesia (2Ts 3:14-15). Las epístolas a los Tesalonicenses y Colosenses fueron leídas en voz alta en la adoración pública de Dios (1Ts 5:27; Col 4:16). En sus propios días, Pedro hablaba de las epístolas de Pablo como pertenecientes a las "Escrituras" (2P 3:16).

Entonces, Jesús encargó a Sus apóstoles que transmitieran Su enseñanza a la iglesia. Algunas de estas enseñanzas fueron impartidas durante el ministerio terrenal de Jesús. Sin embargo, gran parte de esta enseñanza se impartió después de la resurrección y la ascensión. Jesús prometió que los apóstoles escribirían toda esta enseñanza por inspiración del Espíritu Santo. Es decir, este registro apostólico de la enseñanza sería enteramente, y al pie de la letra, las palabras de Jesús mismo. Al contener total y únicamente las palabras de Jesús a través de Sus apóstoles, este registro estaría totalmente libre de errores y sería verdadero en cada parte y en cada detalle.

Lo que caracteriza a la iglesia en el Nuevo Testamento es la firme adhesión a la palabra de Jesús dada a través de Sus apóstoles. Inmediatamente después de Pentecostés, se describe a la compañía de creyentes que "se dedicaban continuamente a las enseñanzas de los apóstoles" (Hch 2:42). A lo largo de los Hechos, observamos a Dios reuniendo a Su pueblo por Su Palabra dada a través de los apóstoles, y sosteniendo y alimentando a ese mismo pueblo por esa misma Palabra (ver Hch 14:21-22; 16:4-5; 20:17-35).

Es en este registro apostólico e inspirado de enseñanza, el Nuevo Testamento, donde encontramos la provisión de Jesús de un gobierno para Su iglesia. Ya hemos sido testigos de la existencia de este gobierno en la iglesia en 1 Tesalonicenses 5:12-13 y Hebreos 13:17. ¿Qué otra indicación tenemos de que este gobierno fue parte de la instrucción de Jesús, a través de Sus apóstoles, a la iglesia? Los dos últimos capítulos de este libro abordarán en detalle esta pregunta. Por ahora, podemos observar algunos pasajes representativos.

Primero, leemos en Hechos 14:23: "Después que les designaron ancianos en cada iglesia, habiendo orado con ayunos, los encomendaron al Señor en quien habían creído". El escenario de este pasaje es el primer viaje misionero de Pablo. Pablo y Bernabé están viajando a través de lo que ahora es el centro-sur de Turquía. El propósito de su viaje es predicar el evangelio, reunir a los que responden con fe a ese evangelio y ordenar su vida juntos como iglesia. Pablo y Bernabé no predican y abandonan la ciudad. Se preocupan por pasar tiempo con los nuevos creyentes, instruirlos y animarlos. Después de predicar en las ciudades de Antioquía, Iconio, Listra y Derbe, Pablo y Bernabé regresan a estas ciudades (Hch 14:21). Su propósito es "fortalecer los ánimos de los discípulos, exhortándolos a que perseveraran en la fe, y decirles: 'Es necesario que a través de muchas tribulaciones entremos en el reino de Dios'" (14:22).

Pero esta enseñanza no es todo lo que hacen. Lucas continúa diciendo que Pablo y Bernabé "designaron ancianos para ellos en cada iglesia". Parte del ministerio continuo de los apóstoles a las iglesias que Cristo había llamado fuera del mundo por medio de la predicación de la Palabra, fue la designación de los "ancianos". Los ancianos en el Nuevo Testamento, como veremos, son oficiales a quienes Cristo ha designado para dirigir la congregación. Jesús está proveyendo, a través de los apóstoles, un gobierno para Su iglesia. Nota que este era el patrón de Pablo y Bernabé para "cada" iglesia que habían visitado. Todas y cada una de las congregaciones de creyentes debían ser gobernadas por un grupo de ancianos. El gobierno de la iglesia era y es algo no negociable para la vida de la iglesia. Aquí vemos por qué: porque es parte del modelo de la enseñanza de Cristo dada a través de los apóstoles.

Un segundo y relacionado conjunto de pasajes se encuentra en 1 Timoteo 3:1-7; 3:8-13 y Tito 1:5-9. Estos pasajes caen en cartas que a menudo son llamadas "Epístolas Pastorales". En estas cartas, Pablo se dirige a dos asociados más jóvenes en el ministerio, Timoteo y Tito. Les escribe acerca de un sinfín de asuntos relacionados con la vida en la iglesia. Un asunto tratado en estos versículos se refiere al gobierno de la iglesia. Los "ancianos" y "diáconos" deben ser una parte regular y continua de la vida de la iglesia local. Pablo les hace saber a Timoteo y Tito cuáles son los requisitos que debe tener un hombre para poder servir a la congregación como "anciano" o "diácono".

Veremos estos pasajes en el capítulo 4. Lo importante para el presente es que Pablo esperaba que los "ancianos" y los "diáconos", es decir, los oficiales de la iglesia, fueran una parte continua y no negociable de la vida de la iglesia. No se trata simplemente de que Pablo y sus colegas apostólicos hicieran arreglos para que los ancianos y los diáconos sirvieran en las congregaciones que supervisaban. Es que las siguientes generaciones de la iglesia debían seguir este mismo patrón. Por eso Pablo escribe a Timoteo: "Y lo que has oído de mí en la presencia de muchos testigos, eso encarga a hombres fieles que sean idóneos para enseñar también a otros" (2Ti 2:2). Entonces, las normas que Pablo impone a Timoteo y Tito no son sólo para ellos. Timoteo y Tito deben pasar estas normas a la siguiente generación de "hombres fieles". Y, entonces, estos "hombres fieles" deben hacer lo mismo para la generación que les sigue. Así, concluimos que el gobierno de la iglesia es parte del patrón bíblico para la iglesia en cada generación.

Una calificación

Hemos estado insistiendo en que Cristo, como única Cabeza y Rey de Su Iglesia, ha prescrito un gobierno para Su iglesia. Él ha dado este gobierno a Su iglesia a través de Sus apóstoles. Encontramos este gobierno en el Nuevo Testamento, particularmente en los Hechos y las

Epístolas. Buscamos los principios, preceptos y ejemplos establecidos por los apóstoles en el Nuevo Testamento para descubrir cuál es este gobierno revelado.

Llegados a este punto, conviene hacer una importante puntualización. El Nuevo Testamento, por diseño, no nos da un manual exhaustivo de la forma de gobierno de la iglesia. No prescribe todos los detalles concebibles relacionados con el gobierno de la iglesia. Si Dios nos hubiera dado un libro así, ¡dudo que pudiéramos construir un estante lo suficientemente grande para contener todos los volúmenes!

Más bien, el Nuevo Testamento le da a la iglesia su gobierno en forma de principios que deben ser aplicados. Hay muchos detalles que el Nuevo Testamento no prescribe a propósito, elementos que Cristo no ha legislado expresamente en Su Palabra. Los escritores reformados los han llamado "circunstancias". Una "circunstancia", como la define Thomas Peck, es "un concomitante de una acción, sin el cual no puede llevarse a cabo en absoluto, o no puede hacerse con decencia y decoro".[27] Un ejemplo de una circunstancia en la adoración pública podría ser la temperatura del salón (20 grados o 24 grados); la disposición de las sillas (filas horizontales o un semicírculo); o la hora del servicio (10 a.m. u 11 a.m.). Un ejemplo de una circunstancia en el gobierno de la iglesia podría ser el quórum (el número mínimo de miembros en un cuerpo deliberativo requerido para ocuparse de los asuntos de la iglesia) para un consistorio de la iglesia; cuántos comités debe tener un presbiterio; o qué forma de procedimiento parlamentario debe utilizar un tribunal de la iglesia.

Estos asuntos no están prescritos en las Escrituras. Por lo que, la iglesia, al tratarlos, no está usurpando las prerrogativas legislativas exclusivas de Jesús. Más bien, a la iglesia se le asigna "el poder de organizar y ordenar bajo la ley".[28] La iglesia recibe la ley de Cristo sobre la adoración y el gobierno. Por esa misma ley, la iglesia establece ciertos detalles y asuntos que son indispensables para la conducción ordenada de la adoración pública y su propio gobierno.

---

[27] Thomas E. Peck, *Notes on Ecclesiology* [*Notas sobre eclesiología*] (Richmond, VA: Presbyterian Committee of Publication, 1892; repr., Greenville, SC: Presbyterian Press, 2005), 122.

[28] Ibid.

La Confesión de Fe de Westminster habla de las circunstancias de esta manera.

Hay algunas circunstancias concernientes a la adoración a Dios y al gobierno de la iglesia, comunes a las acciones y sociedades humanas, que deben ser ordenadas a la luz de la naturaleza y a la prudencia cristiana, de acuerdo con las reglas generales de la Palabra, que siempre deben ser observadas (CFW 1.6).

La Confesión nos dice al menos tres cosas sobre las circunstancias. En primer lugar, las circunstancias afloran al menos en dos ámbitos: la adoración pública de Dios y el gobierno de la iglesia. Segundo, una circunstancia debe ser "común a las acciones y sociedades humanas". Es decir, debe ser algo compartido con organizaciones y actividades distintas a la iglesia y su trabajo. En tercer lugar, una circunstancia está sujeta a ciertas normas objetivas: "la luz de la naturaleza y la prudencia cristiana, según las reglas generales de la Palabra, que deben observarse siempre".

La base bíblica para esta doctrina de las circunstancias se encuentra en 1 Corintios 14. En este capítulo, Pablo da a la iglesia de Corinto normas para la adoración pública. En el curso de este capítulo, Pablo articula dos veces la base para la legitimidad de lo que hemos estado llamando "circunstancias" en la adoración pública de Dios. En 1 Corintios 14:26, Pablo escribe: "Cuando os reunís, cada cual aporte salmo, enseñanza, revelación, lenguas o interpretación. Que todo se haga para edificación". Concluye su discusión de esta manera: "Pero que todo se haga decentemente y con orden" (1Co 14:40).

Entonces, la Escritura nos da dos criterios para ordenar los asuntos circunstanciales en el gobierno de la iglesia y en la adoración pública. El primero es la edificación ("Que todo se haga para edificación"). El segundo es la decencia y el orden ("Pero todas las cosas deben hacerse decentemente y en orden"). Por ejemplo, en la PCA, la Asamblea General ha adoptado *Robert's Rules of Order, Newly Revised* (*Las Reglas de Orden de Robert, Nueva Revisión*), como su norma de procedimiento parlamentario.[29] El quórum para una sesión

---

[29] "Salvo que se disponga específicamente lo contrario en estas Reglas [de Funcionamiento

de Consistorio que consiste de un pastor y tres ancianos gobernantes, es el pastor y un anciano gobernante.[30] El presbiterio del cual soy miembro (el Presbiterio del Valle del Misisipi de la PCA) tiene varios comités permanentes que abordan áreas tales como administración, misiones mundiales y educación cristiana. Ninguna de estas normas puede ser corroborada por un "texto de prueba" de la Biblia. La iglesia, más bien, las ha formulado utilizando el sentido común regido por los principios generales de la Palabra. Lo ha hecho porque no podría emprender la labor de gobierno de la iglesia sin ellas. Lo ha hecho guiada por el deseo de edificar a la iglesia y de conducir su trabajo decentemente y en buen orden.

Gran parte del trabajo práctico y cotidiano de la iglesia y muchas de las estipulaciones de los Libros de Orden contemporáneos de la Iglesia Presbiteriana, entran en la categoría de "asuntos circunstanciales". Afortunadamente, como presbiterianos del siglo veintiuno, nos beneficiamos de siglos de experiencia de nuestros antepasados presbiterianos. No tenemos que "reinventar la rueda". Heredamos de las generaciones anteriores un conjunto de procedimientos relativos al gobierno de la iglesia, los que ya han sido probados, tamizados, comprobados y modificados en la vida de la iglesia. Sin embargo, no recibimos este legado de forma acrítica. Somos libres de modificarlo de acuerdo con la Palabra de Dios y según lo que requiera la edificación, la decencia y el orden. Sin embargo, las similitudes esenciales entre los libros históricos presbiterianos de orden eclesiástico y los actuales, dan abundante testimonio de la provisión del Señor para Su pueblo, de generación en generación, en esta área.

Una objeción

Algunos podrían plantear una objeción a lo que hemos estado argumentando. Hemos dicho que para encontrar el gobierno que Cristo ha dado a Su iglesia, debemos recurrir a las Escrituras y buscar los principios, preceptos y ejemplos establecidos por los apóstoles. Alguien podría estar de acuerdo en que los preceptos apostólicos son

---

de la Asamblea], las Reglas de Orden de Robert, Nueva Revisión, serán la norma en el procedimiento parlamentario". RAO 19-1.

[30] BCO 12-1.

vinculantes para la iglesia, pero cuestionar si la práctica apostólica también lo es: "Sólo porque los apóstoles hicieron algo y esa acción está registrada en el Nuevo Testamento, ¿debemos concluir que ese ejemplo es normativo para nosotros? ¿Cómo sabemos que una práctica particular no era exclusiva de las circunstancias locales o de la iglesia del primer siglo? ¿No deberíamos simplemente atenernos a los preceptos o mandamientos que los apóstoles han dado a la iglesia en el Nuevo Testamento?".

Si esta objeción se sostuviera, ciertamente tendríamos mucha menos guía del Nuevo Testamento en el área del gobierno de la iglesia. Muchos asuntos que los presbiterianos han sacado históricamente del libro de Hechos estarían fuera de los límites de tales discusiones: la (probable) constitución del diaconado en Hechos 6, el nombramiento de ancianos en cada iglesia en Hechos 14 y el funcionamiento de la asamblea de toda la iglesia en Hechos 15, para tomar algunos ejemplos. Si nos limitáramos sólo a los preceptos apostólicos relativos al gobierno de la iglesia, tendríamos un pequeño cimiento sobre el cual edificar.

Estas reflexiones ilustran las consecuencias prácticas de la objeción. Sin embargo, no responden a la objeción en sí. ¿Sobre qué base bíblica acudimos tanto al precepto apostólico como al ejemplo para descubrir lo que Cristo ha impuesto a Su iglesia?

En primer lugar, como nos ha recordado James Bannerman: "las Escrituras mandan, los ejemplos de las Escrituras y los principios de las Escrituras, todos descansan en cuanto a su autoridad precisamente sobre la misma base... Todos los mandamientos de la Escritura no son vinculantes para nosotros ahora, como tampoco lo son todos los ejemplos de la Escritura. No es la forma legislativa o la falta de ella, no es el uso del modo imperativo en un caso y del indicativo en el otro lo que marca la diferencia".[31] En otras palabras, no debemos concluir que todos los mandamientos bíblicos exigen obediencia cristiana, ni que los ejemplos bíblicos nunca obligan al creyente. Dios revela nuestro deber cristiano tanto a través de ciertos preceptos como a través de ciertos ejemplos.

En segundo lugar, ¿cómo podemos saber si un determinado

---

[31] Bannerman, *The Church of Christ*, 2:405.

mandato o ejemplo nos obliga ahora? Bannerman responde a esta pregunta.

> Lo que aprendemos en ambos casos por igual es justamente esto: de una manera u otra, el Espíritu de Dios ordenó a ciertos hombres que actuaran en ciertas circunstancias. No aprendemos más en el caso del precepto que en el caso del ejemplo. El uno es tan obligatorio para nosotros como el otro, *siempre que estemos en circunstancias similares*... La verdadera prueba de su obligación permanente... [es preguntar] si este mandamiento, ya sea que llegue a nosotros en la forma en que tal vez fue dado al principio o si está plasmado en la obediencia que lo siguió, ¿se basó en fundamentos morales, comunes a todos los hombres en todos los tiempos, en todas las circunstancias o en fundamentos locales y temporales, peculiares a ciertos hombres en ciertas circunstancias, en algún momento dado?[32]

En otras palabras, Bannerman sostiene que la verdadera prueba para saber si un mandamiento o un ejemplo es obligatorio para el cristiano es ésta: ¿me encuentro en "circunstancias similares" a las del público original? Sin embargo, si un mandamiento o ejemplo "depende de las circunstancias peculiares de una época o país determinado", entonces podemos concluir que no estamos obligados a cumplirlo.[33]

Tomemos un ejemplo relativamente indiscutible. Cuando Jesús instituye la Cena del Señor, dice a Sus discípulos: "Haced esto en memoria de mí". Por tanto, la iglesia, en obediencia a Jesús, observa la Cena del Señor en todos los tiempos. ¿Qué observamos exactamente? Observamos el partimiento del pan y la distribución de la copa. No insistimos en que la Cena del Señor se celebre "al atardecer y en una casa privada", con "pan sin levadura" y por "sólo hombres".[34] Entendemos correctamente que estas circunstancias y detalles son incidentales a la observancia del sacramento. No forman parte del mandato de Jesús de "hacer esto". La razón por la que decimos esto es porque "estas observancias peculiares [no] se apoyan en bases morales

---

[32] Ibid., 2:406.
[33] Ibid., 2:408.
[34] Ibid., 2:407.

comunes a todos los tiempos, y, por lo tanto, no son universalmente obligatorias".[35]

El mismo proceso de razonamiento se aplica al gobierno de la iglesia. Cuando vemos a los apóstoles establecer y practicar el gobierno de la iglesia en el Nuevo Testamento, debemos preguntarnos si nos encontramos en "circunstancias similares" a las de la iglesia del primer siglo. Si llegamos a la conclusión de que sí lo estamos, entonces entendemos que estos ejemplos forman parte del gobierno que Cristo ha revelado a Su iglesia en las Escrituras.[36]

Conclusión

Hemos visto que Jesús, la única Cabeza y Rey de Su iglesia, ha impuesto a Su iglesia un gobierno único para ella. Este gobierno lo ha dado por medio de Sus apóstoles en las Escrituras. Este gobierno se encuentra en los principios, preceptos y ejemplos expuestos en el Nuevo Testamento. Si bien la iglesia ha sido llamada a arreglar u ordenar ciertos asuntos "bajo la ley", sigue siendo un pueblo firmemente "bajo la ley" que sólo Cristo ha designado para ella.

Estamos casi preparados para considerar los detalles de la estructura de este gobierno: sus oficiales, sus asambleas y su interacción mutua. Sin embargo, antes de abordar este punto, queda una pregunta importante. ¿Cuál es el poder que Cristo ha confiado a Su iglesia?

---

[35] Ibid.

[36] Para una discusión más extensa de este mismo punto, ver el útil tratado de William Cunningham, *Historical Theology: A Review of the Principal Doctrinal Discussions in the Christian Church Since the Apostolic Age* [*Teología histórica: Un repaso a las principales discusiones doctrinales en la iglesia cristiana desde la época apostólica*], 3ª ed., 2 vols. (Edimburgo: T&T Clark, 1870; repr., Edimburgo: Banner of Truth, 1960), 1:64-73.

3   EL PODER DE LA IGLESIA

Todo gobierno legítimo posee y ejerce poder. El mal gobierno ejerce el poder con poca o ninguna restricción. Pensemos en los regímenes totalitarios y en las dictaduras, donde las libertades civiles, la libertad religiosa y los derechos a la propiedad privada están sujetos al capricho y a la voluntad del líder o del partido al mando. Sin embargo, en Estados Unidos, el poder del gobierno federal está limitado y prescrito por la Constitución de Estados Unidos.[1] El gobierno federal tiene poderes definidos. El gobierno no puede exceder legalmente esos poderes. Tampoco puede reclamar para sí poderes que no estén expresamente concedidos por la Constitución. El gobierno limitado de Estados Unidos es una de las razones por las que las personas que viven bajo un gobierno totalitario han arriesgado sus propiedades y sus propias vidas para encontrar refugio en Estados Unidos. Lamentablemente, el gobierno limitado es raro en la historia del mundo. Muchos gobiernos civiles a lo largo de la historia han ejercido el poder de forma destructiva para los gobernados. El asunto no es si el gobierno tiene poder para funcionar correctamente, pues es algo que debe hacer. El asunto es cómo ese gobierno ejerce el poder, y de qué fuente el gobierno deriva su poder.

Vimos en el último capítulo que la iglesia tiene un gobierno, el cual es independiente de los gobiernos civiles de este mundo. Su Rey ascendido y glorioso, Jesucristo, le ha dado ese gobierno. Lo ha hecho por los principios, preceptos y ejemplos de los apóstoles, establecidos en el Nuevo Testamento.

Como gobierno, la iglesia posee poder y lo ejerce. Sin embargo, Jesús enseñó a Sus discípulos que este poder tenía un carácter diferente al de los gobiernos del mundo.

---

[1] Una exposición útil y reciente de los principios que informaron la fundación del gobierno de Estados Unidos es la de Matthew Spalding, *We Still Hold These Truths: Rediscovering Our Principles, Reclaiming Our Future* [*Aún mantenemos estas verdades: Redescubrir nuestros principios, recuperar nuestro futuro*] (Wilmington, DE: ISI Books, 2009), 81-116.

Y Jesús les dijo: "Los reyes de los gentiles se enseñorean de ellos; y los que tienen autoridad sobre ellos son llamados bienhechores. Pero no es así con vosotros; antes, el mayor entre vosotros hágase como el menor, y el que dirige como el que sirve. Porque, ¿cuál es mayor, el que se sienta a la mesa, o el que sirve? ¿No lo es el que se sienta a la mesa? Sin embargo, entre vosotros yo soy como el que sirve" (Lc 22:25-27).

En estas palabras, Jesús contrasta explícitamente el modo en que a menudo los gobiernos del mundo se relacionan con los gobernados, con el modo en que Sus discípulos deben relacionarse entre sí. Jesús no está "condenando el ejercicio de cualquier autoridad legítima que haya establecido en la iglesia". Más bien, está condenando "el anhelo de los ministros cristianos por alcanzar la grandeza y la gloria del mundo", así como "el ejercicio de la autoridad legítima con un espíritu altivo y ofensivo".[2] En este sentido, la iglesia debe ser diferente del mundo que la rodea.

No cabe duda de que la iglesia tiene poder. Sin embargo, Jesús nos recuerda que el poder de la iglesia y su ejercicio pueden diferir en muchos aspectos del poder que ejercen los gobiernos del mundo. En este capítulo abordaremos este tema. Seguiremos el esquema de la discusión de este tema que figura en la obra de Stuart Robinson *The Church of God as an Essential Element of the Gospel* [*La iglesia de Dios como un elemento esencial del evangelio*]. En esa obra, Robinson aborda cuatro características del poder de la iglesia. Estas cuatro características son: primero, la fuente del poder de la iglesia; segundo, la delegación y la investidura del poder de la iglesia; tercero, la manera de ejercer el poder de la iglesia; y cuarto, los límites del poder de la iglesia.

La fuente del poder de la iglesia

¿Cuál es la fuente del poder de la iglesia? En la Declaración de Independencia, los fundadores de Estados Unidos declararon que "los

---

[2] Thomas Witherow, *The Form of the Christian Temple: Being a Treatise on the Constitution of the New Testament Church* [*La Forma del Templo Cristiano: Tratado sobre la constitución de la iglesia del Nuevo Testamento*] (Edimburgo: T&T Clark, 1889), 291.

gobiernos... instituidos entre los hombres, derivan sus justos poderes del consentimiento de los gobernados". En otras palabras, el poder ejercido por el gobierno se deriva en última instancia de un convenio o acuerdo del "pueblo soberano".[3] ¿De dónde se deriva en última instancia el poder en la iglesia? ¿Se deriva de la membresía soberana de la iglesia?

La respuesta de la Escritura es claramente negativa. El poder de la iglesia no se deriva de los miembros de la iglesia. Se deriva solo de Jesús. Esto es lo que esperamos que suceda. Como hemos visto, las Escrituras dicen que Jesús se relaciona con la iglesia como la cabeza con el cuerpo, y como el rey con el súbdito (Ef 5:23; Col 1:18). En cada caso, el poder va en una dirección: de Jesús a Su iglesia.

Específicamente, "la fuente de todo el poder de la iglesia es principalmente Jesucristo, el Mediador".[4] Hemos visto que Jesús inicia la Gran Comisión con la afirmación: "Toda autoridad me ha sido dada en el cielo y en la tierra". Siglos antes, Isaías había profetizado que "la soberanía reposará sobre Sus hombros [es decir, los de Jesús]" (Is 9:6). Por eso, explica Robinson, los apóstoles "enseñan en el nombre de Jesús" (Hch 4:17-18); administran la disciplina en el nombre de Jesús (Mt 18:20; 1Co 5:4); y por eso Jesús "contiene en Sí mismo, a modo de eminencia, todos los oficios de la iglesia".[5] En resumen, la doctrina, la disciplina y los oficios de la iglesia se derivan de Jesús y no de ninguna autoridad humana.

Aquí hay una lección importante. La enseñanza de la iglesia, o los actos de disciplina llevados a cabo por la iglesia no tienen su peso simplemente porque son actos de la iglesia. Tienen su peso solo en la medida en que llevan la sanción y la sonrisa de Jesús (ver Mt 18:19-20). Pero ¿cómo podemos saber si alguna enseñanza o acción de la iglesia tiene la bendición de Jesús? La respuesta es: averiguando si esa enseñanza o acción se ajusta o se aparta de la enseñanza de la Palabra de Dios. Cuando la iglesia actúa en conformidad con lo que Cristo

---

[3] Ver Spalding, *We Still Hold These Truths*, 48.
[4] Stuart Robinson, *The Church of God as an Essential Element of the Gospel* [*La iglesia de Dios como elemento esencial del evangelio*] (Filadelfia: Joseph M. Wilson, 1858; repr., Willow Grove, PA), 61.
[5] Ibid., 61-62.

la ha llamado a hacer en la Palabra escrita, entonces esa acción debe ser recibida como la mente de Cristo.

En la historia de la iglesia, ésta a menudo afirmaba la autoridad de Jesús para enseñanzas y acciones que no tenían fundamento en la Palabra de Dios. Sin embargo, hoy en día, los evangélicos tienden a dar muy poca importancia a las enseñanzas y acciones legítimas de la iglesia. Nos resulta difícil ver más allá de la iglesia para llegar a Cristo, que ha autorizado a la iglesia a enseñar y actuar en Su nombre. Tal vez esto se deba en parte a la conciencia de los abusos pasados y presentes de esa autoridad. El equilibrio de la Escritura es bienvenido. Con un buen espíritu bereano, medimos cada enseñanza y acción de la iglesia con respecto a las Escrituras (ver Hch 17:10-15). Cuando encontramos que la iglesia ha enseñado y actuado en conformidad con las Escrituras, entonces debemos recibir con gratitud esa enseñanza y acción como de Cristo mismo. Ya sea que rechacemos o aceptemos tales asuntos, somos responsables en última instancia y directamente ante Cristo por nuestro rechazo o aceptación.

La delegación y la envestidura del poder de la iglesia

Cristo es la fuente del poder de la iglesia. Sin embargo, delega o "confiere" este poder a Su iglesia. Desde esta perspectiva, se puede hablar de la "autoridad" o del "poder" de la iglesia.

A su vez, esta observación plantea una pregunta que ha acompañado a la iglesia durante gran parte de su historia y hasta la actualidad. ¿En qué parte de la iglesia reside precisamente su poder? ¿Dónde se encuentra? ¿Quién está autorizado a ejercerlo? El *Libro de Orden de la Iglesia* de la PCA responde a estas mismas preguntas.

> El poder que Cristo ha encomendado a Su Iglesia recae sobre todo el cuerpo, los gobernantes y los gobernados, constituyendo una mancomunidad espiritual. Este poder, tal como lo ejerce el pueblo, se extiende a la elección de los oficiales que Él ha designado en Su iglesia.[6]

---

[6] *BCO* 3-1.

Aquí se destacan dos puntos. En primer lugar, "el poder está investido en la iglesia como un cuerpo orgánico, compuesto tanto por gobernantes como por gobernados".[7] Para entender este punto, es importante ver a la iglesia como la describen las Escrituras: un cuerpo orgánico y vivo (1Co 12:31, Ef 4:1-16). Al igual que en el cuerpo humano, el poder reside en todo el cuerpo. El "poder" reside en todo el cuerpo, no en un miembro u órgano particular del cuerpo con exclusión del resto del cuerpo.

Esto significa que la iglesia se constituye así en una "mancomunidad espiritual". ¿Cómo conciliamos tal comprensión de la iglesia con la enseñanza bíblica de que la iglesia está sujeta al gobierno y al reinado de su Rey? La respuesta a esta pregunta se encuentra en una importante distinción.

Cuando la iglesia se ve en su relación con Cristo, se considera un reino (ver [BCO] 1-2), pero cuando se ve en lo que respecta a las interrelaciones de sus miembros, no es "ni una monarquía ni una oligarquía, ni una democracia, sino una mancomunidad".[8]

En otras palabras, la iglesia es un reino en relación con Cristo, y una mancomunidad en relación con ella misma.[9] Esta distinción salvaguarda a Jesús como la única fuente del poder de la iglesia, y mantiene la enseñanza de las Escrituras de que el poder ha sido investido en el cuerpo como un todo.

En segundo lugar, el *Libro del Orden de la Iglesia* subraya que el poder reside en el cuerpo como un todo y que el pueblo ejerce ese poder de una manera: en "la elección de los oficiales que [Cristo] ha

---

[7] Robinson, *The Church of God*, 62.

[8] Morton Smith, *Commentary on the Book of Church Order of the Presbyterian Church in America* [*Comentario sobre el Libro de Orden de la Iglesia Presbiteriana en América*], 6ª ed. (Taylors, SC: Presbyterian Press, 2007), 35, citando a F. P. Ramsay, *An Exposition of the Form of Government and the Rules of Discipline of the Presbyterian Church in the United States* [*Una Exposición de la Forma de Gobierno y las Reglas de Disciplina de la Iglesia Presbiteriana en los Estados Unidos*] (Richmond, VA: The Presbyterian Committee of Publication, 1898), 25.

[9] Por supuesto, cuando decimos que la iglesia es una "mancomunidad", no estamos diciendo que esta mancomunidad sea autora de su propia constitución. Más bien, esta mancomunidad tiene "su constitución hecha para ella por Cristo"; ver Thomas E. Peck, *Notes on Ecclesiology* [*Notas en eclesiología*] (Richmond, VA: Presbyterian Committee of Publication, 1892; repr., Greenville, SC: Presbyterian Press, 2005), 86, nota 1.

designado en Su iglesia". En el resto de los casos, el poder es ejercido por estos oficiales así elegidos.

Como Peck ha dicho, "el poder reside en el cuerpo en cuanto a su *ser*; en los oficiales en cuanto a su *ejercicio*".[10] Él ilustra esta distinción considerando el cuerpo humano.

> El cuerpo ve, pero ve por el ojo. La vida del cuerpo está en cada parte y órgano, y la vida del cuerpo controla la vida de cada parte. El ojo ve por la vida del cuerpo, y ve bajo el control de la vida del cuerpo, y para el bien del cuerpo. El ojo... está *en* no *sobre* el cuerpo para ese propósito.[11]
>
> El poder [de la iglesia] reside en ella; es ejercido por [oficiales]. Los ministros son su boca como los ancianos son sus manos. Ambos la representan por igual, y ambos no son nada, sino en la medida en que la representan. Todos los actos legítimos de todos los oficiales legítimos son actos de la iglesia, y los que escuchan al predicador o al presbiterio, escuchan a la iglesia. El caso es análogo a los movimientos del cuerpo humano. El poder vital no está en las manos o en los pies, está en todo el cuerpo. Pero el ejercicio de ese poder al caminar, o al escribir, está confinado a órganos particulares. La fuerza es una, pero sus funciones son múltiples, y tiene un órgano apropiado para cada función. Esto lo convierte en un todo orgánico. Así la iglesia tiene funciones; estas funciones requieren órganos apropiados; estos órganos son creados por Cristo, y la iglesia se convierte en un todo orgánico.[12]

Esta comprensión de la iglesia significa, en primer lugar, que los oficiales de la iglesia son extraídos de entre, siguen siendo parte de, y sirven al cuerpo como un todo. Los oficiales de la iglesia no son un clan o una casta separada del cuerpo de Cristo. Por esta razón, no

---

[10] Peck, *Notes on Ecclesiology*, 85. La terminología latina correspondiente a esta distinción es *in primo actu* o *quoad esse* (correspondiente al poder que reside en el cuerpo en cuanto al ser), e *in actu secundo* o *quoad operari* (correspondiente al poder en ejercicio).

[11] Ibid.

[12] Ibid., 170. Peck hace referencia en este punto al argumento de James H. Thornwell, "Church Boards and Presbyterianism" ["Juntas de la iglesia y presbiterianismo"], en *Collected Writings of James Henley Thornwell* [*Colección de escritos de James Henley Thornwell*], 4 vols. John B. Adger y John L. Girardeau (1871-73; repr., Edimburgo: Banner of Truth Trust, 974), 4:272-273.

es prudente hablar de "clero" (oficiales de la iglesia) y "laicos" (no oficiales de la iglesia).[13] Esta terminología se ha utilizado en la historia de la iglesia para expresar una distinción entre oficiales y no oficiales muy diferente a la que enseñan las Escrituras.

Si bien el pueblo ejerce el poder de una sola manera, es decir, por medio de la elección de los oficiales, el gobierno de la iglesia presbiteriana ha enfatizado durante mucho tiempo este privilegio como un derecho inviolable de la iglesia. Los presbiterianos han instado a la iglesia a que nunca sea obligada a recibir a un oficial que no haya elegido para que le sirva.[14] Este derecho es evidente en el relato bíblico de la iglesia de Jerusalén en los Hechos. Los apóstoles ordenan a la iglesia "escoged de entre vosotros siete hombres de buena reputación, llenos del Espíritu Santo y de sabiduría, a quienes podamos encargar esta tarea" (Hch 6:3, 5). Por tanto, cuando leemos que [Pablo y Bernabé] "les designaron ancianos en cada iglesia" (Hch 14:23), y que Pablo ordenó a Tito que "designaras ancianos en cada ciudad como te mandé" (Tit 1:5), la Escritura no está diciendo que el pueblo no eligiera a sus oficiales. Más bien, en estos pasajes se asume el principio de Hechos 6:3, que los oficiales de la iglesia deben ser elegidos por el pueblo antes de que asuman las responsabilidades y los deberes del cargo.[15]

¿A quiénes elige el pueblo? Estrictamente hablando, reconocen a los hombres que Cristo ha dotado de antemano para servir como oficiales de la iglesia. Extienden su llamado al cargo solo a aquellos hombres que están persuadidos de que Cristo les ha llamado y dotado para el cargo. Entonces, la elección de oficiales por el pueblo es el medio designado por Cristo para colocar oficiales en Su iglesia. Como observa Robinson: "En este reino espiritual de Cristo, a través del

---

[13] Por ejemplo, la Iglesia Católica Romana no confiere el poder eclesiástico al pueblo en su conjunto. Más bien, confiere el poder eclesiástico exclusivamente al clero. Esta forma de entender el poder eclesiástico establece una división malsana y antibíblica entre los oficiales y los no oficiales de la iglesia. Ver Peck, *Notes on Ecclesiology*, 173.

[14] Ver el Sexto Principio Preliminar (que se encuentra en el Prefacio) del *BCO* de la *PCA*.

[15] Ver además los comentarios de J. A. Alexander, *A Commentary on the Acts of the Apostles* [*Comentario de los hechos de los apóstoles*], 2 vols. (Nueva York: Charles Scribner, 1857; repr., Edimburgo: Banner of Truth, 1963), 2:65-66; Thomas E. Peck, *Writings of Thomas E. Peck* [*Las obras de Thomas E. Peck*], 3 vols., seleccionados y organizados por T. C. Johnson (Edimburgo: Banner of Truth Trust, 1999), 3:154.

nombramiento para el cargo, las calificaciones y la comisión, provienen de él, la verdadera Cabeza invisible del reino, sin embargo, la vocación para el ejercicio real del cargo así conferido está en el pueblo".[16] Peck insiste en el mismo punto: "Es Cristo quien crea el cargo y define sus funciones y prescribe las calificaciones para el mismo. Y, sin embargo, de acuerdo con la voluntad del mismo Señor y Cabeza, el llamado a ser oficial no está completo sin la acción de la iglesia. Por tanto, la vocación es tanto interna como externa; y la externa consiste en la elección y la ordenación".[17]

Este punto tiene una gran importancia práctica. Los oficiales de la iglesia son elegidos por la gente. Sin embargo, primero son dotados por Cristo para el cargo de la iglesia. La elección reconoce lo que ya es el caso: estos hombres particulares han sido dotados por Cristo para el cargo. La elección "completa" el llamado de Cristo a un hombre en particular para el cargo. Esto significa que los oficiales de la iglesia, aunque son elegidos por el pueblo, no son responsables en última instancia ante el pueblo. Son responsables ante Cristo. La autoridad que ejercen deriva de Cristo. No deriva de las personas. Los oficiales no deben su lealtad a la voluntad del pueblo. No son un comité de la congregación, obligado a hacer su voluntad.[18] Más bien, los oficiales de la iglesia deben su lealtad a la voluntad de Cristo, representada en las Escrituras. Cuando la voluntad del pueblo entra en conflicto con la clara enseñanza de las Escrituras, los oficiales de la iglesia tienen el deber de hacer caso a la enseñanza de las Escrituras, cueste lo que cueste. Por muy impopular o incómoda que sea una decisión correcta a los ojos de algunos, el oficial de la iglesia puede descansar en la seguridad de que ha hecho lo que es correcto a los ojos de Jesús. Incluso si en ese momento la aprobación de Jesús es todo lo que tiene, la aprobación de Jesús es todo lo que necesita para ser un oficial fiel en la iglesia.

---

[16] Robinson, *The Church of God*, 63.

[17] Peck, *Notes on Ecclesiology*, 89-90. Peck continúa diciendo: "La elección es el acto del cuerpo; la ordenación es el acto de los gobernantes ya existentes, que han sido elegidos de la misma manera; pero tanto la elección como la ordenación son actos de la iglesia... La ordenación no imparte ninguna autoridad, solo la reconoce y la autentifica", 90.

[18] El gobierno congregacional de la iglesia a veces puede funcionar de esta manera. Para ponerlo en términos de nuestra discusión, se piensa que el poder no solo reside en la iglesia como un todo, sino que la iglesia como un todo ejerce ese mismo poder en la totalidad de las actividades del gobierno de la iglesia.

Además, el "pueblo no tiene participación en el gobierno, sino solo el derecho de elegir a sus gobernantes".[19] Aparte de la elección de los oficiales, el ejercicio del poder en la iglesia pertenece a los oficiales de la iglesia. En este sentido, no se comparte entre los oficiales y los no oficiales de la iglesia.

Sin embargo, esto no significa que la iglesia esté condenada a sufrir bajo un mal gobierno. Si un oficial hace mal uso de su poder en la iglesia, Cristo ha designado en las Escrituras un sistema de disciplina. Los oficiales, ejerciendo este sistema bíblico de disciplina, tienen como objetivo el arrepentimiento y la recuperación del oficial infractor. Si ese oficial persiste en su mal uso del poder, la iglesia, actuando a través de sus oficiales, puede suspenderlo de su cargo o incluso destituirlo por completo. Las Escrituras no prevén que los no oficiales den un paso adelante y tomen estos asuntos en sus propias manos. Esto es parte de lo que significa vivir bajo el gobierno que Cristo ha dado a Su iglesia.

Es importante enfatizar que el poder ejercido por los oficiales de la iglesia no es conferido a ellos "personalmente, sino como representantes".[20] En otras palabras, Cristo no cede Su poder a la iglesia. Los hombres que ejercen el poder en la iglesia no lo hacen con la autoridad de su propia persona o carácter. Lo hacen como representantes de Jesús, quien posee todo ese poder en Su propia persona. Los oficiales de la iglesia no son una ley en sí mismos. Son hombres que sirven bajo las normas que Cristo ha dado a Su iglesia en las Escrituras.

La manera de ejercer el poder de la iglesia

Hemos visto que Jesucristo, la Cabeza y el Rey de Su iglesia, es la única fuente de poder en la iglesia. También hemos visto que Jesús delega o confiere este poder a la iglesia en su conjunto. Hemos descrito esa delegación en dos sentidos. El poder reside en el cuerpo como un todo. El ejercicio de ese poder por parte del pueblo se extiende solo a la elección de los oficiales para servir al cuerpo. Este derecho,

---

[19] Peck, *Notes on Ecclesiology*, 177.
[20] Robinson, *The Church of God*, 62.

argumentamos, es bíblico e inviolable. Sin embargo, todo el ejercicio restante de ese poder está reservado exclusivamente a los oficiales de la iglesia. La autoridad ejercida por los oficiales de la iglesia es una autoridad representativa. Actúan como representantes de Cristo. Por un lado, los oficiales de la iglesia no son responsables ante el pueblo, sino ante Cristo. Por otro lado, sus acciones tienen peso y autoridad solo en la medida en que se ajusten a la enseñanza de las Escrituras.

Ahora estamos preparados para abordar otra pregunta. ¿De qué manera debe ejercerse el poder de la iglesia? Podemos responder a esta pregunta de tres maneras.

Poder de orden, poder de jurisdicción

En primer lugar, el poder de la iglesia puede ser ejercido en ocasiones por un solo oficial de forma individual. En otras ocasiones, el poder de la iglesia solo puede ser ejercido por oficiales de la iglesia que actúan juntos. El *Libro de Orden de la Iglesia* de la PCA aborda esta distinción.

El poder eclesiástico, que es totalmente espiritual, tiene dos facetas. En ocasiones, los oficiales lo ejercen individualmente, como en la predicación del evangelio, la administración de los sacramentos, la represión de quienes se descarrían, la visita a los enfermos y el consuelo a los afligidos, esto es, el poder de orden; y en otras ocasiones lo ejercen conjuntamente en los tribunales de la iglesia, según la forma de juicio, esto es, el poder de jurisdicción.[21]

Los oficiales de la iglesia pueden ejercer el poder de la iglesia individualmente. El BCO describe esto en términos del "poder de orden". El poder de orden es evidente cuando los oficiales de la iglesia predican, administran el bautismo o la Cena del Señor, amonestan a los pecadores, etc. Tenemos muchos ejemplos en el Nuevo Testamento de oficiales de la iglesia involucrados individualmente ("separadamente") en estas actividades. Tales asuntos son un ejercicio del poder de la iglesia porque el que está involucrado en ellos está actuando en su capacidad como oficial de la iglesia. No es un agente

---

[21] *BCO* 3–2; ver también *BCO* 1–5.

libre. Por tanto, tal oficial está sujeto a la supervisión y, si es necesario, a la corrección de los tribunales de la iglesia.[22]

Podemos hablar del poder de la iglesia de otra manera. El "poder de jurisdicción" se ejerce legalmente cuando los oficiales se reúnen en lo que se llama "tribunales de la iglesia" y emiten "juicios". Retomaremos esta labor con más detalle en el capítulo 5. Por ahora, podemos notar que hay ciertos asuntos que requieren una pluralidad de oficiales. Es por ello que, por ejemplo, las Escrituras nos muestran una y otra vez que las iglesias eran gobernadas por una pluralidad de ancianos (Hch 20:28; Fil 1:1; 1Ts 5:12-13; Tit 1:5, 7; Heb 13:17; 1P 5:2).

¿Cuál es la labor que corresponde a este "poder de jurisdicción"? Es la de pronunciar juicios. Los ancianos no emiten individualmente los juicios de autoridad que Cristo llama a la iglesia a emitir. Lo hacen en reuniones de ancianos llamadas "tribunales".[23]

Tenemos un ejemplo de este ejercicio del poder de la iglesia en Hechos 15. Se estaba difundiendo una corrupción del evangelio en la iglesia (ver Hch 15:1). La difusión de esta falsa enseñanza perturbó tanto a la iglesia que se reunió un concilio de ancianos para tratar y resolver el asunto. El concilio deliberó, considerando el asunto a la luz de las palabras y los hechos de Dios. El concilio llegó a un "común acuerdo" sobre el asunto (Hch 15:25). El concilio concluyó su trabajo redactando una carta que se autorizó a ser distribuida a las iglesias. Esta carta repudiaba la falsa enseñanza (ver Hch 15:24) y daba consejos positivos a las iglesias en relación con la propagación de este error (Hch 15:28-29).

---

[22] Morton Smith, *Commentary on the Book of Church Order*, 37. Vemos un ejemplo indirecto de esto cuando el Concilio de Jerusalén se dirige a los que estaban enseñando que "si no os circuncidáis conforme al rito de Moisés, no podéis ser salvos" (Hch 15:1). El Concilio amonesta a tales personas ante toda la iglesia declarando: "Hemos oído que algunos de entre nosotros, a quienes no autorizamos, os han inquietado con sus palabras, perturbando vuestras almas" (Hch 15:24). Esta dimensión de la labor de los tribunales de la iglesia nos ayuda a entender por qué un candidato a anciano debe "retener la palabra fiel que es conforme a la enseñanza, para que sea capaz también de exhortar con sana doctrina y refutar a los que contradicen" (Tit 1:9).

[23] En este caso, contrasta con el gobierno civil, donde con frecuencia una sola persona, como un juez, está autorizada a dictar sentencia sobre un asunto. Ver Robinson, *The Church of God*, 66.

Este tribunal de la iglesia se reunió para emitir un juicio sobre un asunto de interés para la iglesia. El tribunal emitió un juicio sobre el asunto a la luz de las palabras y los hechos de Dios, y entonces dio a conocer este juicio a la iglesia. Según nos cuenta Hechos, el efecto del juicio fue que "las iglesias eran confirmadas en la fe, y diariamente crecían en número" (Hch 16:5).

Ministerial y declarativo

Para entender mejor este ejercicio particular del poder de la iglesia, tenemos que recurrir a nuestras dos respuestas restantes a la pregunta: "¿De qué manera habrá de ejercerse el poder de la iglesia?". La primera de estas dos respuestas restantes es que el poder de la iglesia es "ministerial y declarativo". Thomas Peck explica el significado de esta importante frase.

> ["Ministerial y declarativo" se refiere] al poder de un ministro o siervo para declarar y ejecutar la ley del Maestro, Cristo, tal como se revela en Su palabra, el libro de estatutos de Su reino, las Escrituras contenidas en el Antiguo y Nuevo Testamento. Ningún oficial o tribunal de la iglesia tiene ningún poder legislativo. "Solo Cristo es el Señor de la conciencia y la ha dejado libre de la doctrina y de los mandamientos de los hombres que sean de alguna manera contrarios a Su Palabra, o que se aparten de ella, ya sea en materia de fe o de adoración" (CFW 20.2). La esclavitud a Cristo solamente es la verdadera y única libertad del alma humana.[24]

Ningún oficial de la iglesia ni ningún tribunal de la iglesia tiene derecho a redactar e imponer legislación sobre la iglesia. Por definición, los oficiales de la iglesia están autorizados sólo para hacer cumplir la Palabra de Dios. Hacer lo contrario es violar la libertad cristiana.

Esta es una de las razones por las que las reuniones de ancianos que ejercen el poder de jurisdicción se llaman "tribunales". No son

---

[24] Peck, *Notes on Ecclesiology*, 112. Ver también el Principio Preliminar 7 (que se encuentra en el Prefacio) del *BCO*.

cuerpos legislativos. Más bien, son cuerpos que están llamados a declarar la mente de Cristo en relación con los asuntos que están propiamente ante ellos. En este sentido, los tribunales eclesiásticos no son diferentes de los tribunales en la esfera del gobierno civil. Lo que Alexander Hamilton escribió en *The Federalist* (El federalista) no. 78 sobre el poder judicial estadounidense se aplica muy bien a la tarea que las Escrituras han asignado a los tribunales de la iglesia.

Los tribunales deben declarar el sentido de la ley; y si estuvieran dispuestos a ejercer la VOLUNTAD en lugar del JUICIO, la consecuencia sería igualmente la sustitución de su placer por el del cuerpo legislativo.[25]

Entonces, los tribunales de la iglesia violan su propio propósito cuando van más allá de los límites que las Escrituras les asignan. Como señala Peck: "La Biblia es una Carta de Derechos positiva, una constitución definida, y lo que no se concede se considera, por esa razón, prohibido... por tanto, toda la función de la iglesia se limita a la interpretación y obediencia de la *palabra*. Todas las adiciones a la palabra, si no están *explícitamente* prohibidas, están al menos prohibidas *implícitamente* en el mandato general de *que no se le añada nada*".[26]

Que "todo el poder de la iglesia, ya sea ejercido por el cuerpo en general, o por representación, es solo ministerial y declarativo" es un asunto de tremenda importancia práctica.[27] La iglesia no está autorizada a hablar de asuntos a los que Cristo no la ha autorizado a hablar en la Palabra de Dios. Por ejemplo, la iglesia no tiene autoridad para respaldar a un candidato en particular para un cargo público en el gobierno civil. Más bien, ella declara los principios del gobierno civil establecidos en pasajes como Romanos 13:1-7 y 1 Pedro 2:13-17. La iglesia no puede respaldar un proyecto de ley concreto que esté pendiente ante un órgano legislativo civil, por ejemplo, un proyecto de ley relativo al aborto. Más bien, la iglesia debe declarar que el

---

[25] Hamilton, *"The Federalist, No. 78"* (*"El Federalista, No. 78"*), en Alexander Hamilton, James Madison y John Jay, *The Federalist Papers* [*Los documentos federalistas*], ed. B. F. Wright (Nueva York: MetroBooks, 2002), 493.

[26] Peck, *Notes on Ecclesiology*, 119. Énfasis de Peck.

[27] Estas palabras provienen del Principio Preliminar 7 del *BCO*.

aborto es una violación del sexto mandamiento de Dios, y hacerlo sin referencia a la aprobación de esta o cualquier otra pieza de legislación. La Confesión de Fe de Westminster afirma este principio.

Los sínodos y los concilios no deben tratar ni concluir nada que no sea eclesiástico, y no deben inmiscuirse en los asuntos civiles que conciernen a la comunidad, a menos que sea por medio de una humilde petición, en casos extraordinarios, o por medio de asesoramiento, para satisfacer la conciencia, si son requeridos para ello por el magistrado civil (CFW 31.4).

Aquí la Confesión afirma que los tribunales de la iglesia deben tratar exclusivamente asuntos "eclesiásticos". Es decir, están llamados a declarar la voluntad de Dios tal y como está registrada en las Escrituras. Solo se prevé que se ocupen de "asuntos civiles" en dos casos: "La humilde petición en casos extraordinarios" y cuando el magistrado civil requiera que la iglesia proporcione asesoramiento sobre un asunto. Incluso en estos asuntos, los tribunales de la iglesia tendrían cuidado de limitarse a declarar la voluntad de Dios sobre el asunto en cuestión, por ejemplo, "el aborto es una violación de la ley de Dios".[28]

La razón de estos límites establecidos en los tribunales de la iglesia tiene al menos dos aspectos. En primer lugar, la iglesia debe ejercer su poder solo dentro de los límites asignados a ella por Cristo. No está autorizada ni se le ha prometido competencia para hablar de asuntos que caen fuera de lo que Dios ha declarado en Su Palabra. Lamentablemente, muchas iglesias estadounidenses del siglo veintiuno se han apartado de este principio. Muchos organismos eclesiásticos votan rutinariamente para apoyar u oponerse a proyectos de ley que están pendientes en el Congreso, o a políticas de la actual administración presidencial. Independientemente de las motivaciones bien intencionadas que puedan estar detrás de tales acciones, las Escrituras declaran que estas acciones son infieles a Cristo. Es infiel

---

[28] Un ejemplo positivo y constructivo de cómo la iglesia puede abordar con integridad un asunto como el previsto en el WCF 31.4 es la "Declaration of Conscience on Homosexuals and the Military" ("Declaración de conciencia sobre los homosexuales y el ejército") de la Asamblea General de la PCA (1993), disponible en línea en http://www.pcahistory.org/pca/2-399.html.

porque la iglesia ha salido de los límites señalados para ella por Cristo en Su Palabra.

Una segunda razón para estos límites es la libertad cristiana, como observa Peck. Cristo ha liberado a Su pueblo "de la doctrina y de los mandamientos de los hombres que sean de alguna manera contrarios a Su Palabra, o que se aparten de ella, ya sea en materia de fe o de adoración" (CFW 20.2). Cuando los tribunales de la iglesia sobrepasan los límites que Cristo les ha asignado en Su Palabra, corren el riesgo de atar la conciencia de los creyentes.

Supongamos que, por alguna razón, un tribunal de la iglesia aprueba una resolución que insta a los cristianos a apoyar un proyecto de ley pendiente de aprobación en el Congreso de los Estados Unidos. Digamos que este proyecto, si se aprueba como ley, restringirá el aborto. A primera vista, parece encomiable que la iglesia haya actuado así. Después de todo, ¿no deberíamos, como iglesia, apoyar colectiva y activamente tales esfuerzos?

Sin embargo, ponte en la situación de un congresista cristiano. Cree que el aborto es una violación del sexto mandamiento y, por tanto, apoya la prohibición del aborto. Esto no significa necesariamente que apoye este proyecto de ley en particular. Tal vez se oponga a este proyecto de ley porque cree que sus disposiciones violarían la Constitución de los Estados Unidos. O tal vez se oponga a este proyecto de ley por motivos fiscales. O tal vez se oponga a este proyecto de ley porque cree que, a pesar de las intenciones declaradas, el proyecto de ley no restringirá el aborto.

Este tribunal de la iglesia, al sobrepasar sus límites y pronunciarse sobre un asunto que está fuera de su esfera de competencia, ha atado la conciencia de este creyente. Cristo ha llamado y dotado a este congresista cristiano para sopesar, debatir y votar sobre los proyectos de ley que se presentan ante la legislatura de la que es miembro. No ha llamado y dotado así a los ancianos de la iglesia. Al sobrepasar sus límites bíblicos, este tribunal de la iglesia se ha interpuesto entre Cristo y la conciencia de este creyente. Este creyente no es ayudado, sino obstaculizado en sus esfuerzos por servir a Cristo como legislador.

Nuestro argumento de que los tribunales de la iglesia se limitan a declarar únicamente la voluntad de Cristo a partir de las

Escrituras es bíblico. A lo largo del Nuevo Testamento, los tribunales y los oficiales de la iglesia se abstienen firmemente de abordar las cuestiones políticas apremiantes de la época. Nunca vemos a la iglesia redactando resoluciones para el Senado romano o para César Augusto. Nunca vemos a la iglesia denunciando la esclavitud, la desigualdad económica, las acciones militares imperiales, la política de inmigración y una serie de otras preocupaciones sociales y políticas. Lo que los Hechos y las epístolas nos muestran es a la iglesia proclamando y llevando a sus tribunales a Cristo y a este crucificado, resucitado de entre los muertos (ver 1Co 2:2 con 1:10-31; 1Co 15:1-4).

Los apóstoles dejan claro que cada cristiano está obligado a guardar la ley de Dios, por lo que instan a los creyentes a cumplir deberes concretos. Estos deberes deben cumplirse en todos sus ámbitos: con sus familias, en sus vecindarios, en sus lugares de trabajo y en la esfera civil. Además, los apóstoles enseñan que Dios hace responsables a todos los seres humanos de la misma norma a la que son responsables los cristianos: la ley de Dios. Todo esto quiere decir que la vida del cristiano individual tiene una faceta y una dimensión públicas. No estamos instando a que el creyente se retire de la sociedad o del compromiso social. Estamos diciendo que Cristo, por las razones que hemos esbozado anteriormente, ha limitado los tribunales de la iglesia a declarar Su voluntad tal y como se revela en las Escrituras.

Doctrina, orden y disciplina

Todavía tenemos que abordar la tercera y crítica respuesta de nuestra pregunta: "¿De qué manera debe ejercerse el poder de la iglesia?". Hemos dicho que todo el poder de la iglesia es solo ministerial y declarativo, y que los tribunales de la iglesia tienen la tarea de declarar la Palabra de Dios. ¿Podemos decir más sobre los detalles de esa tarea?

En este caso, una triple distinción nos ayuda a entender esta responsabilidad. Esta triple distinción se relaciona con lo que hemos llamado el "poder de jurisdicción", o la autoridad que ejercen los tribunales de la iglesia, o las asambleas de ancianos. Esta triple distinción se expresa en el *Libro de Orden de la Iglesia* de la PCA

a la iglesia" (18:17). Ahora es un "asunto público de la iglesia".[39] Si se niega a escuchar incluso a la iglesia, entonces debe ser "como el gentil y el recaudador de impuestos", es decir, como alguien que está fuera de la comunión del pueblo de Dios (18:17). Jesús continúa diciendo que cuando la iglesia actúa en su "nombre", es decir, de una manera que está en consonancia con la voluntad de Dios revelada en las Escrituras, entonces esa decisión de la iglesia debe ser considerada como la decisión del propio cielo (18:18-20).[40]

Cuando Jesús dice que la "iglesia" participa activamente en el proceso formal de disciplina, no quiere decir que toda la congregación esté llamada a evaluar y juzgar a este individuo.[41] Lo sabemos por la labor que asigna especialmente al cargo de anciano. En 1 Tesalonicenses 5:12, aprendemos que los ancianos no solo "os dirigen en el Señor", sino que también "os instruyen". En otras palabras, tienen una responsabilidad particular, como ancianos, de amonestar al rebaño. Como nos dice Hebreos 13:17, los ancianos están llamados a "velar" por las "almas" de la iglesia. Tendrán que "dar cuenta" a Cristo de sus labores en este ámbito. Además, el Nuevo Testamento llama a los ancianos "pastores" (1P 5:2) y "supervisores (traducido como obispo en algunas versiones de la Biblia)" (Hch 2:28; Tit 1:7). Estos títulos nos indican que a este cargo se le confía la supervisión espiritual de la iglesia. Al igual que en el antiguo Israel, donde solo unos pocos fueron llamados a la obra de la disciplina (ver Dt 19:15-20), en el nuevo Israel, los ancianos son llamados a asumir la obra de la disciplina. Cuando lo hacen, la "iglesia" está asumiendo adecuadamente la obra de la disciplina.

A la labor de disciplina la hemos denominado ejercicio del poder "conjunto" que corresponde al cuerpo de ancianos. En otras palabras,

---

[39] Ibid.

[40] Como señala Nolland, "reunidos en mi nombre" (18:20) "corresponde en parte a 'estar de acuerdo' del 18:19". Así, se pretende un "compromiso global con Jesús y lo que ha aportado, ha hecho y representa. Pero también es importante la solidaridad de estar reunidos en esto". Ibíd., 750.

[41] Así, *CFW* 30.2: "A estos oficiales [ver también CFW 30.1] se les entregan las llaves del reino de los cielos; en virtud de las cuales, tienen poder, respectivamente, para retener y remitir los pecados; para cerrar ese reino contra los impenitentes, tanto por la Palabra como por las censuras; y para abrirlo a los pecadores penitentes, por el ministerio del evangelio; y por la absolución de las censuras, según la ocasión lo requiera".

los ancianos no pueden administrar individualmente la disciplina. Es una labor que pertenece a los ancianos reunidos en los tribunales de la iglesia. Este punto está ciertamente contemplado en Mateo 18:15-20. Jesús no se imagina a un solo hombre investigando, dictando sentencia y aplicando ese juicio. Como indica en el versículo 19 ("si dos de vosotros se ponen de acuerdo sobre cualquier cosa que pidan aquí en la tierra") y en el versículo 20 ("donde están dos o tres"), la disciplina no es conducida propiamente por un solo individuo, sino por un grupo de personas.

Esta observación nos ayuda a entender por qué el Nuevo Testamento se refiere tan a menudo a una pluralidad de ancianos, es decir, a ancianos que asumen juntos su vocación de pastorear y supervisar el rebaño en los tribunales de la iglesia (ver Hch 20:28; 1Ts 5:13; Tit 1:5, 7; Heb 13:17; 1P 5:1-2). El patrón apostólico es que los ancianos asuman y lleven a cabo juntos la obra de la disciplina en la iglesia. La Biblia nunca pretendió que este manto cayera sobre los hombros de un solo hombre.[42]

En resumen, esta triple comprensión del alcance del poder de jurisdicción (doctrina, orden y disciplina) está inextricablemente ligada al carácter ministerial y declarativo del poder de la iglesia. Los oficiales de la iglesia están autorizados o facultados para declarar y hacer cumplir la Palabra de Dios. Sobrepasar los límites de las Escrituras es traicionar el oficio de anciano. Cuando la iglesia redacta y adopta confesiones, da testimonio contra el error o resuelve casos de conciencia, está cumpliendo su llamado a dar a conocer todo el consejo de Dios. Cuando la iglesia ordena asuntos circunstanciales en el gobierno de la iglesia y en la adoración pública, ella está cumpliendo con una responsabilidad bíblicamente ordenada y guiada. Cuando la iglesia asume la difícil, pero necesaria labor de disciplinar a su membresía, está actuando de acuerdo con la Palabra de Dios al dirigirse a un miembro de la iglesia que se niega a arrepentirse de una creencia o práctica que es contraria a la Palabra de Dios.

Al reflexionar en el carácter exclusivamente espiritual de la autoridad de la iglesia, es provechoso detenerse y reflexionar en por

---

[42] "No se puede encontrar un caso en todas las Escrituras en el que uno de los oficiales comunes haya ejercido alguna vez la jurisdicción solo, sino siempre como uno que constituye un miembro de un tribunal". Robinson, *The Church of God*, 65.

como "doctrina", "orden" y "disciplina".[29] Entonces, con respecto al poder de jurisdicción, el poder de la iglesia corre por tres y solo tres canales: doctrina, orden y disciplina. Consideremos cada uno de ellos por separado.

"Doctrina" se refiere a la autoridad de la iglesia en la enseñanza o promulgación de la doctrina. Aquí el *Libro del Orden de la Iglesia* afirma que "[los tribunales de la iglesia] no pueden dictar leyes que obliguen a la conciencia; pero pueden establecer símbolos de fe, dar testimonio contra el error en la doctrina y la inmoralidad en la práctica, dentro o fuera de la iglesia, y decidir sobre casos de conciencia".[30] En otras palabras, los ancianos de la iglesia, reunidos en los tribunales de la iglesia, no pueden dictar una ley que "obligue a la conciencia" (ver la CFW 20.2). Como argumentamos anteriormente, solo están autorizados a declarar la voluntad de Dios revelada en las Escrituras. Positivamente, los tribunales de la iglesia están autorizados a "estructurar símbolos de fe", es decir, a redactar confesiones de fe, a "dar testimonio contra el error" y a "decidir sobre casos de conciencia".

Entonces, la declaración de la iglesia sobre la voluntad de Dios implica al menos dos cosas. Primero, la iglesia está autorizada a declarar lo que entiende que enseñan las Escrituras. Muchos organismos reformados y presbiterianos lo han hecho adoptando los Estándares de Westminster como su confesión de fe. Encontramos precedentes en el Nuevo Testamento para enmarcar las declaraciones confesionales en pasajes como Filipenses 2:5-11 y 1 Timoteo 3:16.[31]

---

[29] Ver *BCO* 11-2, "La jurisdicción de los tribunales de la iglesia es solo ministerial y declarativa, y se relaciona con las doctrinas y preceptos de Cristo, con el orden de la iglesia y con el ejercicio de la disciplina". La terminología más antigua y clásica es: poder dogmático, diatáctico y diacrítico, respectivamente.

[30] *BCO* 11-2. Como observa Peck, este aspecto del poder de la iglesia se aplica no solo a los tribunales de la iglesia, sino, *mutatis mutandis*, a los funcionarios de la iglesia. *Notes on Ecclesiology*, 120.

[31] Independientemente de que estos pasajes hayan circulado de forma independiente como declaraciones de credo, reflejan un resumen inspirado de las doctrinas fundamentales de la fe cristiana. Por tanto, justifican que la iglesia emprenda tales esfuerzos en las generaciones posteriores.

En segundo lugar, la iglesia está llamada a aplicar la Palabra de Dios a circunstancias específicas y concretas. Los tribunales de la iglesia deben "dar testimonio contra el error" y "decidir sobre casos de conciencia", es decir, cuestiones en las que una parte puede tener alguna incertidumbre sobre cómo se aplica la Palabra de Dios a una circunstancia o situación particular. Hemos visto evidencia de un tribunal de la iglesia que ejerce legítimamente tal autoridad en el Concilio de Jerusalén de Hechos 15.

El segundo aspecto del poder de jurisdicción de la iglesia, el "orden", implica la disposición de ciertos detalles relacionados con "el gobierno, la disciplina, la adoración y la extensión de la iglesia". Tales "reglas" que los tribunales de la iglesia establecen deben "estar de acuerdo con las doctrinas que se refieren a ello y que están contenidas en las Escrituras, dejándose los detalles circunstanciales de estos asuntos únicamente a la prudencia y sabiduría cristiana de los oficiales y tribunales de la iglesia".[32]

Vemos evidencia del ejercicio de este aspecto del poder de la iglesia cuando las iglesias adoptan una forma de gobierno, reglas de disciplina, un directorio para la adoración, o una norma de procedimiento parlamentario como *Robert's Rules of Order, Newly Revised*. Esto no es solo un ejercicio legítimo de la autoridad de la iglesia. También es un ejercicio necesario de la autoridad de la iglesia.

Como vimos en el capítulo 2, las Escrituras autorizan a la iglesia a actuar precisamente de esta manera. Cuando Pablo aconseja a la iglesia de Corinto sobre la adoración pública, dice "que todo se haga para edificación" (1Cos 14:26), y "que todo se haga decentemente y con orden" (1Co 14:40). En otras palabras, hay una gran cantidad de detalles relacionados con la adoración pública y el gobierno de la iglesia que la Escritura no ha prescrito. Son detalles que la *Confesión de Fe de Westminster* reconoce que son "comunes a las acciones y sociedades humanas". Estos detalles se dejan a los tribunales de la iglesia para que los ordenen. Deben hacerlo "a la luz de la naturaleza y de la prudencia cristiana, según las reglas generales de la Palabra, que deben observarse siempre".[33]

---

[32] *BCO* 11-2. Ver también *CFW* 1.6.
[33] *CFW* 1.6.

Observa que este poder de orden es un poder conjunto. Si los ancianos ejercieran este poder individualmente, se produciría un caos en la iglesia. Para preservar el buen orden en la adoración y el gobierno de la iglesia, son los ancianos, actuando solo en los tribunales de la iglesia, quienes deben ejercer este poder. Además, note que este poder no es un poder legislativo. La iglesia no tiene autoridad para elaborar y aprobar leyes. La iglesia sí tiene el poder de ordenar o arreglar la vida de la iglesia bajo la ley de Cristo.[34]

El tercer y último aspecto del poder de la iglesia a considerar aquí, es el poder de la disciplina. El poder de disciplina es el "derecho" de los tribunales de la iglesia de "exigir la obediencia a las leyes de Cristo". Este poder incluye la admisión de personas a la membresía de la iglesia, incluyendo los sacramentos de la iglesia; a los cargos de la iglesia; y la exclusión de los "desobedientes y desordenados" de los cargos o "privilegios sacramentales". La iglesia está incluso facultada, a través de sus tribunales, para "cortar a los contumaces e impenitentes de la congregación de los creyentes". La iglesia también tiene la "autoridad administrativa" que necesita para ejercer estos poderes.[35]

Es este poder el que encuentra especial resistencia en la actualidad. Muchos conciben la iglesia como una mera sociedad voluntaria. Una persona entra por elección y puede salir por elección, por cualquier razón. Cualquier esfuerzo por parte de la iglesia para administrar la disciplina, incluso para eliminar a una persona de la membresía de la iglesia, puede ser considerado tiránico y autoritario.

Sin duda, la iglesia es una sociedad voluntaria en el siguiente sentido. Las personas no entran en la iglesia por compulsión externa. Entran cuando declaran pública y voluntariamente su fe y obediencia a Cristo, y parte de esa obediencia es la adhesión y el compromiso con la iglesia de Cristo.[36]

Sin embargo, la iglesia no es una *mera* sociedad voluntaria. La membresía, como dice un anuncio, tiene sus privilegios, pero también

---

[34] Ver además Peck, *Notes on Ecclesiology*, 121-124.
[35] *BCO* 11-2.
[36] Por supuesto, esto no significa negar que los hijos de al menos un creyente profeso son, por derecho de nacimiento, miembros de la iglesia visible.

tiene responsabilidades. Una de esas responsabilidades, como dicen los votos de membrecía en la PCA, es "someterse al gobierno y a la disciplina de la iglesia, y... estudiar su pureza y paz".

Hay buenos estudios sobre la práctica de la disciplina de la iglesia.[37] Por el momento, simplemente observemos que la disciplina de la iglesia es una parte bíblicamente necesaria del llamado de la iglesia, y que Cristo ha confiado a los tribunales de la iglesia la disciplina de toda su membresía.

Jesús aborda el tema de la disciplina de la iglesia en la comunidad del Nuevo Pacto en Mateo 18:15-20. Comienza con un "hermano" que "peca contra ti". En otras palabras, ha habido una ofensa privada. Tu responsabilidad, dice Jesús, es "ir y reprenderlo a solas. Si te escucha, has ganado a tu hermano" (18:15). La disciplina comienza con la amonestación y la exhortación diaria, de cristiano a cristiano, que nuestro Señor espera que forme parte de la vida continua de la iglesia. Si, bajo la amonestación, nuestro hermano se arrepiente, entonces la disciplina ha hecho su trabajo: "Has ganado a tu hermano".

Suponiendo que se niega a escucharte, es decir, a arrepentirse. ¿Qué pasa entonces? En ese caso, Jesús dice: "Lleva contigo a uno o a dos más" para que "toda palabra sea confirmada por boca de dos o tres testigos" (18:16). Jesús hace referencia aquí a Deuteronomio 19:15. Esta referencia evoca el proceso formal y legal de investigación que Dios había instituido en el antiguo Israel. Jesús está diciendo que algo análogo al proceso de investigación del Deuteronomio 19 seguirá teniendo lugar en la vida del pueblo de Dios.[38]

Si ese hermano se niega a escuchar incluso a estos testigos, entonces el proceso de disciplina debe avanzar a su etapa final: "Dilo

---

[37] Ver, en particular Daniel E. Wray, *Biblical Church Discipline* [*Disciplina bíblica de la iglesia*] (Edimburgo: Banner of Truth, 1978); Jonathan Edwards, "*The Means and Ends of Excommunication*" ["*Medios y objetivos de la excomunión*"], en *Sermons and Discourses* [*Sermones y discursos*], 1739-1742, ed. Harry S. Stout y Nathan O. Hatch, vol. 22 de *The Works of Jonathan Edwards* [*Las obras de Jonathan Edwards*] (New Haven, CT: Yale University Press, 2003), 68-79.

[38] John Nolland, *The Gospel of Matthew: A Commentary on the Greek Text* [*El Evangelio de Mateo: Comentario del texto griego*], NIGTC (Grand Rapids: Eerdmans, 2005), 747. Para una mayor discusión de las leyes judiciales del Antiguo Testamento, ver Vern S. Poythress, *The Shadow of Christ in the Law of Moses* [*La sombra de Cristo en la Ley de Moisés*] (Phillipsburg, NJ: P&R Publishing, 1995).

qué Jesús lo ha ordenado así. Stuart Robinson ofrece una hermosa meditación sobre este tema.

Y mientras este poder está limitado en el modo de su ejercicio, también está limitado en cuanto a su fin, que es totalmente espiritual. El fin para el cual se ejerce está en plena consonancia con la idea de un reino que no es de este mundo, y del poder de los hombres en él como totalmente ministerial. Es espiritual: es para ganar a nuestro hermano. Es para que el espíritu de aquel contra quien se ejerce este poder sea salvado en el día del Señor Jesús. Es para la edificación de su pueblo, y para los asuntos del Señor; para la paz y la armonía de la iglesia, para la extensión de la iglesia, y para la gloria del Señor.[43]

Una forma más que nos ayuda a entender el poder de la iglesia es contrastarlo con el poder que ejerce el gobierno civil.

Límites del poder de la iglesia

En un capítulo anterior, argumentamos que el gobierno de la iglesia es distinto del gobierno civil. Comenzamos este capítulo reflexionando sobre las palabras de Jesús a Sus discípulos en Lucas 22. Allí informó a Sus discípulos que el poder ejercido por el gobierno de la iglesia y el gobierno civil puede diferir notablemente. Para cerrar este capítulo, reflexionemos sistemáticamente sobre la diferencia entre el poder de la iglesia y el poder civil.

Antes de explorar sus diferencias, debemos tener en cuenta que no son totalmente diferentes. Como Robinson señala: "Ambos son poderes de autoridad divina, ambos conciernen a la raza humana, y ambos fueron instituidos para la gloria de Dios como objetivo final". Pero aparte de estas similitudes, "no tienen nada en común".[44]

Con estas similitudes en mente, observemos algunas de las diferencias entre la autoridad civil y la autoridad eclesiástica, con Robinson como guía. En primer lugar, "el poder civil deriva su

---

[43] Ibid.
[44] Ibid. Comparar la lista casi idéntica en Peck, *Notes on Ecclesiology*, 144. Peck añade que tanto la iglesia como el estado están "ordenados para *el bien de la humanidad*" (énfasis mío).

autoridad de Dios como Autor de la naturaleza, mientras que el poder de la iglesia proviene únicamente de Jesús como Mediador".[45] Entonces, tanto el poder civil como el poder de la iglesia provienen de Dios. Sin embargo, vienen de Dios en diferentes sentidos. El poder civil proviene de Dios como creador de la humanidad. El poder de la iglesia proviene de Jesús como Mediador de Su pueblo. Esta diferencia de poder está relacionada con la diferencia de carácter de la iglesia y del estado.

El estado está ordenado para el hombre como hombre, la iglesia para el hombre como pecador, bajo una dispensación de restauración y salvación. El estado es para toda la raza humana, la iglesia consiste en aquella porción de la raza que es realmente, o por profesión creíble, el cuerpo mediador de Cristo. El estado es un gobierno de justicia natural; la iglesia, un gobierno de gracia.[46]

Entonces, en vista de estas diferencias, no nos sorprende descubrir que, efectivamente, existen diferencias entre el poder o la autoridad civil y la eclesiástica.

Una segunda diferencia entre el poder en la iglesia y en el estado tiene que ver con la regla o el estándar de autoridad en cada uno.

La regla para la guía del ejercicio del poder civil es la luz de la naturaleza y de la razón, la ley que el autor de la naturaleza revela al hombre por medio de la razón; pero la regla para la guía del ejercicio del poder eclesiástico es aquella luz que... Jesucristo ha revelado en Su palabra. Es un gobierno bajo leyes ya promulgadas por el rey.[47]

Entonces, Dios ha concedido al estado un poder legislativo legítimo. La iglesia no tiene poder legislativo. Esto se debe a que Jesús es su legislador. Su poder, como hemos visto, es ministerial y declarativo. Además, la norma de la iglesia es la Biblia. Como ordenanza de la creación, el estado no se rige por la Biblia. Pero el Estado no carece de una norma que se erige sobre él y a la que debe

---

[45] Robinson, *The Church of God*, 65; ver también Peck, *Notes on Ecclesiology*, 145.
[46] Peck, *Notes on Ecclesiology*, 145.
[47] Robinson, *The Church of God*, 65-66.

rendir cuentas. Esa norma es "la ley que el autor de la naturaleza revela al hombre por medio de la razón", o ley natural.⁴⁸ Esta ley es accesible a todas las personas mediante el uso de la mente, especialmente al reflexionar sobre el testimonio de la conciencia (ver Ro 2:14-15). Es esta norma objetiva e inmutable a la que debe ajustarse todo gobierno civil.

Una tercera diferencia es que "el alcance y el objetivo del poder civil se limitan propiamente a las cosas visibles y temporales; el alcance y el objetivo del poder eclesiástico son las cosas invisibles y espirituales".⁴⁹ Como sociedad esencialmente espiritual, la iglesia debe asumir solo la obra que la Palabra de Dios le ha autorizado a hacer. Como explica el *Libro de Orden de la Iglesia* de la PCA: "Las únicas funciones de la iglesia, como reino y gobierno distinto de la comunidad civil, son proclamar, administrar y hacer cumplir la ley de Cristo revelada en las Escrituras".⁵⁰ Ya hemos reflexionado sobre esta importante distinción. La Iglesia nunca debe sobrepasar los límites que Cristo ha establecido para ella en la Palabra de Dios.

Una cuarta diferencia se refleja en los respectivos símbolos del estado y la iglesia, la espada y las llaves, respectivamente.

> El gobierno civil es un gobierno de fuerza, un terror para los malhechores; pero... el gobierno eclesiástico es solo ministerial, las funciones de sus oficiales son abrir y cerrar, y tener cuidado de una casa ya completa en cuanto a su estructura externa, e internamente organizada y provista.⁵¹

---

⁴⁸ Ver también aquí BCO 3-4. Para el estudio acerca de la ley natural, ver Michael Cromartie, ed., *A Preserving Grace: Protestants, Catholics, and Natural Law* [*Una gracia preservadora: Protestantes, católicos y ley natural*] (Washington DC: Ethics and Public Policy Center/Grand Rapids: Eerdmans, 1997); Stephen J. Grabill, *Rediscovering the Natural Law in Reformed Theological Ethics* [*Redescubrir la ley natural en la ética teológica reformada*] (Grand Rapids: Eerdmans, 2006); David VanDrunen, *A Biblical Case for Natural Law* [*Argumentos bíblicos a favor de la ley natural*], SCSEE 1 (Grand Rapids: Acton Institute, 2006); David VanDrunen, *Natural Law and the Two Kingdoms: A Study in the Development of Reformed Social Thought* [*La ley natural y los dos reinos: Un estudio sobre el desarrollo del pensamiento social reformado*] (Grand Rapids: Eerdmans, 2001).

⁴⁹ Robinson, *The Church of God*, 66; ver también la discusión de Peck en *Notes on Ecclesiology*, 149-150.

⁵⁰ BCO 3-3.

⁵¹ Robinson, The Church of God, 66.

En Romanos 13, el apóstol Pablo describe al magistrado civil precisamente en estos términos. El Estado, que tiene su autoridad de parte de Dios (Ro 13:1), no es "motivo de temor para los de buena conducta, sino para el que hace el mal" (Ro 13:3). Por eso, como "ministro de Dios" que "lleva la espada", el gobernante civil "castiga al que practica lo malo" (Ro 13:4). Por tanto, la autoridad del estado es punitiva. Por designación divina, el magistrado civil castiga a los malhechores. El estado aplica la justicia a los que hacen el mal.

El poder de la iglesia es diferente. El poder de la iglesia concierne solo a los que están dentro de sus límites (ver 1Co 5:12-13). Además, su poder no es punitivo. Dios no llama a los oficiales de la iglesia para castigar a los transgresores, ya sea con o sin fuerza temporal. Algunas de las palabras más severas de Pablo se encuentran en 2 Corintios 10 – 13. Sin embargo, aclara que no escribe así para castigar a la iglesia de Corinto. Les dice que está escribiendo para su "restauración". Además, comenta que el Señor le ha dado "autoridad... para edificación y no para destrucción" (2Co 13:10).

Por tanto, la disciplina en la iglesia, tanto si se considera a nivel de amonestación privada como a nivel de excomunión, no es de naturaleza punitiva. La disciplina tiene como objetivo glorificar a Dios, promover la pureza y el bienestar de la iglesia, y guardar y restaurar a los pecadores desobedientes.[52] Como señala Peck, la disciplina de la iglesia adquiere un carácter totalmente diferente al de la justicia administrada por el estado. No es "el castigo de un juez vengador, afirmando la majestad inflexible de la ley, sino la disciplina de una madre tierna, cuyas entrañas anhelan el hijo descarriado, y que no inflige ningún dolor, excepto para la reforma y la salvación del hijo".[53]

Conclusión

Hemos visto en este capítulo que la iglesia no sólo tiene un gobierno independiente de los gobiernos de este mundo, sino también que, de manera fundamental, el poder ejercido por los oficiales de la iglesia difiere del poder ejercido por el magistrado civil. Ambos modos de

---

[52] BCO 27-1, 27-3.
[53] Peck, *Notes on Ecclesiology*, 150.

poder son apropiados en sus propias esferas. El peligro es inminente cuando se confunden o se mezclan.

Recordar la identidad de la iglesia es esencial para mantener esta distinción en la práctica. La iglesia es una sociedad esencialmente espiritual. Está compuesta de hombres y mujeres, y de sus hijos, a quienes Dios ha llamado del mundo para sí mismo. Estos hombres y mujeres han profesado su lealtad a Cristo como su Salvador y Señor. Ellos, en alegre sumisión a Él, se han unido formal y voluntariamente a Su pueblo, la iglesia. Para la reunión y el perfeccionamiento de los santos, ellos no miran a los medios o métodos del mundo. Miran a la Palabra, confiando en el poder del Espíritu, para llevar a cabo fielmente la tarea que Jesús le ha encomendado. Cuanto más firmemente mantenga la iglesia este sentido de identidad, mejor podrá llevar a cabo su misión con fidelidad.

Ahora que hemos considerado el gobierno y el poder de la iglesia, quedan dos series más de preguntas. Primero, según las Escrituras, ¿cuáles son los oficios de la iglesia? ¿Cuáles son sus responsabilidades bíblicas? En segundo lugar, ¿cuáles son los tribunales de la iglesia? ¿Cómo se relacionan entre sí? En los dos capítulos siguientes nos ocuparemos de estas interrogantes.

4 LOS OFICIOS DE LA IGLESIA

La mayoría de nosotros tenemos experiencia con los "cargos" u "oficios" democráticamente electos. Quizá algún miembro de tu familia se haya presentado a un cargo público. Tal vez formaste parte del gobierno estudiantil cuando estabas en la escuela. Muchos de nosotros acudimos a las urnas al menos una vez al año para votar a los candidatos que quieren representarnos en el gobierno local, estatal o nacional.

No debería sorprendernos saber que el gobierno bíblico de la iglesia también tiene oficios y oficiales. ¿Qué es un "oficio"? ¿Cuántos oficios hay en la iglesia? ¿Qué hacen los oficiales de la iglesia? ¿Cuáles son los requisitos para ejercer un oficio en la iglesia? ¿Cómo llega una persona a ser un oficial de la iglesia? ¿Permiten las Escrituras que las mujeres sirvan en los cargos de la iglesia? ¿Por qué o por qué no? En este capítulo, llevaremos estas preguntas a las Escrituras en busca de respuestas bíblicas.

¿Qué es un oficio?

Un "oficio" es algo que podemos reconocer fácilmente, pero puede ser que nos cueste definirlo. Esto es cierto incluso en la iglesia. Parte de nuestra dificultad proviene del hecho de que el Nuevo Testamento carece de un "término que corresponda a nuestra palabra 'oficio'".[1] Por lo que, debemos proceder de una manera diferente.

Un pasaje fundamental para entender un oficio en la iglesia es Efesios 4:7-14:

> Pero a cada uno de nosotros se nos ha concedido la gracia conforme a la medida del don de Cristo. Por tanto, dice: Cuando

---

[1] John Murray, "Office in the Church" ["El oficio en la iglesia"], en *Collected Writings of John Murray* [*Colección de escritos de John Murray*], 4 vols., (Edimburgo: Banner of Truth Trust, 1976-82), 2:357.

ascendió a lo alto, llevó cautiva una hueste de cautivos, y dio dones a los hombres. (Esta expresión: Ascendió, ¿qué significa, sino que Él también había descendido a las profundidades de la tierra? El que descendió es también el mismo que ascendió mucho más arriba de todos los cielos, para poder llenarlo todo). Y Él dio a algunos el ser apóstoles, a otros profetas, a otros evangelistas, a otros pastores y maestros, a fin de capacitar a los santos para la obra del ministerio, para la edificación del cuerpo de Cristo; hasta que todos lleguemos a la unidad de la fe y del conocimiento pleno del Hijo de Dios, a la condición de un hombre maduro, a la medida de la estatura de la plenitud de Cristo; para que ya no seamos niños, sacudidos por las olas y llevados de aquí para allá por todo viento de doctrina, por la astucia de los hombres, por las artimañas engañosas del error.

Primeramente, observa que Cristo es el dador de dones. Específicamente, es el Cristo ascendido, que está sentado a la derecha del Padre y reina sobre todas las cosas por el bien de la iglesia, quien da dones a Su iglesia. Pablo cita aquí el Salmo 68. En el Salmo 68, David representa a Dios como un conquistador que lleva a los cautivos en Su tren. Pablo nos dice que este salmo se refiere a Jesús. Jesús es identificado como el Señor que ha vencido a Sus enemigos. El fruto de la victoria de Jesús sobre el pecado y la muerte es Su entrega de dones a los hombres.[2] De modo que, para pensar bíblicamente en los dones, debemos considerar primero al Dador de esos dones, Jesús.

En el capítulo 2, observamos que Jesús "contiene en Sí mismo, por eminencia, todos los oficios de la iglesia". Es por esta razón que las Escrituras llaman a Jesús "apóstol" (Heb 3:1), "pastor" (Jn 10:11) y "obispo" (1P 2:25).[3] Por tanto, nunca podemos separar el oficio y los dones para el oficio del Señor Jesucristo.

Segundo, nota que todos los creyentes se benefician de estos dones. En Efesios 4:7, Pablo dice que "la gracia nos fue dada a cada uno de nosotros según la medida del don de Cristo". En los versículos

---

[2] En otro lugar, Pablo nos dice que "en la iglesia, Dios ha designado" diversos dones (1Co 12:28), y que "a cada uno se le da la manifestación del Espíritu para el bien común" (1Co 12:7). Por tanto, la distribución de dones a la iglesia es una obra única del Dios trino.

[3] Robinson, *The Church of God*, 62.

13 y 14, Pablo enfatiza que cada creyente se beneficia de los dones que Cristo ha dado a la iglesia. ¿Cuáles son algunos de estos beneficios? Pablo menciona la unidad de la iglesia, el conocimiento de Cristo, la madurez, la firmeza espiritual y la protección contra el engaño y la astucia. Ningún creyente posee todos los dones, pero todo creyente se beneficia de todos los dones.

Tercero, nota, en el versículo 7, que Cristo reparte ciertos dones a ciertos creyentes.[4] No hay motivo para los celos en la iglesia con respecto a los dones espirituales. Si Cristo me ha dado cierto don, o me ha retenido cierto don, entonces sé las siguientes tres cosas: (1) No merezco ningún don. Por definición, un don es algo "regalado". Si no tengo un don particular, no tengo motivo de queja. Si tengo un don particular, tengo toda la razón para ser humilde y estar agradecido (ver Ro 12:3-6). (2) Cristo es la Cabeza y el Rey de Su iglesia, y no yo. Él es quien decide qué personas recibirán qué dones. (3) Cristo me ha asegurado que mis compañeros creyentes y yo, nos beneficiaremos del don espiritual de mi hermano.

Cuarto, Pablo nos dice aquí cuáles son algunos de estos dones. Son "apóstoles, profetas, evangelistas, pastores y maestros" (v 11). En otras palabras, estos dones son individuos particulares a quienes Cristo ha dotado y llamado a servir a la iglesia de una manera particular. Cada uno de estos dones que Pablo menciona en el versículo 11 tiene algo que ver con la Palabra de Dios. Entonces, Cristo dispone de estos dones para la iglesia, para ministrar la Palabra de Dios a todo el cuerpo. Hemos visto que el propósito de la provisión de estos dones es edificar el cuerpo en madurez y firmeza.

De hecho, Pablo habla de los dones en otros lugares (Ro 12:3-8; 1Co 12:1-31). Pero no todos los dones implican lo que llamamos un "oficio eclesiástico".[5] ¿Cómo podemos saber qué dones implican un oficio y cuáles no? Una forma de saberlo es comparando las listas de dones bíblicos con el patrón de ejercicio de estos dones en el Nuevo Testamento. Cuando observamos el Nuevo Testamento, vemos que ciertos dones debían ejercerse simplemente dentro de la iglesia sin

---

[4] Ver también 1 Corintios 12:11: "Todas estas cosas las hace uno y el mismo Espíritu, distribuyendo individualmente a cada uno según la voluntad de Él".

[5] Murray, "*Office in the Church*", 2:38.

necesidad de un reconocimiento eclesiástico formal. Sin embargo, otros dones requieren que la iglesia reconozca y distinga a la persona que posee esos dones.[6] Más adelante, al hablar de la ordenación, examinaremos más a fondo este reconocimiento.

No hay ningún indicio en el Nuevo Testamento de que una persona tenga una posición espiritual más alta o más baja por poseer o carecer de ciertos dones para el ejercicio de un oficio en la iglesia. La idea de que los oficiales de la iglesia son una casta de personas separadas de la iglesia y que están por encima de ella, o que tienen un acceso más cercano a Cristo en virtud de su oficio es ajena a las Escrituras. Los oficiales de la iglesia siguen siendo parte de la iglesia y son "uno en Cristo Jesús" con sus hermanos creyentes (Ga 3:28).

Al mismo tiempo, el Nuevo Testamento llama a la iglesia a honrar a los oficiales de la iglesia. Esta responsabilidad se debe en parte a que el oficial de la iglesia tiene autoridad para ejercer su cargo. Los creyentes deben "reconocer a los que con diligencia trabajan entre vosotros, y os dirigen en el Señor y os instruyen, y a tenerlos en muy alta estima con amor, por causa de su trabajo" (1Ts 5:12-13). Algunas veces el oficial caerá por debajo de los altos estándares de su llamado como oficial de la iglesia. Aun así, debido al honor de Cristo que da el don, y debido a la autoridad que Cristo confía a la persona dotada en relación con su oficio, ese individuo y ese oficio deben ser tratados con respeto.[7]

Oficio extraordinario y ordinario

¿Tiene la iglesia del siglo veintiuno todos los oficios mencionados en el Nuevo Testamento? Si un oficio es mencionado en el Nuevo

---

[6] Ver John MacPherson, *Presbyterianism* [*Presbiterianismo*] (Edimburgo: T&T Clark, s.f.), 23; Edmund P. Clowney, *The Church* [*La iglesia*] (Downers Grove, IL: InterVarsity, 1995), 208-210.

[7] Un ejemplo esclarecedor de este contraste se encuentra en Hechos 23:1-5. Cuando el sumo sacerdote Ananías "ordenó a los que estaban junto a [Pablo], que lo golpearan en la boca", Pablo dice: "¡Dios te golpeará a ti, pared blanqueada! ¿Te sientas tú para juzgarme conforme a la ley, y violas la ley ordenando que me golpeen?" (v 2-3). Cuando Pablo es informado de que Ananías es el sumo sacerdote de Dios, reconoce su ignorancia del hecho y cita Éxodo 22:28: "No hablarás mal de una de las autoridades de tu pueblo" (v 4-5). En otras palabras, si Pablo hubiera conocido la condición de sumo sacerdote de Ananías, se habría dirigido a él de otra manera, aunque Ananías hubiera actuado en contra de la ley de Dios.

Testamento, ¿significa eso que debemos tener ese oficio en la iglesia hoy? Para entender la enseñanza del Nuevo Testamento sobre los oficios, es crítico comprender la distinción bíblica entre los *oficios ordinarios* y los *oficios extraordinarios*. En otras palabras, Dios quiso que ciertos oficios bíblicos fueran permanentes y otros temporales. Los oficios permanentes se llaman *ordinarios*. Los oficios temporales se llaman *extraordinarios*. En primer lugar, examinaremos este segundo tipo de oficio.

Oficio extraordinario.

El Nuevo Testamento identifica dos oficios que son extraordinarios o temporales: los de apóstol y de profeta. Estos oficios cumplieron hace mucho tiempo los propósitos para los que Jesús los había previsto. Por esta razón, estos oficios no son oficios continuos en la iglesia de Jesucristo.

El *Libro del Orden de la Iglesia* de la PCA plantea el asunto de esta manera:

> En el Nuevo Testamento, nuestro Señor al principio reunió a Su pueblo de diferentes naciones, y los unió a la casa de la fe por el ministerio de oficiales extraordinarios que recibieron dones extraordinarios del Espíritu, y que fueron agentes por los que Dios completó Su revelación a Su Iglesia. Tales oficiales y dones relacionados con la nueva revelación no tienen sucesores desde que Dios completó Su revelación al concluir la era apostólica.[8]

Los apóstoles y profetas eran oficiales a los que Cristo había provisto de dones de revelación. Como vimos en el capítulo 2, la intención de Jesús era que los apóstoles y los profetas sirvieran de fundamento único sobre el que se edificaría la iglesia en épocas sucesivas (ver Ef 2:20). Este fundamento, observamos, son las Escrituras del Nuevo Testamento, las que, junto con las Escrituras del Antiguo Testamento, son la base de la fe y la vida de la iglesia.

---

[8] *BCO* 7-1.

Esta consumación de las Escrituras significó que "el trabajo de los apóstoles estaba terminado y sus dones peculiares ya no eran necesarios".[9] Lo mismo puede decirse de los profetas, cuyos dones también eran de revelación y, por tanto, cesaron cuando se completó el canon de las Escrituras.[10] El cese de estos dos oficios se confirma por la ausencia de cualquier disposición en el Nuevo Testamento para su sucesión. Ningún apóstol en el Nuevo Testamento "ordena sucesores".[11] Lo mismo puede decirse de los profetas en el Nuevo Testamento. Como veremos más adelante, el Nuevo Testamento nos muestra que lo que llamaremos oficiales "ordinarios" son los que deben continuar siendo ordenados para el servicio en la iglesia.

A veces en la iglesia contemporánea vemos líderes que llevan el título de "apóstol" o "profeta". Sin embargo, el testimonio de la Escritura es que el oficio bíblico de apóstol y el oficio bíblico de profeta han cesado. ¿Significa eso que la iglesia está en desventaja? No, Jesús ha hecho provisión en las Escrituras para lo que se ha llamado los oficios ordinarios de la iglesia. Él capacita y llama a los hombres a estos oficios, y continuará haciéndolo hasta Su regreso en gloria.

Oficio ordinario.

Entonces, ¿cuáles son los oficios ordinarios de la iglesia? MacPherson ofrece una definición útil: "Los oficios ordinarios son aquellos cuyas funciones no presuponen ninguna circunstancia especial o peculiar de la vida de la iglesia, sino que son indispensables tanto en épocas posteriores como anteriores".[12] Según el Nuevo Testamento, ¿cuáles son estos oficios?

---

[9] J. Aspinwall Hodge, *What Is Presbyterian Law as Defined by the Church Courts? [¿Qué es el Derecho Presbiteriano según lo definen los Tribunales Eclesiásticos?]* 7th ed., rev. and enl. (Filadelfia: Presbyterian Board of Publication and Sabbath-School Work, 1884), 42. Ver la misma línea de razonamiento en MacPherson, *Presbyterianism*, 34. Para una discusión mucho más extensa de este mismo punto, ver James Bannerman, *The Church of Christ: A Treatise on the Nature, Powers, Ordinances, Discipline and Government of the Christian Church* [*La Iglesia de Cristo: Tratado sobre la naturaleza, poderes, ordenanzas, disciplina y gobierno de la iglesia cristiana*], 2 vols. (Londres: Banner of Truth Trust, 1960), 2:214-44.

[10] "Pregunta: ¿Por qué han cesado [los profetas]? Respuesta: La iglesia tiene la Palabra de Dios completa", en Hodge, *What Is Presbyterian Law*, 43.

[11] Ibid.

[12] MacPherson, *Presbyterianism*, 34.

1. ¿Dos o tres oficios?

Los presbiterianos no se han puesto de acuerdo respecto a esta pregunta. Algunos presbiterianos han argumentado que las Escrituras reconocen dos oficios ordinarios: anciano y diácono. Esta es la interpretación del oficio reflejada en el *Libro de Orden de la Iglesia* de la PCA, y tiene una representación histórica particularmente fuerte en la Iglesia Presbiteriana del Sur.[13] El "punto de vista de los dos oficios" argumenta, además, que dentro del único oficio de anciano hay dos órdenes, el anciano docente y el anciano gobernante. Tanto el anciano docente como el anciano gobernante son ancianos. Son distintos con respecto a ciertas funciones, pero no con respecto al oficio.[14]

Otros presbiterianos han argumentado que las Escrituras reconocen tres oficios ordinarios: ministro, anciano y diácono. Este entendimiento del oficio tiene una representación histórica particularmente fuerte en la Iglesia Presbiteriana del Norte, y entre los evangélicos británicos.[15] El "punto de vista de tres oficios" concuerda

---

[13] BCO 7-2: "Las clases de oficios ordinarios y perpetuos en la iglesia son los ancianos y los diáconos". Ver también BCO 8-5, 8-8, 8-9. En apoyo de esta opinión, ver James Henley Thornwell, "The Ruling Elder" ["El anciano gobernante"], "The Ruling Elder a Presbyter" ["El anciano gobernante un presbítero"], "Resolutions as to the Eldership" ["Resoluciones sobre el cuerpo de ancianos"] y "Presbyterianism and the Eldership" ["El presbiterianismo y el cuerpo de ancianos"], en *Collected Writings of James Henley Thornwell* [*Escritos recopilados de James Henley Thornwell*], 4 vols. John B. Adger y John L. Girardeau (1871-73; repr., Edimburgo: Banner of Truth Trust, 1974), 4:43-142; Robert L. Dabney, "Theories of the Eldership" ["Teorías sobre el cuerpo de ancianos"], en Dabney, *Discussions: Evangelical and Theological* [*Debates: Evangélicos y teológicos*] (Richmond, VA: Presbyterian Committee of Publication, 1891; repr. Edimburgo: Banner of Truth, 1967), 2:119-157; Thomas E. Peck, Notes on Ecclesiology [Notas sobre eclesiología] (Richmond, VA: Presbyterian Committee of Publication, 1892; repr., Greenville, SC: Presbyterian Press, 2005), 179-186.

[14] Para una defensa contemporánea de esta posición, ver George W. Knight III, "Two Offices and Two Orders of Elders," ["Dos oficios y dos órdenes de ancianos"] en *Pressing toward the Mark: Essays Commemorating Fifty Years of the Orthodox Presbyterian Church* [*Presionando hacia la meta: Ensayos conmemorativos de los cincuenta años de la Iglesia Presbiteriana Ortodoxa*], ed. C. G. Dennison y C. G. Dennon. C. G. Dennison y R. C. Gamble (Filadelfia: The Committee for the Historian of the Orthodox Presbyterian Church, 1986), 22-32. Ver también el "Report of the Ad-Interim Committee on Number of Offices" *["Informe de la comisión ad interim sobre el número de oficios"*], repr. in PCA Digest Position Papers (1973-1993), Part V, ed. P. R. Gilchrist (Filadelfia: The Committee for the Historial of the Orthodox Presbyterian Church, 1986), 22-32. P. R. Gilchrist (Atlanta: Office of the Stated Clerk of the General Assembly of the Presbyterian Church in America, 1993), 455-497.

[15] En apoyo de esta postura, ver Charles Hodge, *Discussions in Church Polity*: De los contrinuyentes de la *"Princeton Review"* (Nueva York: Charles Scribner's Sons, 1878), 118-133, 262-299; el pastor presbiteriano del sur Thomas Smyth, "The Name, Nature and

con el punto de vista de dos oficios en el sentido de que el oficio de diácono es un oficio por derecho propio. Difiere del punto de vista de dos oficios al decir que el ministro (anciano docente) y el anciano gobernante son dos oficios separados, no dos órdenes del mismo oficio.

La literatura sobre este tema es abundante y el debate se ha vuelto a veces acalorado y polarizado. El celo por cada posición, observa George Knight, ha llevado a veces a las partes a los extremos: algunos defensores de los tres cargos han argumentado que los ancianos gobernantes no tienen ninguna responsabilidad de enseñanza, mientras que algunos defensores de los dos cargos han argumentado que no hay ninguna distinción funcional entre el anciano docente y el anciano gobernante.[16]

Las implicaciones prácticas de cada posición tampoco están claras para todos. Robert S. Rayburn, partidario de los tres oficios, considera que ciertos aspectos del sistema de gobierno de la PCA (cuyo *Libro de Orden de la Iglesia*, según observamos, defiende el punto de vista de los dos oficios) son incompatibles con el punto de vista de los dos oficios.[17] El desacuerdo pone de manifiesto el hecho de que la adopción de una teoría no conduce necesariamente a resultados prácticos definidos.

Lo que complica las cosas es que cada posición hace apelaciones plausibles a las Escrituras. Los defensores de los dos cargos apelan al

---

Function of Ruling Elders" ["Nombre, naturaleza y función de los ancianos gobernantes"] en *Complete Works of Rev. Thomas Smyth* [*Obras completas del reverendo Thomas Smyth*], D.D., ed. J. Wm. Flinn, 10 vols. (Columbia, SC: R. L. Bryan, 1908), 4:13–164; Smyth, "Theories of the Eldership (I)" ["Teorías sobre el ancianato (I)"], in ibid., 4:167–275; Smyth, "Theories of the Eldership (II)" ["Teorías sobre el ancianato (II)"] in ibid., 4:277–358; Smyth, "Ecclesiastical Catechism" ["Catecismo eclesiástico"], en ibid., 4:435–519. Para información más reciente, ver los ensayos de Mark R. Brown, ed., *Order in the Offices: Essays Defining the Roles of Church Officers* [*Orden en los oficios: Ensayos sobre las funciones de los cargos eclesiásticos*] (Duncansville, PA: Classic Presbyterian Government Resources, 1993); Clowney, *The Church* (La Iglesia), 210-212; Donald MacLeod, *Priorities for the Church: Rediscovering Leadership and Vision in the Church* [*Prioridades para la iglesia: Redescubrir el liderazgo y la visión en la iglesia*] (Fearn, Ross-shire: Christian Focus Publications, 2003), 41-56; Iain Murray, "The Problem of the 'Elders'" ["El problema de los 'ancianos'"], en *A Scottish Christian Heritage* [*Una herencia cristiana escocesa*] (Edimburgo: Banner of Truth, 2006), 339-66.

[16] Knight, *"Two Offices and Two Orders"*, 23-24.

[17] Robert S. Rayburn, "Ministers, Elders, and Deacons" ["Ministros, ancianos y diáconos"], en Brown, *Order in the Offices*, 222-223.

hecho de que las Escrituras utilizan solo dos títulos de cargos en la iglesia: anciano y diácono. Los defensores de los tres oficios apelan al hecho de que las Escrituras describen los oficios de la iglesia en términos de tres funciones: enseñar, gobernar y servir.[18] Una figura tan destacada como el presbiteriano escocés William Cunningham, que estudió con interés los debates del siglo diecinueve sobre este asunto, confesó: "Nunca he sido capaz de decidirme por completo en cuanto a las bases precisas sobre las que se deben mantener y defender el oficio y las funciones del anciano gobernante".[19] A la luz de las diferencias históricas entre los presbiterianos y las dificultades expresadas por éstos sobre este tema, la humildad y la virtud de la caridad son especialmente necesarias.

No es el propósito de este libro entrar en estos debates en detalle. Estoy de acuerdo con el punto de vista de los dos oficios reflejado en el *Libro de Orden de la Iglesia* de la PCA. Más adelante consideraremos cuáles son algunas de las diferencias funcionales entre los dos órdenes de ancianos: docentes y gobernantes. Por ahora, ¿cuál es la base bíblica para argumentar la posición de que el anciano docente y el anciano gobernante son dos órdenes del mismo oficio de anciano?

El texto que representa más claramente esta distinción es 1 Timoteo 5:17: "Los ancianos que gobiernan bien sean considerados dignos de doble honor, principalmente los que trabajan en la predicación y en la enseñanza". Pablo le está diciendo a Timoteo que todos los ancianos están llamados a gobernar. Sin embargo, algunos ancianos están llamados a trabajar "en la predicación y en la enseñanza".[20] Pablo no está diciendo que algunos ancianos enseñen

---

[18] Ibid.

[19] Citado por Iain Murray, "Ruling Elders-A Sketch of a Controversy" ["Ancianos gobernantes: esbozo de una controversia"], en Brown, *Order in the Offices*, 160. Cunningham, continúa la cita, sostenía la posición de los dos oficios, pero confesó haber sido "sacudido en [su] apego a esta teoría" por su interacción con el proponente de los tres oficios, Charles Hodge (160-161). La cita procede de A. A. Hodge, *The Life of Charles Hodge* [*La vida de Charles Hodge*] (Londres: T. Nelson and Sons, 1881), 425.

[20] Vale la pena señalar una dificultad léxica en relación con 1 Timoteo 5:17. La LBLA y la NBLA traducen la palabra griega *malista* como "principalmente", RVR60 la traduce como "mayormente". Algunos comentaristas han argumentado que la palabra *malista* debería traducirse como "es decir", u "o sea". George Knight argumenta que traducir la palabra *malista* como "es decir" no necesariamente descalifica a 1 Timoteo 5:17 como un texto que apoya el punto de vista de los dos oficios: "Con la traducción 'es decir', se especifica explícitamente a los que trabajan duro en la predicación y la enseñanza como el grupo

y otros no. Ya le dijo a Timoteo que todo anciano debe ser "apto para enseñar" (3:2). Entonces, ¿cuál es la distinción entre un grupo de ancianos y el otro grupo de ancianos? Si no es gobernar o enseñar, ¿qué es? La distinción es que "entre los ancianos, hay aquellos dotados singularmente por Dios con el llamado a enseñar la palabra y como tales merecen una remuneración por su ministerio".[21] Hay una cierta clase de anciano (el "anciano docente" o ministro) que ha sido dotado y llamado a servir a la iglesia a tiempo completo en la obra de gobernar y enseñar, y que es remunerado por sus labores ministeriales. Que estos ancianos en particular deben recibir una remuneración es evidente por lo que dice Pablo en el siguiente versículo: "Porque la Escritura dice: 'No pondrás bozal al buey cuando trilla', y: 'El obrero es digno de su salario'" (5:18).

Recordemos el patrón que observamos en el capítulo 3: las congregaciones son gobernadas por una pluralidad de ancianos, a quienes han elegido para servirles. Estos ancianos están llamados a pastorear o gobernar la congregación. Parte de la responsabilidad pastoral de los ancianos, conjunta y separadamente, es "retener la palabra fiel que es conforme a la enseñanza, para que sea capaz también de exhortar con sana doctrina y refutar a los que contradicen" (Tit 1:9). Lo que Pablo nos dice en 1 Timoteo 5:17 es que hay ciertos ancianos que gobiernan y enseñan en la medida en que se les paga por su servicio. En palabras del *Libro de Orden de la Iglesia* de la PCA, "los ancianos tienen conjuntamente el gobierno y la supervisión espiritual de la iglesia, incluyendo la enseñanza. Solo aquellos ancianos que están especialmente dotados, llamados y entrenados por Dios para predicar pueden servir como ancianos docentes".[22] Por estas razones, es preferible considerar al ministro como una orden del oficio de anciano, en lugar de un oficio distinto del oficio de anciano.

---

que debe ser considerado digno de doble honor... La designación de algunos entre los ancianos como 'los que trabajan duro en la predicación y la enseñanza' como un grupo distinguible entre los ancianos sigue siendo la enseñanza del pasaje en cualquiera de los dos entendimientos de *malista*", "Two Offices and Two Orders", 31-32n2.

[21] Knight, "Two Offices and Two Orders of Elders", 28.
[22] *BCO* 7-2.

2. ¿Y qué de los "obispos"?

Algunos lectores se hacen una pregunta en este punto: "¿Y los obispos?". Si fuiste criado en ciertas denominaciones, es posible que hayas tenido oficiales de la iglesia llamados "obispos". Cuando yo estaba creciendo en la Iglesia Luterana en América[23] (LCA, por sus siglas en inglés; luego Iglesia Evangélica Luterana en América, ELCA), nuestra congregación fue atendida por un pastor. Sobre el pastor había un obispo. Al obispo se le asignó la responsabilidad pastoral sobre los pastores y las congregaciones de su región. Cada año, más o menos, el obispo visitaba la iglesia, predicaba y se reunía con la congregación.

Si creciste en la Iglesia Metodista, Episcopal, Metodista Episcopal Africana, Luterana o Católica Romana, entonces estás familiarizado con los obispos. La palabra "episcopal", de hecho, proviene de la palabra griega que a menudo se traduce como "obispo" o "supervisor". En estas denominaciones "jerárquicas", el ministro pastorea la congregación, mientras que el obispo pastorea a los pastores. En algunos organismos eclesiásticos, solo el obispo tiene el poder de ordenar pastores para el ministerio.

Recuerda nuestra discusión del capítulo 3. Allí vimos que el poder de la disciplina en la iglesia es "conjunto". En otras palabras, la disciplina nunca es ejercida por un anciano que actúa por sí mismo ("separadamente"). La disciplina siempre es ejercida por los ancianos que actúan juntos ("conjuntamente"). Tenemos razón al sospechar de una afirmación de que tal responsabilidad pastoral resida en una sola persona, el obispo.

Cuando volvemos al Nuevo Testamento, encontramos que la Escritura no establece un oficio de "obispo" independientemente del oficio de "anciano". Esto no se debe a que el Nuevo Testamento no hable de "obispos" o "supervisores", sí lo hace. Sin embargo, cuando el Nuevo Testamento habla de "supervisores", está describiendo al anciano. En otras palabras, "supervisor" es uno de los títulos bíblicos para el anciano. Ayuda al anciano a entender que parte de su llamado es supervisar espiritualmente a la congregación.

---

[23] Entender América como Estados Unidos de América.

¿Dónde vemos esto en las Escrituras? Veamos dos ejemplos. Primero, considera el discurso de Pablo a los ancianos en Efeso en Hechos 20. Leemos en Hechos 20:17: "Y [Pablo] llamó a los *ancianos* de la iglesia" (énfasis mío). Dirigiéndose a este mismo grupo de hombres, dice en Hechos 20:28: "Tened cuidado de vosotros y de toda la grey, en medio de la cual el Espíritu Santo os ha hecho *obispos* para pastorear la iglesia de Dios" (énfasis mío). Entonces, las Escrituras describen el mismo grupo de oficiales usando dos títulos: "anciano" y "obispo". Por tanto, estos términos no denotan dos oficios diferentes.

En Tito 1, Pablo está dando consejo a Tito en asuntos relacionados con el gobierno de la iglesia. Él le dice en Tito 1:5 que "designe *ancianos* en cada ciudad como le había mandado" (énfasis mío). Pablo entonces procede a darle a Tito una lista de calificaciones para ese oficio. Él dice en el versículo 7: "Porque el *obispo* debe ser irreprensible como administrador de Dios" (énfasis mío). Una vez más, "anciano" y "obispo" son términos que describen el mismo oficio.

En un libro reciente sobre el tema del gobierno de la iglesia, un teólogo anglicano que defiende la autoridad de las Escrituras afirma: "Como es sabido, al principio de la era apostólica, el presbítero y el obispo parecían ser la misma persona".[24] Este autor procede a defender el cargo separado del obispo dentro de la iglesia basándose en los desarrollos de la historia de la iglesia después del cierre del Nuevo Testamento. Esta línea de defensa nos recuerda una pregunta que exploramos en el capítulo 2: ¿El gobierno de la iglesia es "por derecho divino" (*jure divino*), o "por derecho humano" (*jure humano*)? Los presbiterianos y los anglicanos pueden estar de acuerdo en que el Nuevo Testamento no enseña un oficio distinto de "obispo". Difieren en las implicaciones que extraen de esta observación. Los presbiterianos concluyen a partir del gobierno *jure divino* de las Escrituras, que en ningún momento de la vida de la iglesia se debe introducir el oficio de "obispo" en la iglesia. Lo hacen debido a su convicción de que el gobierno de la iglesia es dado por Cristo en las Escrituras, y que la iglesia no tiene ninguna orden para agregar o quitar a ese gobierno.

---

[24] Roger Beckwith, *Elders in Every City: The Origin and Role of the Ordained Ministry* [*Ancianos en cada ciudad: Origen y función del ministerio ordenado*] (Carlisle, UK/Waynesboro, GA: Paternoster, 2003), 11.

3. Anciano docente y anciano gobernante

Hemos visto que los presbiterianos entienden que al menos un oficio continúa en la vida de la iglesia: el de anciano. Concluyen que este oficio es perpetuo porque la Escritura enumera expresamente las calificaciones y deberes del anciano (1 Ti 3; Tit 1), y lo hace de tal manera que ordena la vida de la iglesia hasta el regreso de Cristo.[25]

También hemos argumentado que el punto de vista de dos oficios representa mejor el entendimiento del Nuevo Testamento sobre el gobierno de ancianos. Pero, aún nos queda una pregunta. ¿En qué se parecen las dos órdenes de ancianos (anciano docente, anciano gobernante)? ¿En qué se diferencian?

El *Libro del Orden de la Iglesia* de la PCA resume de manera útil las responsabilidades bíblicas del anciano.

Dado que [el anciano] está a cargo de la supervisión del rebaño de Cristo, se le denomina obispo o pastor. Dado que tiene el deber de ser sobrio y prudente, un ejemplo para el rebaño, y de gobernar bien en la casa y el Reino de Cristo, se le llama presbítero o anciano. Dado que expone la Palabra y, mediante la sana doctrina, exhorta y convence a los creyentes, se le denomina maestro. Estos títulos no indican diferentes grados de oficio, sino que todos describen un mismo oficio.[26]

Entonces, todos los ancianos son llamados a supervisar la iglesia, a gobernar la iglesia y a enseñar la iglesia. No haremos aquí una exposición de las responsabilidades de los ancianos.[27] Sin embargo, es

---

[25] Y por eso Pablo le dice a Timoteo, después de dar las calificaciones y los deberes tanto de los ancianos (3:1-7) como de los diáconos (3:8-13): "Te escribo estas cosas... para que sepas cómo debe conducirse uno en la casa de Dios, que es la iglesia del Dios vivo, columna y sostén de la verdad" (1 Ti 3:14-15).

[26] BCO 8–1.

[27] Ver Timothy Z. Witmer, *The Shepherd Leader: Achieving Effective Shepherding in Your Church* [*El líder pastor: Cómo lograr un pastoreo eficaz en su iglesia*] (Phillipsburg, NJ: P&R Publishing, 2010); Cornelis Van Dam, *The Elder: Today's Ministry Rooted in All of Scripture* [*El Anciano: El ministerio de hoy enraizado en toda la Escritura*] (Phillipsburg, NJ: P&R Publishing, 2009). Otros materiales útiles sobre el rol del anciano son Jerram Barrs, *Shepherds and Sheep: A Biblical View of Leading and Following* [*Pastores y ovejas: Una visión bíblica del liderazgo y el seguimiento*] (Downers Grove, IL: InterVarsity, 1983); Gerard Berghoef y Lester De Koster, *The Elders Handbook: A Practical Guide for Church Leaders* [*Manual del anciano: Guía práctica*

importante subrayar que los ancianos están llamados a servir junto al ministro para gobernar y pastorear el rebaño. El anciano es un oficio pastoral, y los ancianos gobernantes están llamados a desempeñar un papel importante en el cuidado espiritual de la congregación.

El ministro es a veces llamado *primus inter pares* ("el primero entre iguales") con relación a los ancianos con quienes sirve en el consistorio. Esta descripción es apropiada en la medida en que describe el llamado del ministro a proveer liderazgo y dirección al consistorio en sus esfuerzos comunes como ancianos. Sin embargo, el ministro no pertenece a un rango más alto que el del anciano gobernante. Es un "anciano como ellos" (ver 1P 5:1).

Una forma en que la paridad entre los ancianos se refleja en la Iglesia Presbiteriana en América, es en el requisito de su *Libro de Orden de la Iglesia* de que ningún tribunal de la iglesia (consistorio, presbiterio o Asamblea General) puede reunirse para ocuparse de los asuntos de la iglesia sin la presencia de un número determinado de participantes que sean ancianos gobernantes.[28] A menudo, los tribunales de la iglesia requieren que los ancianos gobernantes sean miembros y participen en sus comités y comisiones. Todas estas son formas de subrayar que los ancianos gobernantes y los ancianos docentes están llamados a servir juntos en un cargo común.

Esto no quiere decir que no haya diferencia entre el anciano docente y el anciano gobernante. Son dos órdenes distintos dentro del mismo oficio. Por tanto, esperamos que haya ciertas diferencias funcionales entre el anciano docente y el anciano gobernante. ¿Cuáles son? Podemos observar al menos cuatro diferencias que se reflejan en la política de la Iglesia Presbiteriana en América. En primer lugar, los candidatos a anciano docente deben poseer ciertas credenciales

---

para dirigentes eclesiásticos] (Grand Rapids: Christian's Library, 1979); David Dickson, *The Elder and His Work* [*El anciano y su trabajo*], ed. G. K. McFarland. G. K. McFarland y P. G. Ryken (Phillipsburg, NJ: P&R Publishing, 2004); Samuel Miller, *The Ruling Elder* [*El anciano gobernante*] (1832; Dallas, TX: Presbyterian Heritage, 1987); John R. Sittema, *With a Shepherd's Heart: Reclaiming the Pastoral Office of Elder* [*Con corazón de pastor: Recuperar el oficio pastoral del anciano*] (Grandville, MI: Reformed Fellowship, 1995); Alexander Strauch, *Biblical Eldership: An Urgent Call to Restore Biblical Church Leadership* [*El ancianato bíblico: Un llamado urgente a restaurar el liderazgo bíblico de la iglesia*], 3ª ed. (Littleton, CO: Lewis and Witten, 1995). (Littleton, CO: Lewis and Roth, 1995).

[28] Ver *BCO* 12-1, 13-4, 14-5.

educativas antes de ser admitidos al ministerio. Estas rigurosas credenciales educativas no se exigen a los ancianos gobernantes.[29] Además, los candidatos a ancianos gobernantes son examinados y aprobados por el consistorio. Los candidatos a ancianos docentes son examinados y aprobados por el presbiterio.[30] En segundo lugar, los ancianos docentes tienen su membresía en el presbiterio, mientras que los ancianos gobernantes tienen su membresía en la congregación local.[31] En tercer lugar, la participación de los ancianos gobernantes en el presbiterio y en la Asamblea General es por delegación de un tribunal inferior, mientras que la participación de los ancianos docentes en el presbiterio y en la Asamblea General no está tan restringida.[32] En cuarto lugar, a los ancianos gobernantes no se les permite administrar los sacramentos del bautismo y la Cena del Señor. Solo los ancianos docentes pueden administrar los sacramentos.[33]

Esta última distinción, en particular, merece una mayor reflexión. Algunos se preguntan si esta restricción no rompe con la paridad bíblica del cuerpo de ancianos. ¿No es esto hacer que los ancianos gobernantes estén subordinados a los ancianos docentes? ¿Cuál es la razón bíblica para restringir la administración de los sacramentos a los ancianos docentes solamente?

En primer lugar, debemos observar que esta práctica está estipulada tanto en las formas de gobierno de muchas denominaciones presbiterianas como en los Estándares de Westminster. Desde luego, este hecho no resuelve la pregunta. Sin embargo, significa que aquellos que instan a permitir que los ancianos gobernantes administren los sacramentos deben reconocer que están difiriendo con un consenso amplio y de larga data sobre la enseñanza de las Escrituras en este punto.[34]

---

[29] *BCO* 21-4, 24-1.

[30] Ibid.

[31] *BCO* 13-1, 2; ver también *The Book of Church Order of the Orthodox Presbyterian Church* [*El Libro de Orden de la Iglesia Presbiteriana Ortodoxa*] (Willow Grove, PA: The Committee on Christian Education of the Orthodox Presbyterian Church, 2005), 6.7.

[32] *BCO* 13-1, 14-2. Abordaremos el tema de los tribunales superiores de la iglesia en el capítulo 5.

[33] *BCO* 56-1, 58-4. Esta restricción también se establece expresamente en los Estándares de Westminster; ver CFW 27.4, CMaW 176.

[34] "Report of the Ad-Interim Committee on Number of Offices" [Informe del Comité Ad-

¿Restringir la administración de los sacramentos a los ancianos docentes es incompatible con la paridad del cuerpo de ancianos? No lo es. Primero, recuerda que el punto de vista de los dos oficios reconoce dos órdenes dentro del único oficio de anciano. La distinción no es de oficio. La distinción es de función. Por tanto, debe haber alguna función o funciones que distingan al anciano docente del anciano gobernante. Lejos de socavar la paridad del cuerpo de ancianos, tal función distintiva es necesaria para mantener alguna diferencia entre el anciano docente y el gobernante.

Segundo, recuerda que lo que distingue al anciano docente del gobernante es que el anciano docente trabaja en la predicación y la enseñanza, y es apoyado en ello por la iglesia. Los ancianos gobernantes deben ser capaces de enseñar y, cuando son llamados, realmente enseñan. Sin embargo, no llevan la carga del ministerio público regular de la Palabra.

Tercero, la Escritura no solo vincula los sacramentos a la Palabra de Dios, sino que también vincula la administración de los sacramentos a los que ministran la Palabra de Dios. Por ejemplo, Jesús confió tanto el bautismo (Mt 28) como la Cena del Señor (Mt 26) a los apóstoles, a quienes llamó a trabajar a tiempo completo en el ministerio de la Palabra de Dios. Ciertamente, el oficio de apóstol ha cesado en la iglesia. Sin embargo, tenemos en la iglesia oficiales no apostólicos a quienes Cristo ha llamado a trabajar a tiempo completo en el ministerio de la Palabra. En nuestro lugar en la historia redentora, entonces, podemos concluir análogamente de Mateo 28 y Mateo 26 que los ministros son los únicos que deben administrar los sacramentos.

Cuarto, las Escrituras no proveen ningún ejemplo de un anciano gobernante que administre el sacramento del bautismo o el sacramento de la Cena del Señor. Cada instancia de la administración de los sacramentos en el Nuevo Testamento es por un ministro. Estos ejemplos confirman el principio enseñado en otras partes del Nuevo Testamento: Cristo ha limitado la administración de los sacramentos a los ancianos docentes solamente.

Si bien esta función dentro del cuerpo de ancianos corresponde

---

Interim sobre el Número de Oficios], 460.

únicamente al anciano docente, es importante no perder de vista el principio subyacente que hemos observado en las Escrituras. Ese principio es que los ancianos de la iglesia son llamados, individual y conjuntamente, a pastorear, gobernar y enseñar a la iglesia. En palabras del *Libro de Orden de la Iglesia* de la PCA: "Siendo los ancianos de una clase de oficio, los ancianos gobernantes poseen la misma autoridad y elegibilidad para el oficio en los tribunales de la iglesia que los ancianos docentes. Además, deben cultivar celosamente su propia aptitud para enseñar la Biblia y deben mejorar en cada oportunidad de hacerlo".[35]

4. ¿Ancianos *temporales*?

¿Qué tiene que decir nuestro estudio de las enseñanzas de las Escrituras con respecto al cuerpo de ancianos acerca de la práctica de lo que comúnmente se llama "cuerpo de ancianos temporal»? John Murray define este tipo de liderazgo como la elección y ordenación de "ancianos gobernantes... en el oficio por un período de tiempo limitado y específico".[36] Si después de su término, este individuo es elegido de nuevo para el oficio de anciano, en algunos casos tendrá que ser ordenado de nuevo. Por otra parte, otros han argumentado que el oficio de anciano es vitalicio. Si un hombre es elegido y ordenado al oficio de anciano, entonces esto implica "la permanencia y el ejercicio del oficio".[37] No se trata de si un oficial puede o no ser depuesto por razones bíblicas. La cuestión se refiere a si el anciano gobernante en particular es limitado o ilimitado con respecto a la duración o el tiempo.

El oficio de anciano temporal tiene un precedente histórico importante en la Iglesia Reformada.[38] El *Libro de Orden de la Iglesia* de la PCA no estipula ni prohíbe el oficio de anciano temporal. En la actualidad, es justo decir que el oficio de anciano temporal se practica

---

[35] *BCO* 8–9.

[36] John Murray, "Arguments against Term Eldership" ["Argumentos contra el Oficio de Anciano Temporal"], en *Collected Writings*, 2:351. El artículo de Murray se ha reimpreso recientemente en el "Apéndice B" de Witmer, *The Shepherd Leader*, 257-264.

[37] Ibid.

[38] Ver ahora el estudio histórico de Van Dam, *The Elder*, 218-222.

ampliamente en las congregaciones de la PCA. De modo que, tanto la práctica histórica como la contemporánea reformada y presbiteriana han dado cabida al oficio de anciano temporal.

Dicho esto, hay algunas objeciones significativas con respecto al anciano temporal. Podemos plantear al menos cuatro. En primer lugar, "cuando un hombre posee ciertas cualidades que lo califican para ser anciano, debemos partir de la suposición de que son permanentes y lo califican permanentemente para el desempeño de las funciones del oficio".[39] En otras palabras, el Nuevo Testamento enseña que la iglesia debe asumir que el otorgamiento de los dones de Dios para el oficio de anciano es permanente. En consecuencia, cuando un hombre calificado ocupa el oficio de anciano, debe permanecer en él mientras sirva fielmente.

Una inquietud relacionada es que el oficio de anciano temporal puede "crear en las mentes de la gente la noción de períodos de prueba".[40] El problema con este punto de vista es que el Nuevo Testamento enfatiza la necesidad de un período de prueba antes de que la congregación pueda elegir a un hombre para el oficio (1 Timoteo 3:10 dice: "Que también [los diáconos] sean sometidos a prueba primero, y si son irreprensibles, que entonces sirvan como diáconos"; 1 Timoteo 5:22a advierte: "No impongas las manos sobre nadie con ligereza"). La prueba o el período de prueba debe preceder al ejercicio del oficio. Sin embargo, el oficio de anciano temporal puede fomentar la comprensión de un período de servicio como la prueba misma. Si la congregación entiende que, al elegir a un hombre para el cargo, están reconociendo los dones espirituales ya existentes para ese cargo, y que se espera que este hombre les sirva con esos dones permanentemente, verán la necesidad de la prueba antes de la elección y no después.

En segundo lugar, no tenemos ni justificación ni ejemplo neotestamentario para el oficio de anciano temporal. Ningún pasaje del Nuevo Testamento ordena, anticipa o ejemplifica esta práctica. Sin duda, podemos tener un ejemplo neotestamentario de un individuo

---

[39] Murray, "Arguments against Term Eldership", 2:353.
[40] Ibid., 2:355.

que deja de lado las funciones de un oficio para asumir las funciones de otro oficio.[41] Felipe, a quien la iglesia de Jerusalén eligió para servir como diácono (Hch 6:1-6), se dice en una ocasión posterior que es un evangelista (Hch 21:8). Dicho esto, este ejemplo no muestra que, aparte de la deposición, se pueda renunciar a un oficio por completo. Lo más que este ejemplo podría mostrar es que uno puede dejar de lado las funciones de un oficio para asumir las funciones de otro.[42]

En tercer lugar, el oficio de anciano temporal altera la paridad del cuerpo de ancianos en un punto en el que el anciano gobernante y el docente están en paridad: "Gobernando en la iglesia de Dios".[43] Si bien los ancianos docentes pueden tomarse un año sabático de sus funciones, reanudan sus funciones sin tener que volver a ser elegidos y ordenados o instalados en el cargo. Nadie cuestiona seriamente el oficio de anciano temporal para los ancianos docentes. Un esquema en el que los ancianos docentes sirven de por vida y los ancianos gobernantes sirven por períodos determinados es desequilibrado y puede sugerir que el oficio de anciano gobernante es de importancia secundaria al de anciano docente.

Este punto tiene una importante implicación práctica para la vida de la iglesia. El oficio de anciano temporal impide que el consistorio tenga la continuidad, la experiencia y la sabiduría que la longevidad en el servicio puede proporcionar al anciano gobernante. Por tanto, el oficio de anciano temporal impide, sin quererlo, que el consistorio se convierta en lo que de otra manera podría llegar a ser.

---

[41] Este ejemplo es planteado por Van Dam, *The Elder*, 224.

[42] J. A. Alexander argumenta que este cambio de oficio fue ocasionado por la extraordinaria circunstancia de la dispersión de la iglesia después de la persecución de Esteban: "Entre los dispersos estaba Felipe", quien parece no haber regresado después de la reorganización de la iglesia en la que fue ordenado diácono. Mientras tanto, había "obtenido para sí una posición honrosa" (1Ti 3:13), y había estado haciendo durante mucho tiempo "el trabajo de un evangelista" (2Ti 4:5)". Alexander ve este oficio de evangelista como uno extraordinario, restringido a la época apostólica de la iglesia. J. A. Alexander, *A Commentary on the Acts of the Apostles* [*Comentario a los Hechos de los Apóstoles*], 2 vols. (Nueva York: Charles Scribner, 1857; repr., Edimburgo: Banner of Truth, 1963), 2:262-63. Según esta lectura, el ejemplo de Felipe no es pertinente para el debate sobre el oficio de anciano temporal.

[43] Murray, "Arguments against Term Eldership", 2:354.

En cuarto lugar, el oficio de anciano temporal amenaza con desequilibrar la relación bíblica entre los oficiales de la iglesia y la congregación. Un sistema de rotación de ancianos se politiza fácilmente. Las elecciones pueden convertirse en referendos de la congregación sobre el desempeño de un anciano en particular o del consistorio en su conjunto. Si esto sucede, el consistorio se ve obstaculizado en su responsabilidad de servir a Cristo en el gobierno de la iglesia. Se le presentan tentaciones para gobernar la iglesia con miras a la aprobación o desaprobación política de la congregación con respecto a su gobierno. Ciertamente, como vimos en el capítulo 3, la congregación tiene el derecho inalienable de elegir a sus funcionarios. Sin embargo, el gobierno mismo está reservado a los ancianos. El oficio de anciano temporal puede permitir involuntariamente que la congregación intervenga en asuntos que Cristo ha reservado sólo para los ancianos.

5. Diácono: El oficio de servicio

El segundo oficio perpetuo u ordinario en la iglesia del Nuevo Testamento es el de diácono. Mientras que el oficio de anciano es un oficio de gobierno, el oficio de diácono es un oficio de servicio.[44] De hecho, la palabra griega de la que proviene "diácono" significa "servidor". Los presbiterianos concluyen que el oficio de diácono es perpetuo porque la Escritura enumera expresamente sus cualificaciones y deberes (1Ti 3), y lo hace de tal manera que ordena la vida de la iglesia hasta el regreso de Cristo. Entonces, los diáconos son necesarios para el bienestar de la vida de la iglesia.

¿Cuál es el origen bíblico del diaconado? Pocos presbiterianos discuten que las Escrituras enseñan que el diaconado es un oficio perpetuo en la iglesia. Sin embargo, los presbiterianos discrepan sobre si Hechos 6:1-6 registra el origen del diaconado en la iglesia. Los principales escritores reformados y presbiterianos a lo largo de los

---

[44] En contextos bautistas, el término "diáconos" describe con frecuencia a las personas que desempeñan las funciones de un anciano. A nosotros nos interesa el uso neotestamentario de este término.

siglos han argumentado que sí.⁴⁵ Otros creen que, aunque el diaconado es un oficio bíblico, Hechos 6 no registra la institución de ese oficio.⁴⁶

Es probable que Hechos 6:1-6 nos informe cuándo y bajo qué circunstancias se estableció el oficio de diácono en la iglesia.

Por aquellos días, al multiplicarse el número de los discípulos, surgió una queja de parte de los judíos helenistas en contra de los judíos nativos, porque sus viudas eran desatendidas en la distribución diaria de los alimentos. Entonces los doce convocaron a la congregación de los discípulos, y dijeron: "No es conveniente que nosotros descuidemos la palabra de Dios para servir mesas. Por tanto, hermanos, escoged de entre vosotros siete hombres de buena reputación, llenos del Espíritu Santo y de sabiduría, a quienes podamos encargar esta tarea. Y nosotros nos entregaremos a la oración y al ministerio de la palabra". Lo propuesto tuvo la aprobación de toda la congregación, y escogieron a Esteban, un hombre lleno de fe y del Espíritu Santo, y a Felipe, a Prócoro, a Nicanor, a Timón, a Parmenas y a Nicolás, un prosélito de Antioquía; a los cuales presentaron ante los apóstoles, y después de orar, pusieron sus manos sobre ellos (Hch 6:1-6).

El motivo de las acciones de los apóstoles que aquí se registran, es la queja de los helenistas, o judíos de habla griega, de que sus "viudas

---

⁴⁵ Peck, *Notes on Ecclesiology*, 207; William D. Killen, *The Framework of the Church: A Treatise on Church Government* [*El marco de la Iglesia: Tratado sobre el gobierno de la Iglesia*] (Edimburgo: T&T Clark, 1890), 303; Thomas Witherow, *The Form of the Christian Temple: Being a Treatise on the Constitution of the New Testament Church* [*La forma del templo cristiano: Tratado sobre la constitución de la iglesia del Nuevo Testamento*] (Edimburgo: T&T Clark, 1889), 82; Alexander T. McGill, *Church Government: A Treatise Compiled from His Lectures in Theological Seminaries* [*Gobierno de la iglesia: Tratado recopilado de sus conferencias en seminarios teológicos*] (Filadelfia: Presbyterian Board of Publication and Sabbath-School Work, 1888), 364 (citando también a Samuel Miller en apoyo de esta opinión). C. N. Willborn cita a John Calvin, John Owen, John Brown (Haddington), John Dick, D. Douglas Bannerman, Louis Berkhof, George W. Knight III y Robert L. Reymond en apoyo de este punto de vista. Por lo tanto, Willborn califica este punto de vista como un "consenso" entre los escritores reformados. "The Deacon: A Divine Right Office with Divine Uses" ["El diácono: Un oficio de derecho divino con usos divinos"] *Confessional Presbyterian* 5 (2009): 185-86.

⁴⁶ El historiador eclesiástico del siglo diecinueve, Mosheim, argumentó que el diaconado surgió antes de los eventos registrados en Hechos 6, ver Killen, *The Framework of the Church*, 303; McGill, *Church Government*, 364. Más recientemente, Clowney ha sugerido que los siete de Hechos 6 eran "asistentes de los ministros de la Palabra, más que oficiales encargados específicamente del ministerio de la misericordia". *The Church*, 213.

eran desatendidas en la distribución diaria" (Hch 6:1). El contexto de esta queja es la práctica de los apóstoles de distribuir los recursos dados a la iglesia en beneficio de los necesitados dentro de la iglesia (ver Hch 4:32-37, especialmente el versículo 35).

La Escritura no culpa a los apóstoles de parcialidad o mala administración. Sin embargo, los apóstoles ven que el *status quo* debe cambiar. La iglesia ha crecido hasta el punto de que los apóstoles reconocen que ya no pueden "predicar... la palabra de Dios" y "servir mesas" (Hch 6:2).

Entonces los apóstoles invitan a la congregación a elegir "siete hombres" que posean cualidades espirituales demostradas. Después de la elección, los apóstoles "designarán", es decir, apartarán a estos hombres con "oración" y con "imposición manos", para el "deber" de "servir mesas", mientras los apóstoles continúan en su ministerio de oración y predicación.

Varios asuntos merecen ser observados en este pasaje. En primer lugar, este pasaje se trata de la institución de un oficio. La congregación elige a siete hombres. Estos hombres deben ser conocidos por poseer ciertos dones espirituales. Una vez elegidos, estos hombres son apartados para su tarea mediante la oración y la imposición de manos. Aunque el título "diácono" o la palabra "oficio" no se utilizan expresamente en Hechos 6:1-6, los conceptos que subyacen a estas palabras están muy presentes. La tarea a la que son llamados estos hombres ("servir a las mesas") se describe utilizando una palabra con la que la palabra "diácono" está muy relacionada.[47] La cualificación, la elección y el apartar a estos hombres apuntan al establecimiento de un oficio en la iglesia.

Segundo, el oficio de diácono es un oficio espiritual. Vemos en Hechos 6 y en 1 Timoteo 3:8-12, que los diáconos deben ser espiritualmente dotados para asumir los deberes y responsabilidades de este oficio. Los diáconos manejan el dinero y ayudan a los pobres y necesitados dentro de la iglesia. La Escritura nos recuerda que esta es una tarea que requiere que un hombre sea dotado especialmente

---

[47] La palabra utilizada aquí es el infinitivo griego *diakonein*. La palabra que Pablo utiliza en 1 Timoteo 3 para describir a estos oficiales es el sustantivo griego *diakonos*. Estas palabras se forman a partir de la misma raíz griega.

por el Espíritu Santo. Sin duda, la iglesia necesita hombres prácticos y sabios en los asuntos temporales. Sin embargo, la iglesia debe asegurarse de que estos hombres demuestren el tipo de sabiduría y el sentido práctico que acompañan y manifiestan la genuina piedad.

Tercero, el trabajo del diácono es una tarea espiritual. La labor a la que los diáconos son llamados aquí no es una obra nueva. Es una labor que se viene realizando desde el día de Pentecostés (ver Hch 2:42-47; 4:32-37). La ayuda a los necesitados de la iglesia es una expresión de la comunión de la iglesia. Así como los creyentes estaban en comunión unos con otros, dedicados "a las enseñanzas de los apóstoles, a la comunión, al partimiento del pan y a la oración" (Hch 2:42), también estaban en comunión unos con otros en "las cosas externas".[48] La vocación de los diáconos es ayudar a la iglesia a dar expresión a la comunión de los santos. En Hechos 6, la tarea específica es cuidar de las viudas necesitadas. El ministerio diaconal, entonces, es una obra realizada para el pueblo de Dios. Como dice el *Libro de Orden de la Iglesia* de la PCA: "Este oficio es de simpatía y servicio, según el ejemplo del Señor Jesús; expresa también la comunión de los santos, especialmente en su ayuda mutua en tiempos de necesidad".[49]

Este punto tiene importancia práctica en la iglesia. Los diáconos están llamados a servir a la iglesia, no al mundo en general.[50] El diaconado es la provisión de Jesús para la comunión de los santos. El oficio está diseñado, en parte, para ayudar a aliviar de manera tangible las necesidades y carencias de los cristianos que demuestran una verdadera necesidad.

Recuerda que los necesitados en Hechos 6 eran "viudas". Unas décadas más tarde, Pablo escribió instrucciones a Timoteo sobre cómo la iglesia debe cuidar de las viudas (1Ti 5:3-16). Entonces, Pablo nos está dando una visión de cómo los diáconos deben llevar a cabo su ministerio. Sin examinar todos los detalles de ese pasaje, hay

---

[48] Peck, *Notes on Ecclesiology*, 207. Peck cita aquí el artículo 26.2 de la *CFW*: "Ayudándose mutuamente en las cosas exteriores según sus diversas capacidades y necesidades".

[49] *BCO* 9-1.

[50] Ver aquí el análisis de Leonard J. Coppes sobre el debate dentro de la Iglesia Presbiteriana Ortodoxa acerca del alcance de aquellos a quienes el diaconado está bíblicamente llamado a servir: "The Discussion of the Theology of the Diaconate" ["El debate sobre la teología del diaconado"], en *Pressing toward the Mark* [*Perseverando hacia la marca*], 427-434.

algunos puntos que destacan. En primer lugar, Pablo espera que las necesidades de la iglesia sean atendidas por los miembros individuales de la familia (5:4, 8). Pablo considera que eludir este deber es una "negación de la fe" y una prueba de que tal individuo es "peor que un incrédulo" (5:8).[51] Entonces, no es deber de la iglesia satisfacer todas las necesidades temporales representadas dentro de la congregación. La familia es el principal instrumento para dicha asistencia.

En segundo lugar, Pablo subraya que solo los miembros cualificados de la iglesia pueden recibir asistencia congregacional (5:3, 5, 16). En tercer lugar, Pablo enumera varias condiciones de quienes pueden recibir asistencia diaconal. Está implícito que los diáconos emprenderán un proceso de examen público y prolongado para establecer quiénes son y quiénes no son viudas aptas. En cuarto lugar, Pablo subraya los peligros espirituales de que la iglesia mantenga a miembros que no cumplen estos criterios (5:7, 11-14). En particular, a las viudas más jóvenes se les debe aconsejar que sigan casándose y teniendo hijos, su llamado creacional (5:14; 2:15). La idea de Pablo es que la iglesia nunca debe promover, alentar o permitir un comportamiento impío mediante sus benevolencias.

No estamos diciendo que los diáconos no puedan ofrecer consejo y aliento a los cristianos para que ayuden a los pobres tanto dentro como fuera de la congregación, o que, en su calidad de cristianos individuales, los diáconos no deban aliviar las necesidades externas de su prójimo (Ga 6:10). Tampoco estamos diciendo que, bajo ninguna circunstancia, los fondos de la congregación puedan emplearse para la asistencia temporal de los no miembros. Sin embargo, sí estamos diciendo que el objeto apropiado del ministerio diaconal es la membresía de la iglesia visible. Esto es así porque "el aspecto primordial... del oficio de diácono es el de un representante de la comunión de los santos".[52]

¿Cuáles son algunas de las otras tareas que la Escritura asigna a los diáconos? Además de asistir a las necesidades externas de las personas dentro de la congregación, los diáconos también sirven como

---

[51] Al decir "peor que un incrédulo", Pablo quiere decir que incluso los incrédulos reconocen y cumplen con las responsabilidades que tienen hacia sus padres y abuelos.
[52] Peck, *Notes on Ecclesiology*, 207.

"agentes fiscales" y "administradores de la propiedad".[53] Estos deberes son evidentes al reflexionar sobre la naturaleza de la tarea que los apóstoles asignan a los diáconos en Hechos 6:1-6.

Es cierto que la razón asignada por los Apóstoles para ordenar la elección de los diáconos se aplica con la misma fuerza a la recolección y el desembolso de fondos para un propósito como para otro. Su propósito no era librarse de atender a los pobres, sino librarse de las distracciones seculares… ¿Qué habrían ganado despojándose de la atención a los pobres, y continuando perplejos con la recaudación de fondos para todos los demás fines? Debe ser perfectamente obvio para cualquier mente cándida que todo lo relacionado con los asuntos seculares de la Iglesia fue confiado a los Diáconos.[54]

Entonces, los asuntos relacionados con propiedades y dinero caen dentro del alcance bíblico de los deberes asignados a los diáconos.

Una cuarta observación que podemos sacar de Hechos 6, es que la tarea de los diáconos se describe como "servir mesas" (6:2), mientras que la tarea de los apóstoles es "la oración y el ministerio de la palabra" (6:4). Las traducciones al español a veces ocultan una conexión entre estas dos afirmaciones en el texto griego. Se usa el verbo "servir" para los diáconos (*diakonein*), y se usa un sustantivo de la misma raíz griega para los apóstoles (*diakonia*). En otras palabras, el ministerio de la Palabra y el ministerio diaconal son formas legítimas de servicio dentro de la iglesia de Jesucristo. Al describir el trabajo de los diáconos como "servir mesas", los apóstoles no están menospreciando la tarea ni minimizando su importancia dentro de la iglesia. Por el contrario, lo sostienen como una parte legítima, noble e importante del ministerio de la iglesia.

Quinto, el trabajo del diaconado no lo realiza un solo hombre, sino un grupo de hombres que trabajan juntos. Así como los ancianos deben trabajar juntos en muchas de sus tareas asignadas, así también los diáconos deben trabajar juntos en muchas de sus tareas asignadas.

---

[53] Estos términos provienen de Willborn, "The Deacon" [El Diácono], 191, 193. Ver BCO 9-2.
[54] James Henley Thornwell, "Argument against Church-Boards Answered", en *Collected Writings*, 4:201, citado en Willborn, "The Deacon", 193.

Es por eso por lo que, los presbiterianos organizan formalmente a los diáconos en una Junta (ver *BCO* 9-4).

Sexto, los diáconos sirven a toda la iglesia. Como señala Peck, "es evidente que los diáconos originales no estaban limitados en sus ministerios a una sola congregación (Hch 6), a menos que supongamos con los Independientes que había una sola congregación en Jerusalén".[55] Aunque los diáconos sirven principalmente a las congregaciones que los han elegido y llamado al servicio, deben estar disponibles para servir a la iglesia de manera más amplia cuando sean llamados a hacerlo.[56]

6. La relación de los diáconos con los ancianos

Hemos visto que hay dos oficios permanentes en la iglesia, el de anciano y el de diácono. El oficio del anciano es un oficio de gobierno, mientras que el del diácono es un oficio de servicio. Es una pluralidad de ancianos y diáconos la que sirve a la congregación local (Fil 1:1). A nivel local, estos ancianos se organizan en lo que los presbiterianos han denominado "consistorio".[57] Los diáconos se organizan en lo que la Iglesia Presbiteriana en América denomina una "junta".

Esta situación plantea la interrogante acerca de la relación entre los ancianos y los diáconos dentro de la iglesia. ¿Quién tiene la última palabra en los asuntos comunes que se presentan ante cada órgano? ¿En quién recae la responsabilidad? Aquí nos entramos en lo que se ha llamado "uno de los temas más debatidos en relación con el oficio de diácono", y no podemos ofrecer más que algunos principios bíblicos generales que tocan este asunto.[58]

Es importante reconocer que el oficio de diácono es un oficio en sí mismo. Este oficio no es, como se convirtió posteriormente en la

---

[55] Peck, Notes on Ecclesiology, 213-214.

[56] Ver aquí las disposiciones del *BCO* 9-5 y 9-6. Pace Witherow, *The Form of the Christian Temple*, 89.

[57] En el inglés se utiliza la palabra "sesión" la cual deriva del latín que significa "sentarse". Los ancianos son los que "se sientan" en el gobierno de la iglesia.

[58] La cita es de Peter Y. De Jong, *The Ministry of Mercy for Today* [*El ministerio de misericordia hoy*] (Grand Rapids: Baker, 1952), citado en Willborn, "The Deacon", 196.

historia de la iglesia, un "grado inferior del oficio ministerial".[59] El diaconado es una institución permanente y apostólica en la iglesia de Cristo, y es distinta del cuerpo de ancianos. Este oficio debe ser ocupado por hombres a quienes Cristo ha dotado espiritualmente para realizarlo (1Ti 3). El trabajo de este oficio es, por diseño, distinto del trabajo del ministerio de la Palabra (Hch 6). Los diáconos deben ser elegidos por la congregación y formalmente apartados para el trabajo al que han sido "designados" (Hch 6). Los diáconos son llamados y apartados con miras al ejercicio permanente de sus dones diaconales dentro de la iglesia.

Si Cristo ha establecido estos dos oficios en la iglesia, es de esperar que sus respectivas esferas de responsabilidad difieran entre sí.[60] Esta diferencia es la que presenciamos en las Escrituras. El diaconado es un oficio de servicio; el oficio de anciano es de gobierno. Esto significa que los asuntos de gobierno pertenecen propiamente al consistorio, y que la Junta de Diáconos está "bajo la supervisión y autoridad del consistorio".[61] El llamado del consistorio a gobernar la iglesia significa que los ancianos tienen la última palabra en el desembolso de cualquier fondo que pertenezca o haya sido contribuido a la iglesia.[62]

Decir que los diáconos están bajo la supervisión y la vigilancia del consistorio no es en absoluto cuestionar la dignidad y la autoridad que pertenecen a su oficio. Como dice McGill: "La superintendencia no debe ser dictatorial ni el servicio una esclavitud: la independencia del oficio en el grado inferior es la misma que la del grado superior".[63] La independencia diaconal, como vimos en Hechos 6, es fundamental para el buen funcionamiento del cuerpo de ancianos. Los diáconos asumen su trabajo precisamente para que los ancianos no se distraigan

---

[59] MacPherson, *Presbyterianism*, 99. Ver el análisis de MacPherson sobre este punto en 98-100.

[60] Como señala Willborn: "Simplemente no tiene sentido que lo que Dios ha dado a un oficio específico sea desempeñado rutinariamente por otro; el conflicto sería seguro, la confusión abundaría, y el trabajo de ambos sufriría". "The Deacon", 197.

[61] *BCO* 9-2.

[62] Peck, *Notes on Ecclesiology*, 213. En cuanto al respaldo bíblico, Peck señala que "las contribuciones de la iglesia primitiva [fueron] puestas 'a los pies de los apóstoles' (Hch 6:35, 37; 5:2)", ibid. Ver las disposiciones para la supervisión consistorial del diaconado en *BCO* 9-4.

[63] McGill, *Church Government*, 368.

de su trabajo de oración y del ministerio de la Palabra.[64] Cuando los diáconos y los ancianos trabajan dentro de sus límites bíblicos, cada uno de ellos apoya y anima el trabajo del otro. Cada oficio trabajará a su manera para la edificación del cuerpo de Cristo.

7. Ordenación

Hemos venido reflexionando acerca de los dos oficios permanentes en la iglesia, el de anciano y el de diácono. Ahora abordaremos directamente la pregunta de cómo se entra en el oficio.[65] Ya hemos visto que un candidato a un oficio debe poseer y ser conocido por la iglesia como poseedor de dones espirituales para ese oficio (1Ti 3; Tit 1). En otras palabras, hay un período de prueba en el que la congregación se forma un juicio respecto a los dones del candidato y su preparación para el cargo (1Ti 3:10; 5:22).

El candidato no sólo debe poseer dones para el oficio, sino que debe tener la disposición de servir (1Ti 3:1; 1P 5:2). No debe asumir el oficio por un sentido de obligación social o por un deseo de ganancia personal. Así como se le pregunta al candidato para el oficio de anciano docente en un voto de ordenación: "¿Has sido inducido, hasta donde sabes de tu propio corazón, a procurar [este] oficio... por amor a Dios y por un sincero deseo de promover Su gloria en el evangelio de Su Hijo?".[66] Ciertamente, esta pregunta puede ser adaptada para la autoevaluación de cualquier candidato que busque un oficio en la iglesia.

Los dones y la disposición no son suficientes para admitir a un hombre para el ejercicio del oficio.[67] Para ejercer el oficio, un hombre debe primero ser elegido por la iglesia para servir a la iglesia como

---

[64] Thornwell, "Argument against Church-Boards Answered", *Collected Writings*, 4:155, citado en Willborn, "The Deacon", 197.

[65] Ver McGill, *Church Government*, 404.

[66] BCO 21-6.

[67] Como señala Bannerman, "el título para la posesión del oficio ministerial es conferido por el llamado de Cristo", pero "el título para el *ejercicio* del oficio ministerial es, en circunstancias ordinarias, conferido por Cristo a través del llamado de la Iglesia". *The Church of Christ*, 1:428, 430; énfasis de Bannerman.

oficial en alguna obra definida.⁶⁸ Después de la elección, debe ser formalmente apartado para el oficio por un tribunal de la iglesia. Esta separación para el cargo se llama "ordenación". El Libro de Orden de la Iglesia de la PCA define la ordenación como "la admisión autorizada de una persona debidamente llamada a un cargo en la iglesia de Dios, acompañada de la oración y la imposición de manos, a lo que se añade el ofrecimiento de la mano derecha en señal de compañerismo". Dado que la ordenación es para un oficio, la ordenación reconoce que la persona ordenada tiene la autoridad y el poder de ejercer el oficio para el que ha sido ordenada.⁶⁹

Hay tres observaciones que deben tenerse en cuenta. Primero, vemos en las Escrituras ejemplos de ordenación para los oficios de diácono y anciano. Ya hemos considerado Hechos 6, donde los "siete hombres" fueron "puestos delante de los apóstoles, y [los apóstoles] oraron y les impusieron las manos". Por tanto, los siete fueron

---

⁶⁸ Ordinariamente, debe ser elegido por la congregación. La plantación de iglesias, las misiones extranjeras, los puestos de coordinador de la denominación y la enseñanza en el seminario son ejemplos de ministerios eclesiásticos a los que, por ejemplo, un presbiterio puede llamar legítimamente a un hombre. Ver *BCO* 8-4, 8-6, 8-7, y los importantes análisis en McGill, *Church Government*, 416-417, y Bannerman, *The Church of Christ*, 1:433-35. Bannerman observa que "el título del cargo pastoral, además del cargo ministerial, requiere ser confirmado por el consentimiento o la elección de los miembros de la congregación sobre la que se nombra al ministro". *The Church of Christ* (La Iglesia de Cristo), 1:433; el énfasis es de Bannerman.
La iglesia debe llamar a un hombre a una obra definida, *BCO* 17-3. La Escritura justifica y proporciona ejemplos sólo de hombres que son ordenados para una obra definida. No permite la admisión de un hombre a un cargo sin un llamado particular.

⁶⁹ En el libro *Aaron's Rod Blossoming* [*El Florecimiento de la Vara de Aarón*], George Gillespie argumenta que la ordenación "está en la misión de la delegación de un hombre a una función eclesiástica con poder y autoridad para realizarla" y que "el acto esencial de la ordenación es una simple delegación y aplicación de un ministro a su función ministerial con el poder para realizarla". Samuel Miller expresó la misma opinión en el libro *The Ruling Elder* [*El anciano gobernante*]. Definió la ordenación como "ese rito solemne, o acto, por el cual un candidato para cualquier oficio en la iglesia de Cristo, es designado con autoridad para ese oficio, por aquellos que están revestidos de poder para ese propósito" (275). Al ser ordenado, el anciano queda "plenamente investido con el oficio, y con todos los poderes y privilegios que éste incluye" (291). Por tanto, "a ordenación es un acto no solo oficial, sino también de *autoridad*" (292; énfasis de Miller). Las citas anteriores se encuentran en el "Report of the Committee on Women in Church Office Submitted to the Fifth-fifth General Assembly" ["Informe del Comité sobre las mujeres en los oficios de la iglesia presentado a la Quinta Asamblea General"], en *Minutes of the Fifty-Fifth General Assembly ... of the Orthodox Presbyterian Church* (Filadelfia: The Orthodox Presbyterian Church, 1988), 325, 326. Peck observa que "la ordenación no imparte ninguna autoridad, solo la reconoce y autentifica". *Notes on Ecclesiology*, 90.

apartados para la obra a la que la iglesia los había llamado. Fueron admitidos solemnemente al oficio de diáconos. A esta práctica nos referimos con "ordenación".

De manera similar, Bernabé y Saulo, llamados por la iglesia de Antioquía al ministerio de la Palabra, son ordenados. El Espíritu Santo dirige a la iglesia, instruyéndoles: "Apartadme a Bernabé y a Saulo para la obra a la que los he llamado" (13:2). Los "profetas y maestros" de la iglesia de Antioquía, "después de ayunar, orar y haber impuesto las manos sobre ellos [Bernabé y Saulo], los enviaron" (13:1, 3).

Segundo, tanto en Hechos 6 como en Hechos 13, los que ordenan a estos hombres son ellos mismos ancianos de la iglesia. Pablo le recuerda a Timoteo la "la imposición de manos del presbiterio" (1 Ti 4:14). Entonces, la ordenación es realizada por un tribunal de la iglesia.[70] La ordenación no es realizada por la congregación en general, ni por un solo oficial de la iglesia.[71]

Tercero, la ordenación no "confiere al ordenado", como han enseñado algunos en la iglesia, "un 'carácter' indeleble, que le transmite, independientemente de su fe o de su condición espiritual general, gracias sobrenaturales y poder sacerdotal *ex opere operato*, de los que depende la validez de su ministerio y de su dispensación de la Palabra y los Sacramentos".[72] La ordenación no es un sacramento. La imposición de manos no confiere gracias o dones al candidato para equiparlo para el ministerio.[73] La imposición de manos es "el gesto de reconocimiento", una indicación pública de que el hombre que está

---

[70] Por tanto, no parece haber ninguna justificación bíblica para prohibir que los ancianos gobernantes impongan las manos a un candidato a la ordenación. La pregunta de si los ancianos gobernantes pueden participar así en la ordenación fue ampliamente discutida y debatida en el siglo diecinueve.

[71] La primera refleja la práctica de algunos congregacionalistas; la segunda, la del catolicismo romano y el episcopalismo.

[72] Bannerman, *The Church of Christ*, 1:472, haciendo referencia a la enseñanza del Catolicismo Romano Tridentino.

[73] En 1 Timoteo 4:14, Pablo no dice que la ordenación confirió "el don" que tiene Timoteo. Más bien, Pablo asocia el "don" con la "profecía", es decir, "las profecías que antes se hicieron en cuanto a ti" (1:18). Como observa George W. Knight III, "el testimonio de la profecía apunta a esa realidad interior", y "la profecía fue obedientemente acompañada por la imposición de manos". *The Pastoral Epistles: A Commentary on the Greek Text* [*Las epístolas pastorales: Comentario del texto griego*], NIGTC (Grand Rapids: Eerdmans, 1992), 208-209.

siendo ordenado es llamado por Dios para este ministerio particular.[74] Es "la expresión de una creencia de que las condiciones necesarias de gracia están presentes en el individuo presentado".[75]

Al mismo tiempo, señala Bannerman, la ordenación es "una designación divina". No es un artificio humano. Por tanto, cuando la ordenación "se hace con un espíritu correcto", podemos esperar que "no sea sin la presencia y la paz de Cristo, que posee Su propia institución y bendice Su propia ordenanza".[76]

8. Mujeres en el oficio

Una pregunta final con respecto a los oficios ordinarios de la iglesia es si estos oficios están abiertos solo a los hombres, o si hombres y mujeres pueden servir en el oficio de anciano y diácono. Es un eufemismo decir que este es un tema delicado en la iglesia de hoy. Dado que nuestro compromiso es con las Escrituras, es allí donde nos dirigiremos en busca de orientación y guía. Analicemos cada oficio por separado.

Anciano. ¿Pueden las mujeres servir como ancianas? Para plantear la pregunta de otra manera, ¿indican las Escrituras que Dios otorga dones y llama a las mujeres para ejercer el oficio de ancianas en la iglesia? Para responder a esta pregunta, consideremos la enseñanza de Pablo en 1 Timoteo 2:11-15:

> Que la mujer aprenda calladamente, con toda obediencia. Yo no permito que la mujer enseñe ni que ejerza autoridad sobre el hombre, sino que permanezca callada. Porque Adán fue creado primero, después Eva. Y Adán no fue el engañado, sino que la mujer, siendo engañada completamente, cayó en transgresión. Pero se salvará engendrando hijos, si permanece en fe, amor y santidad, con modestia.

---

[74] McGill, *Church Government*, 417-418. Ver las conclusiones prácticas que McGill extrae respecto a la imposición de manos en 422-432.

[75] MacPherson, *Presbyterianism*, 32.

[76] Bannerman, *The Church of Christ*, 1:472.

Estas instrucciones se encuentran en una sección de esta epístola en la que Pablo le dice a Timoteo cómo debe ser el culto público a Dios en la iglesia (1Ti 2:1-15). Le dice a Timoteo que, cuando la iglesia se reúne para la adoración, los hombres tienen ciertas obligaciones (2:8), y las mujeres tienen ciertas obligaciones (2:9-15).

¿Cuáles son las obligaciones de las mujeres cristianas en el culto público? Positivamente, Pablo subraya que las mujeres deben "aprender tranquilamente con toda sumisión" (2:11). Pablo defiende la identidad y la dignidad de toda mujer cristiana como discípula de Cristo. Tiene derecho a aprender de Cristo y está llamada a crecer en el conocimiento de Dios.

Negativamente, las mujeres no deben "enseñar" en el culto público a Dios. Pablo no prohíbe que las mujeres enseñen del todo. Incluso dentro de la iglesia, las mujeres mayores deben enseñar en privado a las más jóvenes (Tit 2:3-5), y Priscila, con su marido Aquila, instruyó en privado al maestro Apolos (Hch 18:26). Sin embargo, la enseñanza que Pablo tiene en mente en este pasaje es la que tiene lugar cuando la iglesia se reúne para el culto público a Dios.

Algunos pueden objetar en este punto: "Pero ¿qué hay de las profetisas? ¿Qué pasa con los ejemplos que tenemos en la Escritura de mujeres que profetizan?". En respuesta, podemos afirmar que la Escritura ofrece múltiples ejemplos de mujeres profetizando. Al mismo tiempo, debemos señalar que la Escritura es totalmente coherente consigo misma al reconocer que las mujeres profetizan, pero prohíbe que enseñen la Palabra de Dios en el culto público de Dios. Tanto la profecía como la enseñanza son dones de palabra, pero con una diferencia crítica. La profecía es un don de revelación: el profeta es el instrumento a través del cual Dios habla de Su Palabra a la iglesia. La enseñanza no es un don revelador: el maestro explica y aplica lo que Dios ya ha dicho en Su Palabra. Aunque Dios ha permitido que las mujeres sean instrumentos de revelación, no les permite enseñar esa revelación en el culto público de Dios.

Además, Pablo dice que las mujeres no deben "ejercer autoridad sobre un hombre". Aquí se trata de "un papel o función de liderazgo en la iglesia".[77] Sin embargo, al prohibir que las mujeres ejerzan el

---

[77] Knight, *The Pastoral Epistles*, 142.

papel o la función de liderazgo en la iglesia, Pablo prohíbe que las mujeres posean el título o el cargo de liderazgo en la iglesia.[78]

Así, Pablo restringe a las mujeres de enseñar en el culto público a Dios y de ejercer la autoridad dentro de la congregación. Al hacerlo, Pablo excluye a las mujeres del título o del ejercicio del oficio de anciano. Cuando pasamos a 1 Timoteo 3:1 en adelante, vemos que "Pablo ordena y dispone positivamente la enseñanza y el gobierno que acaba de prohibir a las mujeres".[79] Los ancianos deben estar dotados para enseñar y son llamados a hacerlo (1Ti 3:2). Los ancianos deben estar dotados para gobernar y son llamados a gobernar en la iglesia (1Ti 3:2, 5). Es dentro de estas disposiciones positivas, que podemos notar además, que Pablo limita el oficio de anciano a los hombres solamente (1Ti 3:2; Tit 1:6).

Tal vez, dicen algunos, Pablo está dando instrucciones de duración limitada o de alcance geográfico limitado. Debido a las circunstancias peculiares de la iglesia de Éfeso en ese momento, Pablo está dando instrucciones en 1 Timoteo 2:12-15 que no se aplican a la iglesia en general o a la iglesia de todos los tiempos. Esta posibilidad queda excluida por lo que Pablo dice en los versículos 13-14: "Porque Adán fue creado primero, después Eva. Y Adán no fue el engañado, sino que la mujer, siendo engañada completamente, cayó en transgresión". Al hablar así, "Pablo aclara que, aunque estas cuestiones locales o culturales pueden haber proporcionado el contexto del asunto, no proporcionan la razón de su consejo".[80] Esa razón es la "relación de roles creados para el hombre y la mujer".[81] Puesto que esa razón es permanente, las prohibiciones de Pablo se aplican a la iglesia en todas las épocas.

Necesitamos recalcar que Pablo no prohíbe a las mujeres enseñar y ejercer la autoridad en la iglesia porque se diga que el

---

[78] Ibid.

[79] "Report of the Committee on Women in Church Office" (Informe del Comité sobre las Mujeres en los Oficios de la Iglesia), 330.

[80] Douglas Moo, "What Does It Mean Not to Teach or Have Authority Over Men?: 1 Timothy 2:11-15" ["¿Qué Significa No Enseñar o Tener Autoridad Sobre los Hombres? 1 Timoteo 2:11-15"], en *Recovering Biblical Manhood and Womanhood: A Response to Evangelical Feminism* [*Recobrando la masculinidad y la feminidad bíblicas: Una respuesta al feminismo evangélico*], ed. John Piper y Wayne Grudem (Wheaton, IL: Crossway, 1991), 190.

[81] Ibid.

género femenino es intrínsecamente más ingenuo y propenso al engaño que los hombres. Pablo no dice nada de eso. Pablo señala dos acontecimientos de la historia: la prioridad de la creación de Adán sobre la de Eva, y el engaño de Eva por la serpiente y su consiguiente pecado. Estos eventos, la relación de roles entre hombres y mujeres instituida divinamente en la creación, y la violación de ese orden por parte de Eva con su transgresión, son la base para que Dios restrinja el título y el ejercicio del oficio de anciano en la iglesia solo a los hombres.

Pablo concluye este pasaje con el consejo a las mujeres de que "se salvarán engendrando hijos, si permanecen en fe, amor y santidad, con modestia" (2:15). Es probable que Pablo esté dando un estímulo positivo a las mujeres cristianas para que sigan el llamado que Dios les asigna.

> Las mujeres del Pacto son salvas en sus roles creados por Dios como madres en la tradición de Sara, Elizabeth y María (ver 1P 3:5, 6). La maldición de la que era en parte responsable, al no someterse a la autoridad de su marido, se levanta en la salvación de la gracia de Dios. Ahora, al recordar el papel que Dios le otorgó como ayuda idónea en la tarea del Pacto, el Señor promete salvarla si confía y obedece.[82]

Pablo no está diciendo que las mujeres se salvarán a sí mismas por la buena obra de tener hijos. Pablo dice a las mujeres: "No se distraigan en la búsqueda de una tarea a la que Dios no les ha llamado. En cambio, persigan la noble y elevada vocación a la que Dios les ha llamado. Si lo haces, entonces tendrás la seguridad de que el Señor es tu Salvador". Pablo enfatiza que la redención preserva, sostiene y restaura el orden que Dios estableció en la creación. Los creyentes deben seguir a Cristo y crecer en devoción precisamente cuando asumen sus vocaciones establecidas desde la creación.

Diácono. Una pregunta distinta es si las mujeres pueden servir en el oficio de diácono. Mientras que las iglesias reformadas fieles han seguido unánimemente las Escrituras al limitar el oficio de anciano

---

[82] "Report of the Committee on Women in Church Office" (Informe del Comité sobre las Mujeres en los Oficios de la Iglesia), 350.

solo a los hombres, no ha habido un acuerdo comparable con respecto al oficio de diácono. Una minoría de teólogos reformados muy respetados ha entendido que las Escrituras admiten a las mujeres en el diaconado.[83] Dos textos en particular, Romanos 16:1 y 1 Timoteo 3:11, se citan como garantía bíblica para las mujeres dedicadas al diaconado.

A continuación, argumentaremos que las Escrituras no dan una indicación clara de que el oficio de diácono esté abierto a las mujeres. Si ese es el caso, entonces debemos concluir que el oficio de diácono, como el de anciano, está abierto solo a los hombres. Además, veremos que las Escrituras prevén que las mujeres piadosas ayuden a los diáconos en sus labores.

Siguiendo a Thomas Witherow, B. B. Warfield identificó Romanos 16:1 ("Os recomiendo a nuestra hermana Febe, diaconisa de la iglesia en Cencrea") como el único pasaje que justifica que "las mujeres sirvan como diáconos en el Nuevo Testamento".[84] Para que esta interpretación pruebe lo que se argumenta, la palabra traducida "servidor" (griego diakonos) debe referirse al título u oficio de diácono. La dificultad con este argumento es que la palabra griega puede usarse tanto para oficiales como para no oficiales, y no hay, además, ninguna indicación contextual clara de que el término se refiera aquí a un oficial. Warfield argumenta que el contexto no puede descartar "diaconisa" como traducción de esta palabra, y que la práctica eclesiástica patrística sugiere que la iglesia post apostólica entendía que el Nuevo Testamento justificaba "diaconisas".[85] El

---

[83] B. B. Warfield, "Presbyterian Deaconesses" ["Diaconisas Presbiterianas"], *The Presbyterian Review 10*, 38 (1889): 283-93; Patrick Fairbairn, *The Pastoral Epistles* [*Las epístolas pastorales*] (Edimburgo: T&T Clark, 1874; repr, Carlisle, PA: Banner of Truth, 2002), 149-51; Witherow, *The Form of the Christian Temple*, 86-87; Killen habla de una "orden de diaconisas", *The Framework of the Church*, 308; McGill, *Church Government*, 378-401; Clowney, *The Church*, 231-35; Robert Strimple, "Report of the Minority of the Committee on Women in Church Office (OPC)" ("Informe de la minoría del comité sobre las mujeres en los oficios de la Iglesia"); y James B. Hurley, *Man and Woman in Biblical Perspective* (Grand Rapids: Zondervan, 1981), 223-233.

[84] Warfield, "Deaconesses", 283.

[85] Ibid., 284-86. Strimple ofrece un argumento exegético más detallado, pero las reservas que he expresado anteriormente se aplican *mutatis mutandis* al análisis de Strimple. También hay que destacar que la iglesia primitiva no entendía que las "diaconisas" tuvieran "autoridad de enseñanza" en la iglesia; ver Wayne Grudem, *Evangelical Feminism and Biblical Truth* [*Feminismo evangélico y verdad bíblica*] (Sisters, OR: Multnomah, 2004), 266-268.

problema aquí es que este argumento no demuestra que la declaración de Pablo en Romanos 16:1 justifique las diaconisas en la iglesia apostólica. Independientemente de lo que hayan concluido los intérpretes posteriores al estudiar este texto, el contexto de Romanos 16 no exige la interpretación que defiende Warfield.

¿Qué de 1 Timoteo 3:11? "Las mujeres deben ser dignas, no calumniadoras, sino sobrias, fieles en todo". No hay duda de que Pablo está, aquí, dando una lista de cualificaciones para un cierto grupo de mujeres. Además, estas calificaciones se dan en medio de una discusión más amplia acerca del diaconado (1Ti 3:8-13). Los defensores de las mujeres en el diaconado apelan plausiblemente a este pasaje para justificar algún tipo de inclusión de las mujeres en el diaconado.

No hay duda de que Pablo describe los requisitos de los diáconos varones en 1 Timoteo 3:8-10, 12-13. La pregunta trata de a qué grupo de mujeres se refiere Pablo en 1 Timoteo 3:11. La palabra que Pablo usa (*gunaikas*) puede traducirse como "esposas" o "mujeres". Algunas traducciones incluyen el pronombre posesivo "sus", pero no hay un pronombre posesivo correspondiente en el texto griego. Entonces, ¿se refiere Pablo a las esposas de los diáconos, o a un grupo aparte de mujeres (las dos opciones que provee la versión LBLA en sus notas marginales)? En este último caso, ¿tienen estas mujeres, junto con los hombres, el oficio de diácono? ¿Ocupan un oficio ("diaconisa") que es la contraparte del oficio solo para varones de diácono? ¿O son asistentes femeninas no oficiales del diaconado?[86]

Hay varias dificultades para entender que las mujeres del versículo 11 se refieran a oficiales. En primer lugar, Pablo no utiliza el título de "diaconisa" para referirse a un oficio en este pasaje. Simplemente se refiere a ellas como "esposas" o "mujeres". En segundo lugar, si bien Pablo recalca que un requisito para el cargo de anciano y diácono es que el candidato sea "marido de una sola mujer" (1Ti 3:2, 12), aquí

---

[86] Estas son las cuatro posibilidades exegéticas propuestas por George W. Knight III, "The Role of Women in the Church" ["El Rol de las Mujeres en la Iglesia"], en *Confessing Our Hope: Essays Celebrating the Life and Ministry of Morton H. Smith* [*Confesando Nuestra Esperanza: Ensayos Celebrando la Vida y el Ministerio de Morton H. Smith*], ed. Joseph A. Pipa Jr. y C. N. Willborn (Taylors, SC: Southern Presbyterian Press, 2004), 200.

no da tal calificación matrimonial.[87] La ausencia de tal calificación sugiere que Pablo no tiene en mente un cargo distinto en el versículo 11. En tercer lugar, mientras que Pablo hace una provisión expresa para la evaluación de los diáconos (1Ti 3:10) y los ancianos (1Ti 5:22), no hace tal provisión para las mujeres en el verso 11. Una vez más, la ausencia de tal disposición sugiere que Pablo no está pensando en un oficio u oficiales aquí. En cuarto lugar, los versículos 12-13 retoman las calificaciones de los diáconos que Pablo había estado discutiendo en los versículos 8-10. El versículo 11 es una especie de paréntesis en la discusión. Sin embargo, cuando Pablo discute los oficios de anciano y diácono, les da un tratamiento discreto. Este formato sugiere que el versículo 11 no introduce un nuevo oficio en la discusión.

Por último, Pablo señala expresamente la responsabilidad del candidato en la administración de su hogar como una cualificación para el cargo de anciano (3:5) y de diácono (3:12). En cada caso, Pablo imagina a un hombre dirigiendo su hogar. Un liderazgo capaz en el hogar lo califica para el liderazgo en la iglesia, ya sea como anciano o diácono. Aunque el oficio de diácono es un "oficio de servicio" y no un "oficio de gobierno", no deja de ser un oficio. El título y el ejercicio del oficio en la iglesia, dice Pablo, implica necesariamente la posesión y el ejercicio de la autoridad. La prohibición de que las mujeres ocupen el oficio de anciano en 1 Timoteo 2:12 se extiende, por lo tanto, al oficio de diácono.[88] Esta comprensión del oficio se refleja en la forma de gobierno de la PCA.[89]

Las personas que entienden que Pablo está hablando de un oficio distinto en el versículo 11 plantean una objeción comprensible a lo que hemos estado argumentando. Podrían decir: "1 Timoteo 3:11 da una

---

[87] Es probable que Pablo quiera decir que el candidato es sexualmente fiel a su cónyuge, con quien está unido en matrimonio monógamo. Knight, The Pastoral Epistles, 158-159.

[88] Apéndice del "Report of the Committee on Women in Church Office", 353.

[89] Ver el *Libro de Orden de la Iglesia* de la PCA, 7-2, 3; 9-3; 24-1. Nota el voto congregacional en ocasión de la ordenación de un diácono en 24-6: "¿Reconocéis y recibís vosotros, los miembros de esta iglesia, a este hermano como anciano gobernante (o diácono), y prometéis rendirle todo el honor, el estímulo y la *obediencia* en el Señor a que su oficio, según la Palabra de Dios y la Constitución de esta iglesia, le da derecho?" (énfasis añadido). Comparar el Libro de Orden de la Iglesia de la OPC, 5:2, 25:6.c., 6.e., 7.c., al que se hace referencia en el Apéndice del "Report of the Committee of Women in the Church", 353.

indicación positiva de que Pablo tiene en mente un oficio separado de diaconisa. Después de todo, la palabra "de la misma manera" seguida de una lista separada de calificaciones es precisamente la forma en que Pablo introduce el oficio de diácono, y distingue el oficio de diácono (3:7) del oficio de anciano (3:1-6)". Ya hemos indicado varias razones por las que el texto del versículo 11 no apunta a un oficio separado. Sin embargo, la objeción plantea buenas preguntas. ¿Con qué propósito Pablo distingue a este grupo de mujeres de la manera en que lo hace? ¿Por qué no habla así de las mujeres en relación con su discusión sobre el oficio de anciano en 1 Timoteo 3:1-6? Una forma de responder a estas preguntas es reflexionar sobre lo que hemos visto respecto a la labor del diácono. Pablo seguramente anticipó, como sigue diciendo en 1 Timoteo 5, que el ministerio diaconal involucraría a los diáconos íntimamente en la vida de los miembros femeninos de la congregación. La prudencia dicta que haya mujeres cualificadas para ayudar a los diáconos en esas labores, y ¿quién mejor para ayudarles que sus propias esposas[90] o ayudantes femeninas adecuadas?[91] Es por esta razón que Pablo establece una lista de cualificaciones para esas mujeres en el versículo 11. Por tanto, esta lista se encuadra adecuadamente en la discusión de Pablo sobre el diaconado en 1 Timoteo 3:8-13.

Así pues, Pablo está recalcando positivamente que algunas mujeres tienen un papel fundamental en el ministerio diaconal de la iglesia. El hecho de que las Escrituras no las llamen a realizar este trabajo como oficiales de la iglesia no disminuye en absoluto el privilegio y el valor que las Escrituras asignan a este servicio. Aquí, como en otras partes de la Escritura, Dios estima y honra el servicio y las contribuciones de las mujeres a la iglesia.

---

[90] Siguiendo a la NTV, "sus esposas", Knight observa que la palabra gyne utilizada en el versículo 12 significa "esposa" en los otros dos lugares en los que Pablo utiliza esta palabra en 1 Timoteo 3:1-13, es decir, los versículos 2 y 12. También argumenta que "tanto la omisión de la calificación marital de las esposas en el versículo 11 como la colocación de estas antes de la calificación marital de los diáconos se explican por el hecho de que son esposas de los diáconos. Es decir, el estado civil de sus maridos es también su estado civil y no es necesario repetirlo. Se las menciona en esta coyuntura en las calificaciones de sus maridos porque vienen al comienzo de una declaración sobre la vida familiar de un diácono". 227. Knight, "Role of Women in the Church", 200-201.

[91] Siguiendo a la RVR60 y la NBLA, "mujeres". Esta interpretación ciertamente proporcionaría apoyo exegético al BCO 9-7, que permite al consistorio seleccionar y nombrar mujeres piadosas para ayudar a los diáconos en sus labores diaconales.

En conclusión, el Nuevo Testamento nos informa que hay dos y solo dos oficios permanentes en la iglesia, el de anciano y el de diácono. Hemos considerado algunas de las líneas importantes de la enseñanza bíblica sobre el anciano y el diaconado. También hemos visto indicios de que los ancianos y los diáconos sirven a la iglesia a un nivel superior al de la congregación. Esta extensión del servicio sugiere un punto importante sobre el gobierno de la iglesia, es decir, que no está contenido enteramente contenido dentro de la iglesia local. Es a este tema que nos referiremos en el próximo capítulo.

5 LOS TRIBUNALES DE LA IGLESIA

En los Estados Unidos, el gobierno existe en varios niveles. Existe un gobierno a nivel local: distritos, ciudades y condados. Luego, está el gobierno a nivel estatal. Por último, está el gobierno a nivel federal. Cada nivel de gobierno tiene ciertas responsabilidades definidas hacia los ciudadanos a los que sirve. Cada nivel de gobierno tiene parámetros definidos constitucionalmente dentro de los cuales se supone que debe operar. Las acciones y decisiones de los niveles inferiores de gobierno están sujetas a la supervisión de los niveles superiores de gobierno. De esta manera, el gobierno realiza y expresa de manera única la unidad de los Estados Unidos.

O considera tu familia. En el día a día, tú, tu cónyuge y tus hijos interactúan entre sí de innumerables maneras. Aunque esta frase no es tan común hoy en día, los escritores cristianos más antiguos solían hablar del "gobierno de la familia".[1] Cuando hablamos de gobierno de la familia, queremos decir que hay una relación de "gobernante" y "gobernado" dentro del hogar.[2] La Escritura llama a los padres a ejercer un liderazgo de servicio designado por Dios en el hogar para la paz, el florecimiento y el bienestar de su esposa e hijos. El gobierno familiar piadoso se caracteriza por el amor, no por la amargura; por el orden, no por el desorden; por la armonía, no por el conflicto.

Ahora, considera tu familia más amplia. Tienes primos, tíos, sobrinos, padres o abuelos. Aunque ya no vivas con tus padres o ni siquiera vivas cerca de ellos, siguen siendo tus padres. Ahora que tienes tu propia familia, no estás bajo la autoridad de tus padres como lo estabas cuando eras un niño. Aun así, tienes la obligación bíblica de "honrar a tu padre y a tu madre" (Ex 20:12). Sigues recibiendo el

---

[1] Un análisis clásico del siglo diecinueve, es el de B. M. Palmer, *The Family in Its Civil and Churchly Aspects: An Essay, In Two Parts* [*La familia en sus aspectos civiles y eclesiásticos: Ensayo en dos partes*] (Richmond, VA: Presbyterian Committee of Publication, 1876).

[2] Ver Richard Baxter, "General Directions for the Holy Government of Families" ["Direcciones Generales para el Santo gobierno de las familias"], en *Baxter's Practical Works* [*Obras Prácticas de Baxter*], vol. 1: Christian Directory (repr., Morgan, PA: Soli Deo Gloria, 1996), 422-424.

consejo y el asesoramiento de tus padres. A veces, los padres mayores hacen que sus hijos se sometan a su sabiduría en asuntos relacionados con el gobierno de la familia. Estos casos sirven para recordar que tu hogar inmediato es parte de una familia más grande y se beneficia de la sabiduría y el liderazgo de los miembros de esa familia más grande.

Estos ejemplos de la familia y del Estado plantean una pregunta para nuestra comprensión de la iglesia. Si la iglesia, al igual que la familia y el estado, tiene un gobierno para "promover" la "comunión" de sus miembros, y si las Escrituras nos dicen que la iglesia es más amplia y más grande que la congregación local, ¿nos dicen también las Escrituras que el gobierno de la iglesia se extiende más allá y por encima de la congregación local?[3]

En este capítulo, argumentaremos que las Escrituras enseñan que el gobierno de la iglesia se extiende, de hecho, más allá y por encima de la congregación local. Además, consideraremos la naturaleza, la composición y las responsabilidades de ese gobierno. A continuación, abordaremos la forma en que los distintos niveles de gobierno de la iglesia deben relacionarse e interactuar entre sí.

El gobierno de la iglesia para toda la iglesia

Es importante aclarar qué es lo que estamos argumentando. Por ejemplo, ¿en qué coinciden los presbiterianos y los congregacionalistas?[4] ¿En qué difieren?

Los presbiterianos y los congregacionalistas están de acuerdo en que el Nuevo Testamento enseña la existencia de lo que se ha llamado la "iglesia invisible". Hemos considerado este término en el capítulo 1. La iglesia invisible, como la define el Catecismo Mayor de Westminster, es "todo el número de los elegidos que han sido, son

---

[3] Thomas E. Peck, *Notes on Ecclesiology* [*Notas en eclesiología*] (Richmond, VA: Presbyterian Committee of Publication, 1892; repr., Greenville, SC: Presbyterian Press, 2005), 196.

[4] Utilizo el término "congregacionalista" en sentido amplio para referirme a las personas que entienden que el gobierno de la iglesia no va más allá de la congregación local. Al hacerlo, paso por alto las diferencias históricas entre el "congregacionalismo" y el "independentismo", sobre las cuales, recomiendo ver James Bannerman, *The Church of Christ: A Treatise on the Nature, Powers, Ordinances, Discipline and Government of the Christian Church* [*La iglesia de Cristo: Tratado sobre la naturaleza, poderes, ordenanzas, disciplina y gobierno de la Iglesia cristiana*], 2 vols. (Londres: Banner of Truth Trust, 1960), 2:296-300.

o serán reunidos en uno bajo Cristo, la Cabeza".[5] Vemos la iglesia invisible reflejada en pasajes como Efesios 5:25-27, donde el apóstol Pablo nos dice que "Cristo amó a la iglesia y se dio a Sí mismo por ella, para santificarla, habiéndola purificado por el lavamiento del agua con la palabra, a fin de presentársela a Sí mismo, una iglesia en toda su gloria, sin que tenga mancha ni arruga ni cosa semejante". No hay desacuerdo en que la iglesia, en este sentido, existe más allá del nivel de la congregación local.

El desacuerdo existente, radica en si la iglesia visible debe ser gobernada desde niveles más allá de la congregación local. Los presbiterianos argumentan en forma afirmativa, los congregacionalistas en forma negativa. El gobierno de la iglesia congregacional no niega que los ancianos que sirven a las congregaciones puedan o incluso deban reunirse con fines de instrucción, edificación y esfuerzo cooperativo. Sin embargo, estas asambleas son consultivas, pero no gubernamentales. No tienen poder para hacer cumplir sus conclusiones y acciones con respecto a la membresía de la iglesia local. Hablando propiamente, el poder de la iglesia se ejerce solo dentro de la congregación local.

El presbiterianismo sostiene que "Jesucristo, nuestro Mediador, ha establecido en su Palabra un modelo de presbiterio y de gobierno presbiteriano en común sobre varias congregaciones individuales en una sola iglesia, para que sirva de regla a Su iglesia en todas las épocas posteriores".[6] En otras palabras, los presbiterianos argumentan dos puntos relacionados. En primer lugar, el gobierno de la iglesia existe más allá del nivel local, y por encima de la congregación local. En segundo lugar, la congregación local existe, por tanto, en una relación de responsabilidad y sumisión mutua con otras congregaciones locales.

¿Cuál es la evidencia de las Escrituras para el gobierno de la iglesia presbiteriana? Siguiendo a Peck, podemos señalar tres líneas amplias y relacionadas de evidencia bíblica. En primer lugar, las Escrituras enseñan la "unidad de la iglesia, incluso como iglesia visible católica".[7]

---

[5] *CMaW* 64.

[6] *Jus Divinum Regiminis Ecclesiastici*, o *El Derecho Divino del Gobierno de la Iglesia*, originalmente afirmado por los Ministros del Colegio de Sión, Londres, diciembre de 1646 (1646; repr., rev. y ed., David Hall; Dallas, TX: Naphtali, 1995), 200.

[7] Peck, *Notes on Ecclesiology*, 195.

No se trata simplemente de que la unidad de la iglesia exista con respecto a la iglesia invisible. Es que la Escritura llama a la iglesia visible a dar una expresión a la unidad que pertenece a la iglesia. Vemos esta enseñanza reflejada en varios pasajes.

> La gloria que me diste les he dado, para que sean uno, así como Nosotros somos uno: Yo en ellos, y Tú en Mí, para que sean perfeccionados en unidad, para que el mundo sepa que Tú me enviaste, y que los amaste tal como me has amado a Mí (Jn 17:22-23).
>
> Hay un solo cuerpo y un solo Espíritu, así como también vosotros fuisteis llamados en una misma esperanza de vuestra vocación; un solo Señor, una sola fe, un solo bautismo, un solo Dios y Padre de todos, que está sobre todos, por todos y en todos (Ef 4:4-6).
>
> Puesto que el pan es uno, nosotros, que somos muchos, somos un cuerpo; pues todos participamos de aquel mismo pan (1Co 10:17).
>
> Porque así como el cuerpo es uno, y tiene muchos miembros, pero todos los miembros del cuerpo, aunque son muchos, constituyen un solo cuerpo, así también es Cristo (1Co 12:12).[8]

Es imposible restringir la unidad que se contempla en estos pasajes a la de la congregación local. Jesús y Pablo enseñan que hay una unidad que pertenece a la iglesia visible en su conjunto.[9] Esta unidad se refleja en el relato bíblico del crecimiento y el progreso de la iglesia primitiva. En Hechos 9:31, Lucas comenta parentéticamente, después de la conversión de Saulo al cristianismo: "Entretanto la iglesia gozaba de paz por toda Judea, Galilea y Samaria, y era edificada; y andando en el temor del Señor y en la fortaleza del Espíritu Santo, seguía creciendo". La Escritura, entonces, puede hablar de una porción

---

[8] Ibid. Peck, a su vez, cita estos textos de John M. Mason, *Essays on the Church of God: In Which the Doctrines of Church Membership and Infant Baptism Are Fully Discussed* [*Ensayos sobre la iglesia de Dios: En los que se discuten ampliamente las doctrinas de la pertenencia a la Iglesia y el bautismo de niños*] (1843; repr., Taylors, SC: Presbyterian Press, 2005).

[9] Es a la luz de esta verdad que el *BCO* de la PCA dice: "Esta unidad visible del cuerpo de Cristo, aunque oscurecida, no es destruida por su división en diferentes denominaciones de cristianos profesantes; pero todos estos que guardan la Palabra y los Sacramentos en su integridad fundamental deben ser reconocidos como verdaderas ramas de la iglesia de Jesucristo". *BCO* 2-2.

considerable del pueblo de Dios extendida en una amplia región geográfica como "la iglesia" (singular).

Una cosa es que la iglesia visible posea y exprese la unidad. Otra cosa es que esta unidad "justifique la unión de dos o más congregaciones en un mismo gobierno".[10] ¿Acaso la unidad de la iglesia implica tal gobierno?

Esto nos lleva a nuestro segundo punto: durante el período apostólico, la iglesia existía en varias congregaciones. La Escritura habla de estas congregaciones colectivamente como la "iglesia", y entiende que esas congregaciones están unidas en un solo gobierno.[11] El primero es que los Hechos de los Apóstoles describen más de una vez a la iglesia de Jerusalén utilizando la palabra "iglesia" en singular.

En aquel día se desató una gran persecución en contra de la iglesia en Jerusalén (Hch 8:1).

Y la noticia de esto llegó a oídos de la iglesia de Jerusalén y enviaron a Bernabé a Antioquía (Hch 11:22).

Cuando llegaron a Jerusalén, fueron recibidos por la iglesia, los apóstoles y los ancianos (Hch 15:4).

Entonces, la Escritura habla de todos los creyentes de Jerusalén como "la iglesia". En segundo lugar, "la iglesia de Jerusalén debe haber consistido en varias congregaciones".[12] Los Hechos de los Apóstoles registran un crecimiento numérico constante y sustancial en la iglesia de Jerusalén. La iglesia comenzó con 120 discípulos y, por la gracia del Señor, creció exponencialmente.

Entonces los que habían recibido su palabra fueron bautizados; y se añadieron aquel día como tres mil almas (Hch 2:41).

Y el Señor añadía cada día al número de ellos los que iban siendo salvos (Hch 2:47).

---

[10] Peck, Notes on Ecclesiology, 196.

[11] Lo que sigue se debe en gran medida a Peck, *Notes on Ecclesiology*, 200-201. Una versión más completa y detallada del tipo de argumento de Peck puede encontrarse en *Jus Divinum*, 201-216. Lo que aquí argumentamos de la iglesia de Jerusalén los autores de *Jus Divinum* también lo hacen de la iglesia de Antioquía, Éfeso y Corinto.

[12] Peck, Notes on Ecclesiology, 200.

Pero muchos de los que habían oído el mensaje creyeron, llegando el número de los hombres como a cinco mil (Hch 4:4).

Y más y más creyentes en el Señor, multitud de hombres y de mujeres, se añadían constantemente al número de ellos (Hch 5:14).

Y la palabra de Dios crecía, y el número de los discípulos se multiplicaba en gran manera en Jerusalén, y muchos de los sacerdotes obedecían a la fe (Hch 6:7).

Y ellos, cuando lo oyeron, glorificaban a Dios y le dijeron: "Hermano, ya ves cuántos miles hay entre los judíos que han creído" (Hch 21:20).

Ciertamente, estos pasajes presentan una serie de dificultades exegéticas.[13] Sin embargo, el lector no debe perderse de la idea principal de la descripción de Lucas. Como señala J. A. Alexander, "incluso en el cálculo más bajo de los números en el caso que nos ocupa, es decir, el de Hechos 4:4, el aumento de la iglesia fue maravillosamente grande y rápido".[14] Una estimación conservadora sitúa el número de miembros de la iglesia en Jerusalén al final de los Hechos de los Apóstoles en no menos de varios miles de personas.

Los creyentes de Jerusalén debieron haberse reunido en congregaciones separadas. Eran los días anteriores a las congregaciones del tamaño de un estadio. El testimonio de las Escrituras y de la historia posterior de la iglesia es que los lugares de reunión públicos dedicados a usos eclesiásticos fueron un fenómeno posterior al Nuevo Testamento. Los lugares de reunión de la iglesia, nos dicen los Hechos

---

[13] Por ejemplo, ¿el número de creyentes dado en Hechos 4:4 incluye el número dado en Hechos 2:41, o está diciendo Lucas que 5,000 creyentes (Hch 4:4) se añadieron a los 3,000 creyentes ya existentes (Hch 2:41)? Para su análisis, ver J. A. Alexander, *A Commentary on the Acts of the Apostles* [*Comentario a los Hechos de los Apóstoles*], 2 vols. (Nueva York: Charles Scribner, 1857; repr., Edimburgo: Banner of Truth, 1963), 1:129-131. Además, no está del todo claro que los números que aparecen en los Hechos reflejen siempre la iglesia de Jerusalén como tal. Algunos o muchos de estos individuos pueden haber abandonado Jerusalén hacia otras partes de Palestina o hacia las tierras de la diáspora. Sobre este tema, ver D. Douglas Bannerman, *The Scripture Doctrine of the Church: Historically and Exegetically Considered* [*La doctrina escritural de la iglesia: Consideración histórica y exegética*] (1887; repr., Grand Rapids: Baker, 1976), 396-399. Curiosamente, estas preocupaciones (y otras más) fueron planteadas y tratadas por los autores de *Jus Divinum*, 206-210.

[14] 242. Alexander, *Commentary on Acts*, 1:131.

y las Epístolas, eran viviendas privadas (Hch 1:12-14; 2:46; 12:12; 19:9; 20:8; 28:30-31; Ro 16:5; 1Co 16:19; Col 4:15; Fil 2).[15] El hecho de que miles de creyentes se reunieran en casas individuales lleva necesariamente a la conclusión de que la iglesia de Jerusalén se reunía en varias congregaciones.[16]

Estos creyentes de Jerusalén eran atendidos por numerosos oficiales. Leemos, por supuesto, sobre el ministerio de los doce apóstoles a lo largo de los primeros capítulos de los Hechos. Hemos sido testigos de la institución del diaconado en Hechos 6:1-6. También sabemos que la iglesia de Jerusalén era atendida por ancianos junto a los apóstoles (Hch 15:2). Esta multiplicidad de oficiales de la iglesia se adapta a una iglesia reunida en congregaciones separadas. Es razonable concluir que estas congregaciones eran gobernadas colectivamente por los apóstoles; e individualmente por grupos de ancianos elegidos por la congregación para servir a la misma (ver Hch 6:1-6).[17]

Hemos observado anteriormente que estas congregaciones se denominaban propiamente una sola iglesia (Hch 8:1). También vemos que esta iglesia regional es "representada como actuando en conjunto" a través de sus oficiales en asuntos de gobierno de la iglesia.[18] Tres pasajes de la Escritura nos ayudan a ver este gobierno de la iglesia regional. En Hechos 11:22, vemos a los ancianos de la iglesia de Jerusalén enviando a Bernabé para animar y servir a la iglesia de Antioquía. En Hechos 11:30, vemos a los ancianos recibiendo y, por implicación, desembolsando el fondo de ayuda enviado por los creyentes de Antioquía a la iglesia de Jerusalén. En Hechos 15:2, vemos a los ancianos de la iglesia de Jerusalén recibiendo a Pablo y Bernabé para comenzar a discutir y deliberar sobre un asunto de doctrina y práctica.[19]

---

[15] *Jus Divinum*, 211.

[16] Este es precisamente el modelo de la sinagoga de Jerusalén. Ver ahora el análisis en Lee I. Levine, *The Ancient Synagogue: The First Thousand Years* [*La antigua sinagoga: Los primeros mil años*], 2a ed. (New Haven, CT: Yale University Press, 2005).

[17] Como señala Peck, "Cada apóstol era un gobernador de toda la iglesia... desde la misma naturaleza del oficio apostólico". *Notes on Ecclesiology*, 201.

[18] Ibid.

[19] Estos tres ejemplos han sido extraídos de *Jus Divinum*, 217-218.

Entonces, podemos hablar de la iglesia tanto a nivel local como regional. En cada nivel, es gobernada por una pluralidad de ancianos. A nivel local, la congregación es gobernada por los ancianos que esa congregación ha elegido para servirla. En un nivel más amplio o superior, la iglesia es gobernada por una representación de los ancianos dentro de una región particular.[20]

De esta observación, podemos sacar la conclusión de que la iglesia visible, en su nivel más alto o amplio, debe ser gobernada por una representación de sus ancianos. Lo que nos muestran los datos de los Hechos es que el gobierno de la iglesia se extiende tan alto y tan ampliamente como se extiende la iglesia visible. Si la iglesia visible es universal, es lógico que las Escrituras llamen a la iglesia a ser gobernada a ese nivel por una representación de los ancianos de toda la iglesia.

Es importante ver que, bíblicamente, la existencia de la iglesia localmente en varias congregaciones no delimita ni se contrapone a su identidad y trabajo como iglesia más amplia. De hecho, como observa Peck, es el "gobierno de la iglesia presbiteriana" el que "realiza la unidad de la iglesia" por la "*elasticidad* de su sistema representativo parlamentario".[21]

> Si hubiera una sola congregación en la tierra, su presbiterio o "consistorio", constituiría el parlamento de toda la iglesia; si hubiera media docena, los representantes de cada una constituirían un parlamento para toda la iglesia; si hubiera un número aún mayor, se obtendrían los mismos resultados. Y los representantes de todas las iglesias (o de los parlamentos más pequeños, que es el mismo principio), constituyen el parlamento de toda la iglesia... Por tanto, el presbiterianismo puede definirse así: El gobierno de la iglesia por medio de asambleas parlamentarias, compuestas por dos clases de presbíteros, y por presbíteros solamente, y dispuestas de tal manera que hagan efectiva la unidad visible de toda la iglesia.[22]

---

[20] Más adelante discutiremos el carácter representativo de los tribunales superiores de la iglesia.
[21] Peck, *Notes on Ecclesiology*, 203; el énfasis es de Peck.
[22] Ibid.

Esta "elasticidad" ofrece flexibilidad a la iglesia para expresar su unidad.

La disposición de los tribunales, su número, la extensión del territorio, etc., es un asunto que debe determinar la sabiduría humana, acomodando sus planes a las circunstancias del caso, con miras a la decencia, el orden y la edificación general. Las montañas, los ríos, las divisiones políticas, el idioma y otras circunstancias modifican y deben modificar nuestros intentos de realizar, en cualquier forma externa, la idea de la unidad de la iglesia.[23]

Por tanto, el presbiterianismo de "Derecho Divino" está notablemente adaptado tanto a las exigencias de una iglesia en expansión como al logro del objetivo de la unidad de la iglesia en cada época. A medida que la iglesia crece, el gobierno que Cristo ha dado a la iglesia puede crecer con ella. La iglesia puede estar segura de que no se encontrará con ninguna serie de circunstancias que la obliguen a desechar o modificar su forma de gobierno. Sin duda, esta condición es un testimonio de la sabiduría de Cristo, la Cabeza de la iglesia.

Antes de proseguir, conviene subrayar que presentamos este argumento a favor del presbiterianismo con una modesta certeza. Como señala Peck, esta reflexión tiene importantes implicaciones para nuestras interacciones con nuestros hermanos no presbiterianos.

No se puede llegar a una certeza absoluta sobre estos puntos, como sí se puede hacer con respecto a los artículos de fe que son fundamentales y necesarios para la salvación. Y, por tanto, si bien defendemos el orden bíblico de la casa de Cristo, como una cuestión de fe y de gran importancia para la prosperidad y la eficacia de la iglesia, no dejamos de considerar iglesia ni remitimos a las misericordias no pactadas de Dios a aquellos que, asiéndose la Cabeza, difieren de nosotros en estos puntos.[24]

Como vimos en la Introducción, el presbiterianismo es esencial para el bienestar (*bene esse*) pero no para la esencia (*esse*) de la iglesia.

---

[23] Ibid., 194.
[24] Ibid., 202-3.

Por tanto, la no aceptación del presbiterianismo no es una barrera para recibir a una persona no presbiteriana como cristiano, o a una iglesia no presbiteriana como una verdadera rama de la iglesia, siempre que de hecho se aferre a la única Cabeza de la iglesia, Jesucristo.

Las asambleas de la iglesia

Hasta ahora, hemos argumentado dos puntos fundamentales en este capítulo. En primer lugar, la Escritura reconoce que la iglesia visible es más amplia y más elevada que la congregación local. Podemos hablar con propiedad de todas las congregaciones verdaderas de una región, de hecho, de todas las congregaciones verdaderas del planeta, como "la iglesia". En segundo lugar, la Escritura representa a las congregaciones como "conectadas entre sí en el gobierno".[25] Sin duda, la iglesia tiene un gobierno a nivel local, pero también tiene un gobierno a niveles superiores. Consideremos ahora la forma de gobierno de la iglesia en estos niveles superiores.

Antes de abordar este tema, repasemos lo que hemos concluido respecto al gobierno de la iglesia a nivel local. Hemos visto que las congregaciones son gobernadas por una pluralidad de ancianos (Hch 14:23; Fil 1:1; Tit 1:5). Los presbiterianos suelen llamar a esta reunión de ancianos un "consistorio".[26] El "consistorio" podría llamarse propiamente "presbiterio", ya que un "presbiterio" en su sentido más general es un consejo de ancianos.[27] Sin embargo, los presbiterianos tienden a reservar el término "presbiterio" para describir la iglesia regional, que también se reúne como tribunal de la iglesia.[28]

El consistorio es un ejemplo de tribunal de la iglesia. El término "tribunal" se refiere a los ancianos que se reúnen para declarar la ley de Dios en beneficio de la iglesia. El consistorio tiene responsabilidades

---

[25] Ibid., 194.
[26] En algunas regiones es llamado "sesión" por causa una palabra latina que significa "sentarse", es decir, en deliberación y juicio.
[27] Peck, *Notes on Ecclesiology*, 191. Para la discusión del término griego *presbuterion*, ver Knight, *The Pastoral Epistles*, 209.
[28] "El presbiterio está formado por todos los ancianos docentes y las iglesias dentro de sus límites que han sido aceptados por el presbiterio. Cuando el Presbiterio se reúne como tribunal, comprenderá a todos los ancianos docentes y a los ancianos gobernantes elegidos por su consistorio". *BCO* 13-1.

que recaen en tres áreas que consideramos en el capítulo 3: doctrina, orden y jurisdicción. En el capítulo 4, prestamos atención a una de estas responsabilidades de un tribunal de la iglesia, concretamente, la ordenación de los hombres para los oficios de la iglesia.

Los consistorios están compuestos tanto por ancianos docentes como por ancianos gobernantes. Puesto que los ancianos docentes y los ancianos gobernantes son dos órdenes distintos dentro del mismo oficio, y puesto que las Escrituras no designan ninguna estructura jerárquica dentro o sobre el cuerpo de ancianos, los tribunales deben actuar a través de "la deliberación, la conferencia, el intercambio de opiniones y un voto [mayoritario] que determina la acción de todo el cuerpo gobernante".[29]

Si los consistorios tienen tal composición y carácter, ¿qué podemos decir del carácter y composición de los tribunales superiores o más amplios de la iglesia? ¿Qué podemos decir del presbiterio (la iglesia regional) cuando se reúne como tribunal? ¿Qué podemos decir de la Asamblea General, que "es el más alto tribunal de la iglesia y representa en un solo cuerpo a todas sus iglesias"?[30] Afortunadamente, las Escrituras nos dan un ejemplo del funcionamiento de un tribunal superior en Hechos 15.[31] Volvamos a este capítulo y veamos qué principios podemos aprender sobre el gobierno de la iglesia a nivel del presbiterio y la Asamblea General.[32]

Cinco observaciones son pertinentes a nuestro interés. La primera tiene que ver con la composición del Concilio de Jerusalén. La asamblea de Hechos 15 es una asamblea representativa. Está compuesta por representantes enviados por varias iglesias, como

---

[29] Peck, *Notes on Ecclesiology*, 189. Es debido a este carácter del tribunal eclesiástico como asamblea deliberativa que muchos de estos tribunales adoptan normas de procedimiento parlamentario como las Reglas de Orden de Robert, Nuevamente Revisadas.

[30] BCO 14-1.

[31] Hemos visto que la iglesia en Jerusalén probablemente estaba compuesta por varias congregaciones unidas en un solo gobierno. Esto es probablemente cierto en otras regiones donde la iglesia estaba presente durante el período apostólico. Por tanto, el Concilio registrado en Hechos 15 es un tribunal de la iglesia universal o, como mínimo, de varias iglesias regionales.

[32] El siguiente análisis se debe a William Cunningham, *Historical Theology: A Review of the Principal Doctrinal Discussions in the Christian Church Since the Apostolic Age* [*Teología histórica: Reseña de las principales discusiones doctrinales en la iglesia cristiana desde la época apostólica*], 2 vols. (1870; repr. Londres: Banner of Truth Trust, 1960), 1:43-78, y *Jus Divinum*, 225-36.

vemos en Hechos 15:2: "Determinaron que Pablo y Bernabé, y algunos otros de ellos subieran a Jerusalén a los apóstoles y a los ancianos para tratar esta cuestión". La Escritura nos dice que estos representantes son "designados" por la iglesia para servir en Jerusalén. Como este nombramiento es un acto de gobierno, podemos concluir que fueron los ancianos de la iglesia de Antioquía los que actuaron en la selección de Pablo y Bernabé.

Además, los representantes en el Concilio de Jerusalén son todos apóstoles o ancianos. No menos de cinco veces en este relato Lucas recuerda a sus lectores que fueron los "apóstoles y los ancianos" quienes participaron en el Concilio de Jerusalén (15:4, 6, 22, 23; 16:4). Como deja particularmente claro Hechos 15:6 ("los apóstoles y los ancianos se reunieron para considerar este asunto") y Hechos 16:4 ("los acuerdos tomados por los apóstoles y los ancianos que estaban en Jerusalén"), los no oficiales no participan directamente en el trabajo de esta asamblea. Dado que el oficio de apóstol ha cesado, la membresía de tales asambleas hoy debe consistir exclusivamente en ancianos.

Según la Escritura, estos ancianos proceden de varias congregaciones. La delegación de la iglesia de Antioquía está formada por Pablo y Bernabé (15:2), que se unen a "los apóstoles y los ancianos" de Jerusalén. Dado que el asunto que se planteaba en el Concilio afectaba a otras iglesias además de la de Jerusalén y Antioquía (ver Hch 15:23), es de suponer que otras iglesias no nombradas enviaron también representantes.[33] Por tanto, esta asamblea no es un tribunal de la iglesia local, sino de la iglesia más amplia.

Entonces, el libro de los Hechos nos muestra que los tribunales superiores de la iglesia deben estar compuestos por ancianos. Estos ancianos son elegidos por los tribunales inferiores de los que forman parte. Además, los tribunales superiores sirven a la iglesia en general.

Algunos han argumentado que debido a que varios apóstoles están registrados como participantes en esta Asamblea, esta no es normativa para el gobierno posterior de la iglesia. En otras palabras, se dice que los apóstoles "actuaron en este asunto como expositores

---

[33] *Jus Divinum*, 228-29.

inspirados e infalibles de la voluntad de Dios".[34] Por el contrario, vemos a los apóstoles Pedro, Pablo, Bernabé y Santiago participando en el trabajo del Concilio como "funcionarios ordinarios de la iglesia, utilizando los medios ordinarios para indagar la voluntad divina, y disfrutando solo de la guía e influencias ordinarias de Su Espíritu".[35] Nunca vemos a los apóstoles en el Concilio invocando su autoridad apostólica. Más bien, participan como ancianos con otros ancianos en el proceso de deliberación. Según la Escritura, la conclusión del Concilio es el resultado de un consenso forjado a través del debate, no la invocación de un juicio apostólico infalible. Ciertamente, los apóstoles tenían derecho a concluir el asunto de esta manera. Sin embargo, optaron por no actuar aquí como "expositores inspirados e infalibles de la voluntad de Dios".[36] Optaron por actuar como "ancianos compañeros" (1P 5:1). Al hacerlo, nos muestran que la Escritura pretende que este Concilio y sus trabajos sean reguladores de la práctica de la iglesia en cada época.

La segunda observación se refiere al tema que aborda el Concilio. Lucas nos especifica el problema en Hechos 15:1: "Algunos hombres bajaron de Judea y enseñaban a los hermanos: Si no os circuncidáis conforme al rito de Moisés, no podéis ser salvos". El asunto es una preocupación específicamente eclesiástica e implica una corrupción del evangelio. Este es el tipo de asunto que propiamente se presenta ante un tribunal de la iglesia de Jesucristo.

Además, este asunto había sido motivo de "disensión y debate" en la iglesia de Antioquía. Al parecer, también había preocupado a la iglesia de Siria y Cilicia (15:23). Esta preocupación no se limitaba

---

[34] Cunningham, *Historical Theology*, 1:45. Cunningham resume aquí una interpretación congregacional estándar de Hechos 15. Sin embargo, no solo los congregacionalistas entienden el capítulo de esta manera. Ver Alexander, *Commentary on Acts*, 2:92. Peck informa de que esta postura era también la de Thornwell. Thomas E. Peck, "The Action of the Assembly of 1879 on Worldly Amusements, or The Powers of Our Several Church Courts" [La Acción de la Asamblea de 1879 sobre las Distracciones Mundanas, o los Poderes de Nuestros Diversos Tribunales de la Iglesia], en *Miscellanies of Thomas E. Peck* [*Misceláneas de Thomas E. Peck*], 3 vols. (Richmond, VA: Presbyterian Committee of Publication, 1895-97; repr., en Edimburgo: Banner of Truth, 1999), 2:351.

[35] Cunningham, *Historical Theology*, 1:45. Cunningham ofrece aquí una interpretación presbiteriana estándar de Hechos 15. Ver su discusión sobre este punto en *Historical Theology*, 1:45-47; ver también *Jus Divinum*, 229-31.

[36] Utilizando la frase de Cunningham. *Historical Theology*, 1:45.

a una sola congregación o incluso a una iglesia regional específica, sino que afectaba a la iglesia en general. Por tanto, la gravedad y el carácter generalizado de este asunto justificaban la consideración de un tribunal superior de la iglesia.

Además, hay que tener en cuenta cómo llega el asunto a la atención del Concilio. El asunto llega por referencia de la iglesia de Antioquía a un tribunal superior de la iglesia.[37] Este curso de acción no era el único disponible para la iglesia de Antioquía, como explica William Cunningham.

> Es evidente que, si la iglesia de Antioquía, en lugar de remitir el asunto a la iglesia de Jerusalén, hubiera tomado ella misma una decisión al respecto, como podría haber hecho, habría sido igualmente competente para la minoría de la iglesia de Antioquía (pues sabemos que había una división allí) apelar a la iglesia de Jerusalén para que revisara y, si veía motivos, revocara la decisión.[38]

Entonces, el Concilio de Jerusalén ilustra un principio importante para el gobierno de la iglesia. Los tribunales superiores tienen un papel de supervisión con respecto a los tribunales inferiores de la iglesia. Ya sea que esta preocupación haya llegado al Concilio por medio de una queja o, como sucedió en realidad, por referencia, este Concilio tenía autoridad para actuar sobre asuntos que fueron constitucionalmente presentados ante él por un tribunal inferior.[39] A continuación consideraremos qué autoridad tienen las decisiones de los tribunales superiores con respecto a los tribunales inferiores de la iglesia en particular y a la iglesia en general.

La tercera observación se refiere a la manera en que el Concilio abordó el asunto que le planteó la iglesia de Antioquía.[40] Lo hizo mediante una deliberación. ¿Cuál es el carácter de esta deliberación? Podemos señalar dos características principales. En primer lugar, vemos que los ancianos participantes se relacionan entre sí como

---

[37] Cunningham, *Historical Theology*, 1:59.
[38] Ibid., 1:60.
[39] Ver este principio articulado y desarrollado en *BCO* 39-1, 2, 3.
[40] Para lo que sigue, estoy especialmente en deuda con David F. Coffin Jr.

iguales. La discusión no ofrece ninguna evidencia de que un individuo posea o ejerza una autoridad jerárquica sobre los demás.

En segundo lugar, la deliberación es ordenada y racional, y procede según las premisas extraídas de las Escrituras. Es ordenada. Cada persona habla por turnos. Es racional. La contribución de cada persona se basa en lo que acaba de decir la persona anterior y no se limita a repetirlo. Es bíblica. La deliberación se centra, principalmente, en la aplicación de las Escrituras al asunto tratado por el Concilio.[41] Pedro, Pablo y Bernabé relatan la actividad de Dios en relación con su ministerio a los gentiles. Tenemos un relato inspirado de esta actividad en Hechos 10-11 y Hechos 13-14. Santiago cita al profeta Amós en referencia a la situación a la que se enfrenta el Concilio, y procede a extraer del profeta conclusiones prácticas para que el Concilio las siga (ver Hch 15:15-21).

La cuarta observación se refiere a la naturaleza y la autoridad de la decisión del Concilio. Los ancianos presentes en Jerusalén no deliberan por deliberar. Deliberan para llegar a una conclusión. Al final, el Concilio toma tres medidas.[42] Llegan a una decisión, redactan su decisión en una carta explicativa que se distribuye a la iglesia en general, y seleccionan a hombres para que lleven esta carta personalmente a las distintas iglesias representadas en el Concilio.

¿Qué podemos decir acerca de la conclusión en sí misma? Formalmente, al igual que la deliberación se desarrolló según premisas bíblicas, la conclusión que se desprende lógicamente de estas premisas también es bíblica. El Concilio dice a la iglesia que entiende que su decisión es bíblica al introducirla así: "Nos pareció bien al Espíritu Santo y a nosotros" (15:28).[43] Entonces, el Concilio nos muestra que

---

[41] Cunningham señala que el Concilio apela tanto a la providencia de Dios como a las Escrituras. Sin embargo, observa cuidadosamente que "la palabra escrita de Dios es, propiamente hablando, la única norma por la que deben regularse los asuntos de la iglesia, aunque se puede aprender mucho si se considera cuidadosamente Su providencia, o lo que Él ha hecho realmente, en relación con las declaraciones de Su palabra". *Historical Theology*, 1:48.

[42] *Jus Divinum*, 231.

[43] "Esta declaración implica ciertamente que ellos estaban seguros de que la decisión estaba de acuerdo con la mente del Espíritu Santo... Cristo, la Cabeza de la iglesia, determinó la disposición de este asunto, no por inspiración directa e infalible, sino por una reunión general de apóstoles y ancianos buscando y alcanzando la verdad sobre el punto, por medios accesibles a los hombres en general con las influencias ordinarias del Espíritu". Cunningham, *Historical*

"todos los decretos y determinaciones de los Concilios o Tribunales eclesiásticos deben estar regulados por la Palabra de Dios".[44]

Concretamente, la conclusión del Concilio demuestra tanto el poder dogmático como el diatáctico de un tribunal de la iglesia. Su poder dogmático se ve ejercido en la resolución de la Asamblea sobre el asunto doctrinal que le planteó la iglesia de Antioquía.[45] El Concilio lo hace cuando dice que "algunas personas han salido de nosotros y os han perturbado con palabras, inquietando vuestras mentes, aunque no les dimos instrucciones" (15:24), y cuando dispone que Judas y Silas confirmen lo mismo personalmente ante las iglesias (15:27). En otras palabras, la Asamblea defiende la doctrina de la justificación por la sola fe y rechaza expresamente una doctrina de la justificación por las obras que circula entre las iglesias.[46]

La Asamblea ejerce el poder diatáctico, o el poder de orden, cuando dice a las iglesias que deben abstenerse de ciertos asuntos.

> Porque pareció bien al Espíritu Santo y a nosotros no imponeros mayor carga que estas cosas esenciales: que os abstengáis de cosas sacrificadas a los ídolos, de sangre, de lo estrangulado y de fornicación. Si os guardáis de tales cosas, bien haréis (Hch 15:28–29).

La Asamblea destaca cuatro asuntos de enorme importancia para los judíos. La Asamblea no está diciendo que estos sean los únicos asuntos de conducta por los que los cristianos del primer siglo deberían haberse preocupado. Tampoco dice que cada uno de ellos sea tan importante moralmente como el otro. Más bien están señalando a los creyentes estos cuatro asuntos por una razón específica. Habiendo afirmado el punto doctrinal de que el creyente es justificado solo por

---

Theology, 1:46.

[44] Cunningham, *Historical Theology*, 1:53.

[45] Significativamente, la Asamblea se abstiene de dictar sentencia judicial contra los individuos que estaban enseñando esta falsa doctrina. Es probable que esto se deba a que no había llegado propiamente a la Asamblea una apelación judicial relativa a un caso juzgado primero por un tribunal inferior. Más bien, la Asamblea se limita a abordar los méritos doctrinales de la enseñanza en cuestión, así como a reconocer algunas de las consecuencias prácticas de dicha enseñanza. Ver Peck, "Worldly Amusements" [Distracciones Mundanas], en *Miscellanies*, 2:355.

[46] *Jus Divinum*, 232.

la fe y no por las obras de la ley, y que los creyentes bajo el Nuevo Pacto no están obligados a circuncidarse, la Asamblea se preocupa de que esta doctrina no dé lugar a ofensas innecesarias. Aunque tres de estos cuatro asuntos se refieren a "cosas indiferentes" para el creyente, la Asamblea insta a los creyentes a que los observen, y a que lo hagan con el fin de evitar ofensas innecesarias, ya sea de judíos creyentes más débiles o de judíos incrédulos. Por esta razón, la Asamblea no está ejerciendo un poder legislativo. Más bien, la Asamblea está ejerciendo el poder jurisdiccional del orden. Este tribunal pone en orden las circunstancias en aras de la paz y la unidad de la iglesia, y para el honor del evangelio.

Esta discusión plantea dos preguntas más. La primera, ¿es este decreto de carácter obligatorio para los creyentes de hoy en día con respecto a su consejo de abstenerse de "lo sacrificado a los ídolos, de la sangre y de lo estrangulado"? La respuesta a esta pregunta es "no". La razón es que las circunstancias que ocasionaron el ejercicio del poder de orden de la iglesia en Jerusalén ya no existen hoy en día. Es muy poco probable que mi compra en el supermercado de un paquete de carne de hamburguesa con un poco de sangre todavía en el paquete ofenda a mi vecino o compañero de iglesia por razones relacionadas con las leyes ceremoniales de Moisés.

La segunda, ¿habría sido un pecado para un cristiano en la iglesia de Jerusalén del primer siglo comer carne sacrificada a los ídolos, desafiando el decreto? La respuesta a esta pregunta es un "sí" condicionado. Haberlo hecho habría sido pecado, pero el pecado no habría estado en comer la carne en sí. Si así fuera, tendríamos que reconocer el poder de la Asamblea para legislar un asunto no legislado por las Escrituras. Después de todo, la Asamblea reconoció que los creyentes del Nuevo Pacto estaban libres de tales obligaciones ceremoniales. Más bien, el pecado habría consistido en el escándalo provocado por esta acción. En consecuencia, "la disciplina sería administrada por el escándalo y no por la violación de la regla en sí".[47]

¿Qué podemos decir de la autoridad de la decisión del Concilio? La Escritura indica que las conclusiones de la Asamblea no eran

---

[47] Peck, "Worldly Amusements", en *Miscellanies*, 2:356.

de carácter consultivo. La decisión era "un juicio de autoridad".[48] Leemos en Hechos 15:28 que la Asamblea impone una "carga" a la iglesia de Antioquía, Siria y Cilicia. Además, cuando Pablo y Silas entregan el trabajo de la Asamblea a la iglesia, Lucas nos dice que "les entregaron para su cumplimiento las decisiones que habían tomado los apóstoles y los ancianos que estaban en Jerusalén" (Hch 16:4). El hecho de que la entrega de la Asamblea tuviera un carácter de autoridad y se impusiera a los tribunales inferiores de la iglesia nos muestra un importante principio del gobierno bíblico de la iglesia, el de "la subordinación de un tribunal a otro de jurisdicción más amplia, de la subordinación de una iglesia a muchas iglesias, o a sus representantes".[49] Más adelante consideraremos más de cerca esta gradación de los tribunales de la iglesia.

La quinta y última observación de Hechos 15 se refiere a cómo la iglesia recibe las decisiones de un tribunal superior. Ya hemos visto que el Concilio de Jerusalén estaba compuesto exclusivamente por ancianos. El pueblo no participa en las deliberaciones del Concilio.[50] Sin embargo, esta decisión se somete a la consideración de toda la iglesia en forma de redacción y distribución de la carta de la Asamblea. ¿Cuál es el propósito de esta presentación?

Podemos decir que el propósito no era dar al pueblo la oportunidad de vetar o anular la decisión. Las Escrituras no indican que el pueblo tenga tal autoridad. Más bien, el propósito era obtener el "consentimiento y la concurrencia" del pueblo.[51] Este consentimiento y concurrencia no es un acto de gobierno. Más bien, es un reconocimiento de que la decisión de la Asamblea es lo que profesa ser: una decisión en consonancia con las Escrituras. La Asamblea se preocupa por demostrar que sus deliberaciones y conclusiones fueron bíblicas porque quiere que la iglesia reciba sus juicios como tales. Vemos aquí otro principio del gobierno bíblico de la iglesia. No basta

---

[48] Cunningham, *Historical Theology*, 1:61. Ver también *Jus Divinum*, 233-234.

[49] Cunningham, *Historical Theology*, 1:62. "Un Sínodo o Concilio del que fueran miembros constituyentes podría considerarse justamente como representante de la iglesia y, por tanto, con derecho a ejercer sobre toda la extensión y amplitud de esta cualquier autoridad y jurisdicción que fuera en sí misma correcta o competente". Ibid.

[50] Aun así, se dice que la decisión del tribunal es el juicio de toda la iglesia (15:22), es decir, la iglesia que actúa a través de sus oficiales.

[51] Cunningham, *Historical Theology* (Teología Histórica), 1:56.

con que la decisión de un tribunal eclesiástico sea bíblica, sino que también debe ser *percibida* como tal. Este deseo determina la forma en que la Asamblea redacta y promulga sus acciones.

Por tanto, la Escritura sostiene lo que se ha llamado el "derecho al juicio privado", es decir, que cada cristiano "tiene derecho a interpretar la palabra de Dios por sí mismo bajo su propia responsabilidad, para la regulación de sus propias opiniones y conducta, para la ejecución de sus propias funciones y el cumplimiento de sus propios deberes, *cualesquiera que éstos sean*".[52] Los funcionarios de la iglesia no se interponen entre Cristo y la conciencia del creyente. Por el contrario, la Escritura en Hechos 15 pone en evidencia el poder ministerial que los ancianos están llamados a ejercer.

Observa los resultados de las acciones del Concilio en la iglesia: "Así que las iglesias se fortalecieron en la fe, y aumentaron en número cada día" (16:5). La acción de la Asamblea no dividió a la iglesia. Tampoco frenó ni obstaculizó la labor evangelizadora de la iglesia. Por el contrario, la acción de la Asamblea sirvió para edificar y extender la iglesia al menos de dos maneras. Primero, la iglesia fue "fortalecida en la fe". Imagina el alivio que los creyentes, asediados por las falsas enseñanzas dentro de la iglesia, experimentaron cuando leyeron esta carta y escucharon a hombres como Pablo y Silas explicándola. Imagina su ánimo al saber que la iglesia había reafirmado así su compromiso con el evangelio. Cuando el gobierno de la iglesia funciona correctamente, la iglesia goza de unidad y no de fragmentación.

Segundo, la iglesia "aumentó en número cada día". Este resultado no debe sorprendernos. Los creyentes unidos y fortificados por el evangelio se dispersaron para anunciar a otros las buenas nuevas de Jesús. Por la gracia de Dios, los pecadores fueron llevados a la fe y al arrepentimiento, hicieron profesión pública de fe y se unieron a la comunidad de creyentes. Este pasaje debería ayudarnos a ver que el gobierno bíblico de la iglesia no es un obstáculo para las misiones y la evangelización. De hecho, las Escrituras nos muestran que un

---

[52] Ibid., 1:51. Ver el análisis de Cunningham para una elaboración de la distinción crítica entre el pueblo que no tiene autoridad para "interpretar la palabra de Dios con el fin de ejecutar esta función [de gobierno]", pero que conserva inalienablemente el derecho de juicio privado en la recepción de los actos y entregas de un tribunal de la iglesia. Ibid., 1:52.

buen gobierno de la iglesia es fundamental para la expansión de esta. Después de que esta Asamblea ha hecho su trabajo, la iglesia sigue creciendo por la bendición del Señor. Así pues, Jesús está bendiciendo Sus propios medios para reunir y perfeccionar a los santos.

Recepción de las acciones de los tribunales de la iglesia en la actualidad

Los cristianos han reconocido desde hace mucho tiempo que los tribunales de la iglesia pueden equivocarse. Ningún protestante afirma que los oficiales de la iglesia o los tribunales de la iglesia sean infalibles. La Confesión de Fe de Westminster resume correctamente la enseñanza de las Escrituras cuando dice que "todos los sínodos o concilios, desde los tiempos de los apóstoles, sean generales o particulares, pueden errar; y muchos han errado. Por tanto, no deben convertirse en regla de fe ni de práctica, sino servir de ayuda en ambas".[53] Las decisiones de los tribunales eclesiásticos, por tanto, sólo pueden obtener el asentimiento del individuo en la medida en que sean fieles a la Escritura.

Este punto es tan importante que constituye el primero de los Principios Preliminares del *Libro del Orden de la Iglesia* de la PCA.

> Solamente Dios es el Señor de la conciencia y la ha dejado libre de cualquier doctrina o mandamiento de los hombres (a) que sea en cualquier aspecto contrario a la Palabra de Dios, o (b) que, en lo que respecta a las cuestiones de fe y culto, no se rijan por la Palabra de Dios. Por tanto, los derechos de juicio privado en todas las cuestiones que respeten la religión son universales e inalienables.

La Escritura reconoce tanto la universalidad como la inalienabilidad de los derechos de juicio privado en todos los asuntos que atañen a la religión, y la falibilidad de los tribunales de la iglesia. Esto permite que surja una pregunta práctica: ¿qué debo hacer cuando estoy convencido de que un tribunal de la iglesia se ha equivocado?

---

[53] *CFW* 31.3.

Al parecer, la Asamblea de Hechos 15 gozó de un consenso universal con respecto a su decisión. Parece que no hubo ningún voto en contra. Pero ¿qué sucede cuando un oficial de la iglesia hoy en día se encuentra en desacuerdo con una decisión de un tribunal de la iglesia del que es miembro? ¿Qué debe hacer? ¿Qué no debe hacer? ¿Cuáles son sus obligaciones hacia Cristo y hacia la iglesia en tal circunstancia? ¿Qué principios deben guiarle a la hora de tomar este tipo de decisiones? Además, ¿cómo ayudan estos principios a las personas que no son oficiales a sopesar las decisiones de los tribunales de la iglesia?

Para responder a estas preguntas, podemos recurrir a un capítulo temprano de la historia presbiteriana estadounidense. En 1741, la Iglesia Presbiteriana experimentó una dolorosa ruptura y se dividió en dos cuerpos eclesiásticos separados, el Sínodo de Filadelfia y el Sínodo de Nueva York.[54] Cuando estos sínodos se reunieron en 1758, el nuevo organismo, el Sínodo de Nueva York y Filadelfia, adoptó un Plan de Unión en el que se detallaban los "términos de la reunión".[55] La meta declarada del Sínodo reunificado al redactar y adoptar el plan, era "que no quedaran celos ni motivos de distanciamiento, y también evitar futuras rupturas de la misma naturaleza".[56]

El primer párrafo del plan indicaba que los organismos eclesiásticos reunidos seguirían "aprobando y recibiendo" los Estándares de Westminster, así como el "plan de adoración, gobierno y disciplina, contenidos en el Directorio de Westminster".[57]

---

[54] Para un relato de la división "Old Side/New Side" ["Vieja postura/Nueva postura"], ver D. G. Hart y John R. Muether, *Seeking a Better Country: 300 Years of American Presbyterianism* [*En busca de un país mejor: 300 años de presbiterianismo estadounidense*] (Phillipsburg, NJ: P&R Publishing, 2007), 50-69; Lefferts A. Loetscher, *A Brief History of the Presbyterians* [*Breve historia de los presbiterianos*], 4th ed. (Filadelfia: Westminster, 1983), 63-70.

[55] Hart y Muether, *Seeking a Better Country*, 67. Para el análisis de los autores sobre el Plan de Unión, ver 67-69.

[56] *Records of the Presbyterian Church in the United States of America, 1706-1788* [*Registros de la Iglesia Presbiteriana*, 1706 – 1788] (1841; repr., Nueva York: Arno Press & The New York Times, 1969), 286; Charles Hodge, *Constitutional History of the Presbyterian Church in the United States* [*Historia constitucional de la Iglesia Presbiteriana en Estados Unidos*], 2 vols. (Filadelfia: Presbyterian Board of Publication, 1851), 2:277.

[57] *Records of the Presbyterian Church*, 1706 – 1788, 286.

En los dos párrafos siguientes, el Sínodo indica las formas en que los miembros individuales con derecho a voto pueden responder a las decisiones de todo el cuerpo.

Cuando cualquier asunto sea determinado por un voto mayoritario, cada miembro deberá estar activamente de acuerdo con dicha determinación o someterse pasivamente a ella; o, si su conciencia no le permite hacer ninguna de las dos cosas, deberá, después de tener suficiente libertad para razonar y protestar, retirarse pacíficamente de nuestra comunión, sin intentar hacer ningún tipo de división. Siempre y cuando se entienda que esto se extiende solo a las determinaciones que el cuerpo juzgue indispensables en la doctrina o en el gobierno presbiteriano.

Cualquier miembro o miembros, para la exoneración de su conciencia ante Dios, tienen el derecho de protestar contra cualquier acto o procedimiento de nuestra más alta judicatura, porque no hay otra instancia que pueda reparar el daño; y exigir que tal protesta se registre en sus actas. Y como tal protesta es una apelación solemne desde la barra de dicha judicatura, ningún miembro puede ser objeto de persecución a causa de su protesta. Siempre y cuando se considere irregular e ilegal, el presentar una protesta contra cualquier miembro o miembros, o protestar hechos o acusaciones en lugar de probarlos, a menos que se niegue un juicio justo, incluso por la más alta judicatura. Y se acuerda que las protestas solo deben presentarse contra los actos públicos, juicios o determinaciones de la judicatura con los que se ofende la conciencia del protestante.[58]

Los principios del Sínodo equilibran admirablemente dos principios importantes: la determinación de la decisión de un tribunal por el voto de la mayoría, y los derechos de los miembros de la minoría a dar expresión a sus convicciones y a actuar de acuerdo con ellas.

En primer lugar, el Sínodo defiende el principio de que un tribunal eclesiástico toma sus decisiones por mayoría de votos. Hemos observado anteriormente que este principio es requerido por dos características de los tribunales eclesiásticos: la ausencia de cualquier

---

[58] Ibid.; Hodge, *Constitutional History*, 2:277-278.

jerarquización entre sus miembros y el carácter deliberativo de sus procedimientos. El Sínodo no permite que una minoría altere o frustre la decisión de la mayoría. De este modo, se preserva el orden en los tribunales de la iglesia.

En segundo lugar, el Sínodo defiende el derecho de la minoría a expresar sus convicciones y a actuar de acuerdo con ellas. Lo hace trazando tres posibles vías de acción para todos los miembros de la asamblea. La primera es estar de acuerdo activamente. Cuando el miembro concuerda activamente con un asunto determinado por el voto de la mayoría, está en pleno acuerdo con ese asunto y está dispuesto a promoverlo.

Sin embargo, ¿qué sucede cuando un miembro no puede estar activamente de acuerdo con esta decisión? En este caso, tiene dos opciones. Puede "someterse pasivamente". Es incapaz de estar de acuerdo a conciencia con la decisión. Al mismo tiempo, está dispuesto a dejar el asunto en paz, y a someterse en este sentido a la voluntad de sus hermanos.

O bien, el miembro puede "retirarse pacíficamente" de la asamblea. No puede estar conscientemente de acuerdo con la decisión, y es incapaz de someterse a la voluntad de sus hermanos. Sin embargo, si se retira, deben darse tres condiciones. En primer lugar, debe haber hecho el esfuerzo de "razonar y protestar modestamente" con sus compañeros ancianos. Tiene derecho a apelar e incluso a protestar sin temor a ser perseguido por una protesta adecuada. En segundo lugar, la mayoría debe juzgar sus "determinaciones" como "indispensables en la doctrina, o en el gobierno presbiteriano". Esta disposición asegura que, si la minoría se aparta, la mayoría no será culpable de dividir innecesariamente el cuerpo. Esta disposición también da a la mayoría la oportunidad de reconsiderar si estima que su decisión es lo suficientemente importante como para seguir adelante con ella ante la desavenencia de la minoría. En tercer lugar, la minoría puede retirarse "sin intentar hacer ningún tipo de división". Esta disposición ayuda a la minoría a estar segura de que está actuando solo por motivos de conciencia, y no por otros propósitos pecaminosos.

A primera vista, estos procesos podrían parecer destructivos para la unidad de la iglesia. Pueden parecer que agravan las tensiones entre la mayoría y la minoría. No obstante, estos procesos están diseñados para preservar y promover la unidad de la iglesia. Al garantizar el derecho de la mayoría a conducir la asamblea, y al limitar lo que la minoría puede y no puede hacer después de que se haya sometido un asunto, el Sínodo impide que una minoría del cuerpo mantenga a todo el cuerpo cautivo de sus preocupaciones. Al garantizar el derecho de la minoría a expresar sus convicciones y a actuar de acuerdo con ellas, el Sínodo pone un obstáculo a la formación de una falsa unidad en el seno del tribunal que pisotea las conciencias de sus miembros. Al permitir que la minoría proteste, el Sínodo anima a la mayoría a reconsiderar tanto la importancia como la rectitud de su acción.

¿Cómo pueden funcionar estos principios en la práctica? Veamos un ejemplo trivial e hipotético. Supongamos que la Asamblea General de alguna iglesia presbiteriana condena, por mayoría, la compra y el consumo de helados de pistacho. ¿Qué puede hacer un miembro de la asamblea? Puede estar "activamente de acuerdo" con la decisión. Puede pensar que está bíblicamente justificado que un tribunal de la iglesia establezca tal prohibición sobre el helado de pistacho. Puede poner todo su apoyo en trabajar para animar a los miembros de la iglesia a poner en práctica esta decisión. O bien, puede "someterse pasivamente" a la decisión. Piensa que las Escrituras no legislan los sabores de los helados y, además, que se trata de un asunto sobre el que no debe pronunciarse un tribunal de la iglesia. Aun así, sus convicciones son tales que está dispuesto a dejar de lado el asunto.

O bien, puede considerar la "retirada pacífica". Sin embargo, para seguir este curso de acción, primero debe "modestamente... razonar y protestar" con los hermanos. Debe trabajar para mostrarles que este juicio no es bíblico en su contenido y que es inapropiado para un tribunal de la iglesia. Debe hacerlo con argumentos moderados y persuasivos. La mayoría debe preguntarse si legislar el helado es de hecho tan indispensable para la doctrina bíblica y el gobierno de la iglesia que está dispuesta a seguir adelante con la medida y arriesgarse a perder un miembro del tribunal. Si la mayoría persiste, el miembro puede "retirarse pacíficamente... sin intentar hacer ningún tipo de división", y buscar la comunión en algún otro organismo.

Estos principios también se aplican a los miembros de la iglesia. Aunque los miembros de la iglesia no son miembros con derecho a voto en los tribunales de la iglesia, los cuerpos presbiterianos usualmente toman disposiciones para que tales personas expresen sus objeciones o preocupaciones con respecto a las acciones de los tribunales de la iglesia.[59] Si un miembro de la iglesia se encuentra en desacuerdo por motivos de conciencia con una decisión de un tribunal de la iglesia, y no recibe una respuesta satisfactoria por parte de ese tribunal, y si el asunto es uno que se determina como "indispensable en la doctrina, o en el gobierno presbiteriano", el miembro de la iglesia es libre de buscar pacíficamente, no cismáticamente, la transferencia de su membresía a algún otro organismo.

La relación entre los tribunales de la iglesia

Hasta ahora hemos visto que la Escritura entiende que la iglesia es más amplia y más elevada que la congregación local. La Escritura habla de la iglesia a nivel local, regional y universal. Además, las congregaciones están "conectadas entre sí en el gobierno".[60] Hemos prestado cierta atención al gobierno de la iglesia tanto a nivel congregacional como supracongregacional.

Queda una pregunta: ¿cómo se relacionan los tribunales de la iglesia entre sí? Las Escrituras nos dicen que la iglesia es gobernada a nivel congregacional por el consistorio, y a niveles superiores por asambleas representativas de ancianos. Pero ¿cómo se relaciona el consistorio con estos tribunales superiores?

Dos respuestas populares entienden que los poderes de un tribunal derivan de los poderes de otro tribunal. Podemos llamar a una respuesta "de arriba hacia abajo". Este punto de vista entiende que los poderes del consistorio se derivan del presbiterio, o los poderes del consistorio y el presbiterio se derivan de la asamblea general. El otro punto de vista lo podemos llamar "de abajo hacia arriba". Este punto de vista entiende que los poderes del presbiterio y de la asamblea general se derivan del consistorio. Por ejemplo, Lefferts

---

[59] Por ejemplo, la posibilidad de "queja". *BCO* 43-1.
[60] Peck, *Notes on Ecclesiology*, 194.

Loetscher entiende que estas posturas son dos alternativas principales en el presbiterianismo histórico.

Una característica importante del primer presbiterio fue que se organizó "a partir de la base" y no "de arriba hacia abajo", como era el presbiterianismo de Escocia, que había sido adoptado por el Parlamento y aplicado por la Asamblea General. En Estados Unidos, por el contrario, las judicaturas superiores fueron creadas por las inferiores, estableciendo la naturaleza más democrática del presbiterianismo estadounidense, y reforzando el concepto de que el poder no delegado permanezca en los presbiterios y no en las judicaturas superiores.[61]

Evaluar la exactitud histórica de esta conclusión está más allá del alcance de nuestra discusión. Nos referimos a ella simplemente para mostrar dos formas convencionales en las que algunos presbiterianos han entendido que los tribunales eclesiásticos se relacionan entre sí. Lo que estos dos puntos de vista tienen en común es que ambos entienden que ciertos tribunales eclesiásticos son criaturas de otros tribunales eclesiásticos. Esta relación puede sugerir que los poderes de un tribunal son concedidos a ese tribunal por otro tribunal. Desde este punto de vista, los poderes de un tribunal, propiamente hablando, son derivados de otro tribunal.

Hay al menos dos problemas al plantear las relaciones de los tribunales eclesiásticos de esta manera. Primero, este punto de vista puede afirmar que el poder eclesiástico reside en un tribunal de origen, y que otros tribunales derivan su poder de este tribunal. Sin embargo, hemos visto que todo el poder eclesiástico deriva de Cristo. Cuando un tribunal ejerce legítimamente el poder de la iglesia, ejerce el poder que Cristo le ha dado, no el poder que otro tribunal le ha dado.

Un segundo problema con este punto de vista es que no transmite adecuadamente la enseñanza de las Escrituras sobre la unidad de la iglesia. Peck resume muy bien lo que ya hemos visto sobre este punto.

Si todos los comulgantes de la Iglesia Presbiteriana de los Estados Unidos pudieran reunirse para el culto en el mismo lugar, podrían

---

[61] Loetscher, *A Brief History*, 72-73.

y deberían estar bajo el gobierno del mismo consistorio; pero como esto es imposible, están divididos en congregaciones individuales, cada una con su propio consistorio. Pero para preservar la unidad, todos estos presbiterios individuales o locales se combinan finalmente por representación en un solo presbiterio, que llamamos la Asamblea General, pasando por los estados intermedios de presbiterios clásicos y sinodales.[62]

¿Cuáles son las implicaciones de esta comprensión de la unidad de la iglesia para la forma en que concebimos que los tribunales de la iglesia se relacionan entre sí? Significa que los tribunales no existen en subordinación jerárquica, "un orden del clero que se eleva sobre otro". Sin duda, hay una subordinación, pero es "un cuerpo más pequeño a un cuerpo más grande de oficiales del mismo orden, el más pequeño constituyendo una parte del más grande".[63]

Por lo menos dos conclusiones se desprenden de este entendimiento de la relación de los tribunales de la iglesia. En primer lugar, como lo establece el *Libro de Orden de la Iglesia* de la PCA: "Todos los tribunales de la iglesia son uno en su naturaleza, constituidos de los mismos elementos, dotados intrínsecamente de los mismos tipos de derechos y poderes".[64] Los tribunales, en otras palabras, no derivan sus poderes de otros tribunales "en una escala descendente". Cada tribunal "está revestido de todos los poderes del gobierno". Como Peck también observa, "este es un principio importante para la libertad e independencia de los tribunales de la iglesia".[65]

Entonces, ¿por qué tenemos múltiples tribunales eclesiásticos? ¿Por qué la mayoría de las iglesias presbiterianas asignan ciertas responsabilidades a un tribunal y no a otro? Por ejemplo, ¿por qué el presbiterio y no el consistorio o la asamblea general examinan a los candidatos al ministerio? La respuesta no es porque el presbiterio tenga un poder inherente del que carecen el consistorio o la asamblea general. La respuesta se encuentra en una cita más completa de la

---

[62] Peck, *Notes on Ecclesiology*, 204.
[63] Ibid.
[64] *BCO* 11-3.
[65] Peck, *Notes on Ecclesiology*, 205.

referencia que citamos anteriormente del *Libro de Orden de la Iglesia* de la PCA: "Todos los tribunales de la iglesia son uno en su naturaleza, constituidos de los mismos elementos, dotados intrínsecamente de los mismos tipos de derechos y poderes, y *difiriendo solo en la medida en que lo disponga la Constitución*". En la PCA, la "esfera de acción de cada tribunal" ha sido "claramente definida" como sigue.

> El Consistorio ejerce jurisdicción sobre una sola iglesia, el Presbiterio sobre lo que es común a los ministros, los Consistorios y las iglesias dentro de un distrito prescrito, y la Asamblea General sobre los asuntos que conciernen a toda la iglesia. La jurisdicción de estos tribunales está limitada por las disposiciones expresas de la Constitución.[66]

Por tanto, como observa Peck: "La esfera de los diversos tribunales, por consiguiente, en asuntos de jurisdicción original no está determinada por los lugares que ocupan en la escala, sino por las definiciones de la constitución".[67] En la PCA y en muchos otros organismos presbiterianos, los tribunales eclesiásticos, por disposición constitucional, se ocupan de asuntos adecuados a la extensión de la jurisdicción que ejercen.[68]

¿Podemos decir más sobre las respectivas limitaciones constitucionales de la jurisdicción de estos tribunales? En la PCA, "los tribunales inferiores están sujetos a la revisión y el control de los tribunales superiores, en una gradación regular», y estas disposiciones de revisión y control están expresamente enumeradas.[69] Aun así, los tribunales de la iglesia "no son tribunales separados e independientes", sino que están en "relación mutua, y cada acto de jurisdicción es el acto de toda la iglesia realizado por ella a través del órgano apropiado".[70]

---

[66] *BCO* 11-4. Recordemos que el BCO 11-2 describe la jurisdicción eclesiástica como "solo ministerial y declarativa, y en relación con las doctrinas y preceptos de Cristo, con el orden de la iglesia y con el ejercicio de la disciplina".

[67] Peck, *Notes on Ecclesiology*, 205.

[68] Este punto fue insistido en el siglo diecisiete por los autores del *Jus Divinum*; ver especialmente la página 198.

[69] *BCO* 11-4. Para las disposiciones de revisión y control, ver *BCO* 39.

[70] Ibid.

Podemos resumir esta discusión usando el postulado de Peck de que "el poder del todo está en cada parte, y el poder del todo está sobre el poder de cada parte".[71] Cada tribunal de la iglesia tiene intrínsecamente todos los poderes que posee cualquier tribunal de la iglesia: "El poder del todo está en cada parte". Sin embargo, los tribunales de la iglesia no son autónomos ni independientes. Los tribunales inferiores están sujetos a la revisión y el control de los tribunales superiores, en una gradación regular, de acuerdo con las disposiciones de la constitución de la iglesia: "El poder del todo está sobre el *poder* de cada parte".[72]

Veamos un ejemplo de la importancia práctica de estos principios. En muchas denominaciones presbiterianas, la Asamblea General nombra con frecuencia un comité para estudiar un asunto de interés o preocupación para la denominación.[73] Estos comités representan una parte de la mejor erudición y sabiduría que la denominación puede ofrecer. Los documentos que redactan y presentan a la Asamblea son de incalculable ayuda para una iglesia que busca claridad y comprensión de las cuestiones o dificultades que se le plantean. Como tales, poseen legítimamente autoridad moral dentro de la iglesia.

Cuando la Asamblea recibe un documento de estudio de este tipo de un comité, ¿cuál es el estatus eclesiástico de dicho informe? No es raro que en la PCA se describan estos documentos como "la posición oficial de la PCA en cuanto a _____". Estos documentos, recibidos por una votación única de la Asamblea, llegan a asumir dentro de la iglesia una autoridad cuasi-constitucional.

Hay problemas con esta interpretación de los informes de los comités de estudio.[74] Un problema práctico es que los tribunales

---

[71] Peck, *Notes on Ecclesiology*, 205.

[72] Peck, *Notes on Ecclesiology*, 205, énfasis de Peck; ver también "Worldly Amusements", en *Miscellanies*, 2:335.

[73] En el caso de la PCA, se han recopilado en el *PCA Digest* [Compendio de la PCA], vol. 2: *PCA Position Papers* [Documentos de Posturas de la PCA], ed. Paul R. Gilchrest, 2 vols. Paul R. Gilchrest, 2 vols. (Atlanta: Office of the Stated Clerk of the General Assembly of the Presbyterian Church in America, 1993), y *PCA Digest*, vol. 3: *PCA Position Papers*, 1994-1998 (Atlanta: Office of the Stated Clerk of the General Assembly of the Presbyterian Church in America, 1998). Una recopilación completa de estos documentos está actualmente disponible en línea en el sitio web del Centro Histórico de la PCA, www.pcahistory.org.

[74] No es menor el hecho de que, en la PCA, la Constitución no puede ser enmendada por una

inferiores (consistorios, presbiterios) a veces se niegan a formar sus propios juicios reflexivos sobre ciertos asuntos cuando se les pide que lo hagan. En cambio, se remiten a la Asamblea y a su comisión de estudio. Esta forma de actuar puede reflejar una deferencia indebida por parte de un tribunal inferior hacia un tribunal superior. Hemos visto que cada tribunal de la iglesia "posee intrínsecamente los mismos tipos de derechos y facultades, y solo difiere en la medida en que lo disponga la Constitución". Los "tribunales de jurisdicción original" tienen "el poder de juzgar, tanto en cuanto a la ley como a los hechos". Esta facultad de juzgar "solo puede ser anulada y desechada por una decisión judicial del tribunal superior por una causa regularmente (legalmente, constitucionalmente) planteada desde un tribunal inferior".[75] Por muy útiles y beneficiosos que sean los informes de los comités de estudio a nivel de la Asamblea, no son un sustituto de los tribunales inferiores que ejercen sus facultades constitucionalmente reconocidas con respecto a los asuntos que están propiamente delante de ellos.[76]

En conclusión, los tribunales de la iglesia existen porque Cristo, en las Escrituras, ha previsto su existencia y su trabajo. Son una forma importante de dar una expresión visible de la unidad de la iglesia. La naturaleza de la interrelación de los tribunales de la iglesia significa que cada tribunal debe asumir sus responsabilidades con seriedad y cuidado. Cada tribunal debe hacerlo porque sus acciones jurisdiccionales son las de toda la iglesia, sujetas a disposiciones de revisión y control. Cada tribunal debe hacerlo porque está bajo la mirada de Cristo y es, en última instancia, responsable ante quien únicamente es Cabeza y Rey de la iglesia.

---

sola votación de una Asamblea General.
[75] Peck, "Worldly Amusements", en *Miscellanies*, 2:335.
[76] "Todo tribunal tiene el derecho de resolver asuntos de doctrina y disciplina que sean propuestos seria y razonablemente, y en general de mantener la verdad y la rectitud, condenando las opiniones y prácticas erróneas que tiendan a perjudicar la paz, la pureza o el progreso de la Iglesia". *BCO* 11-4.

6
CONCLUSIÓN

Hemos estado considerando la enseñanza de las Escrituras sobre el gobierno de la iglesia. A medida que finalizamos este estudio, puede ser útil dar un paso atrás y preguntar una vez más por qué hemos dedicado tiempo y energía a considerar lo que, a primera vista, puede parecer mundano, sin importancia, o incluso una distracción de los asuntos reales de la iglesia. Después de todo, uno podría preguntarse, ¿puede el gobierno de la iglesia realmente compararse con el evangelismo o las misiones? Tal vez el gobierno de la iglesia sea un mal necesario, algo que debe ser tolerado, pero no apreciado.

Recordemos algo que vimos en la Introducción. El gobierno de la iglesia es un pilar en el edificio de nuestra herencia reformada y presbiteriana. Desde Calvino hasta el siglo veinte, nuestros antepasados reformados apreciaron, estudiaron y se dedicaron al gobierno de la iglesia. La razón de esta dedicación, a menudo intensa, es porque el gobierno de la iglesia está inseparablemente conectado con la única Cabeza y Rey de la iglesia, Jesucristo.

Considera esta meditación histórica sobre el reino de Cristo.

Jesucristo, sobre cuyos hombros está el gobierno, cuyo nombre se llama maravilloso Consejero, el Dios poderoso, el Padre eterno, el Príncipe de la paz; del aumento de cuyo gobierno y paz no habrá fin; que se sienta en el trono de David, y en su reino, para ordenarlo, y establecerlo con juicio y justicia, de aquí en adelante, por la eternidad; habiendo recibido todo el poder en el cielo y en la tierra por el Padre, quien lo resucitó de los muertos y lo puso a Su diestra, muy por encima de todos los principados y potestades, y poder, y dominio, y todo nombre que se nombra, no solo en este mundo, sino también en el venidero, y de quien ha puesto todas las cosas bajo Sus pies, y lo dio por cabeza sobre todas las cosas a la iglesia, que es Su cuerpo, la plenitud de Aquel que llena todo en todo: Él ascendió muy por encima de todos los cielos, para poder llenar todas las cosas, recibió regalos [dones] para Su iglesia y dio los oficiales necesarios para la edificación de Su iglesia y el perfeccionamiento de Sus santos.[1]

Como vimos en el capítulo 2, la esperanza del dominio redentor de Dios en todo el mundo era fundamental para las expectativas del Antiguo Testamento. El Nuevo Testamento anuncia que el dominio redentor y el reinado de Dios han llegado en el Hijo de Dios, Jesucristo. Cuando el ángel Gabriel anuncia a María que será la madre de Jesús, dice de Él: "Él será grande y será llamado el Hijo del Altísimo. Y el Señor Dios le dará el trono de David Su padre, y Él reinará sobre la casa de Jacob para siempre, y Su reino no tendrá fin" (Lc 1:32-33). Cuando nace Jesús, los ángeles anuncian a los pastores: "Porque os ha nacido hoy, en la ciudad de David, un Salvador, que es Cristo el Señor" (Lc 2:11). Los magos vienen en busca del "rey de los judíos" y "lo adoran" (Mt 2:2, 8).

El gran tema del ministerio de Jesús es el reino de Dios. Su ministerio en Galilea comienza con el anuncio: "Se cumplió el tiempo y el reino de Dios está cerca; arrepiéntanse y crean en el evangelio" (Mr 1:15). Después de Su resurrección, Jesús les dice a Sus discípulos que "toda autoridad en el cielo y en la tierra me ha sido dada" (Mt 28:18). Cuando Pedro proclamó el día de Pentecostés a los judíos reunidos en Jerusalén, en la resurrección de Jesús, Él fue "exaltado a la diestra de Dios" (Hch 2:33).

Jesús no es un gobernante ausente. Él declara que está con Su pueblo hasta el fin de la era (Mt 28:20). No solo está presente con Su pueblo, sino que también lo gobierna ahora. Los apóstoles se glorían del reinado actual de Jesús, ya que es "la cabeza sobre todas las cosas a la iglesia, que es Su cuerpo, la plenitud de quien llena todo en todo" (Ef 1:22-23). Como cabeza de la iglesia, Jesús "recibió dones para Su iglesia y dio todos los oficios necesarios para la edificación

---

[1] "El Prefacio" de "The Form of Presbyterial Church-Government and of Ordination of Ministers" ["La forma de gobierno de la Iglesia Presbiteriana y de ordenación de los ministros"](1645). Este documento fue "acordado por la Asamblea de Ministros de Westminster, con la ayuda de comisionados de la Iglesia de Escocia", y fue aprobado por la Asamblea General de la Iglesia de Escocia en 1645. Para el documento completo, ver la *Confesión de Fe de Westminster* (Glasgow: Free Presbyterian Publications, 1958), 395-416.

de Su iglesia y el perfeccionamiento de Sus santos".[2] El gobierno de la iglesia es un don de Jesús resucitado y soberano, para la iglesia, y recuerda perpetuamente a la iglesia que Jesús está en Su trono.

Este reino presente de Jesús es el gozo presente de la iglesia ante el dolor, y el consuelo ante la prueba y la tribulación. La Escritura nos asegura que "Él debe reinar hasta que haya puesto a todos Sus enemigos debajo de Sus pies", y que "el último enemigo destruido es la muerte" (1Co 15:25-26; ver también Heb 2:8).

El reino presente de Cristo es también la esperanza presente de la iglesia. El presente reino de Jesús nos recuerda que hay más por venir. Cuando Jesús regrese al final de la era, volverá "en las nubes del cielo con poder y gran gloria" (Mt 24:30). Apareciendo con esplendor real, derrotará completamente a todos Sus enemigos (Ap 19:11-21), y juzgará al mundo con justicia (Hch 17:31).

Por tanto, el gobierno bíblico de la iglesia es un tremendo pilar y apoyo para la fe de la iglesia, un indicador de la gran esperanza de la iglesia. El gobierno de la iglesia nos recuerda que Jesús está actualmente en Su trono, gobernando todas las cosas por el bien de Su iglesia. Nos asegura que Jesús volverá en gloria en el último día.

Sin embargo, el funcionamiento diario del gobierno de la iglesia puede ser difícil y a veces desagradable. Tristemente, el gobierno de la iglesia ha sido la ocasión de que los cristianos hieran y sean heridos por otros cristianos. Abundan las tentaciones de desánimo y cinismo. Podemos asumir fácilmente una postura de resignada indiferencia hacia el gobierno de la iglesia. Es particularmente en tales ocasiones que debemos recordar que el gobierno bíblico de la iglesia es la expresión visible del reino presente de Jesús, y que el gobierno de la iglesia es la buena y sabia provisión de Jesús para la reunión y la edificación de Su iglesia. El gobierno bíblico de la iglesia es en sí mismo bueno, y Jesús obra el bien a través de él para Su iglesia.

Entender el gobierno de la iglesia es conocer y glorificar a nuestro Señor Jesucristo. Si eres un oficial de la iglesia, entonces demuestra tu amor por tu Salvador dedicándote de nuevo a tu cargo y sus

---

[2] "The King and Head of the Church" ["El Rey y Cabeza de la iglesia"], sección 1 del "Prefacio al Libro de Orden de la Iglesia", *BCO*. Esta declaración es una adaptación del citado "Prefacio" a la "Forma de Gobierno de la Iglesia Presbiterial".

responsabilidades. ¿Hay alguna responsabilidad que hayas dejado de cumplir? ¿Hay algún área en la que, como oficial de la iglesia, podría ser más diligente y cuidadoso? Esfuérzate por aprender los principios y las prácticas del gobierno bíblico de la iglesia aún mejor de lo que lo haces ahora, no para envanecerte, sino para edificar a la iglesia. Haz un esfuerzo por animar y apoyar a tus compañeros, especialmente a aquellos cuyo trabajo a menudo pasa desapercibido o no es apreciado, o a aquellos que están sufriendo injustamente por su fidelidad al deber. Ora fervientemente para que el Espíritu de Cristo utilice tu fiel labor y la de tus compañeros para el bien del rebaño de Cristo. Trabaja con tus compañeros oficiales para informar a la iglesia del trabajo de los tribunales de la iglesia. Esto mostrará a la congregación la seriedad con la que tomas tus responsabilidades como oficial de la iglesia y, al mismo tiempo, les inculcarás la importancia del trabajo de la iglesia.

Si no eres un oficial de la iglesia, entonces muestra tu amor por Jesús orando por los oficiales de la iglesia y su trabajo. Tómate el tiempo y el esfuerzo de animarlos. ¿Les dices o les escribes lo mucho que aprecias su duro y a menudo invisible trabajo? Muestra respeto por los oficiales de tu iglesia, en la forma en que hablas de ellos y a ellos, y en la forma en que los tratas. Demuestra a tu cónyuge, a tus hijos y a tus nietos cómo respetar, honrar y animar a los oficiales de la iglesia. Mantente al tanto del trabajo de los tribunales de la iglesia. Haz un esfuerzo de orar por los asuntos que están ante el consistorio, el presbiterio y la Asamblea General, y por los hombres que van a realizar ese trabajo. Ora también para que Dios provea de hombres piadosos para los oficios de la iglesia. ¿Estás buscando en tu congregación candidatos adecuados para los cargos de la iglesia?

Tal atención al gobierno de la iglesia es inseparable del discipulado del creyente. Mostrar interés por la iglesia es mostrar interés por Jesús. Buscar el bien de la iglesia es buscar la gloria de Cristo. Interesarse y tener celo por el gobierno de la iglesia es valorar y apreciar el reino de Jesús. Que el Espíritu de Cristo obre en Su iglesia aumentando el celo y la atención por el gobierno de la iglesia hasta el día en que Jesús "entregue el reino a Dios Padre después de destruir todo dominio, y toda autoridad y poder", y Dios sea "todo en todo" (1Co 15:24, 28).

7
GOBIERNO ECLESIÁSTICO: UNA SELECCIÓN BIBLIOGRÁFICA ANOTADA

Uno de los mayores desafíos para recuperar la riqueza de la reflexión histórica presbiteriana sobre el gobierno de la iglesia es la accesibilidad bibliográfica. Gran parte de esta literatura tiene al menos un siglo de antigüedad, no ha sido reimpresa y se encuentra casi exclusivamente en bibliotecas de teología. En la última década, sitios web como Google Books e Internet Archive han rectificado parcialmente este desafío. Muchas bibliotecas están digitalizando sus existencias y haciéndolas accesibles para cualquier persona que tenga una conexión a internet.

Aun así, el internet proporciona estos materiales a las personas que los buscan. ¿Cómo podría alguien enterarse de la existencia de estos materiales? Parte de la carga de este libro ha sido volver a familiarizar a las audiencias presbiterianas con esta parte de su patrimonio. Para ayudar a los lectores intrépidos que desean rastrear estos trabajos y seguir leyendo, he compilado la siguiente bibliografía. He tratado de centrarme en trabajos que fueron y continúan siendo considerados importantes para esta discusión. Muchos de ellos han sido citados en este libro. Para facilitar la consulta, he organizado estos libros bajo algunos encabezados temáticos. También proporcioné breves anotaciones para ayudar a los lectores contemporáneos a comprender algo del contenido y la importancia del trabajo en cuestión.

Los lectores cuidadosos notarán que por el bien del espacio he omitido libros que abordan áreas en cuestión que están relacionadas, pero que son distintas: historia denominacional presbiteriana (incluidas las muchas divisiones y fusiones entre muchos cuerpos eclesiásticos presbiterianos, y los problemas teológicos que a veces ocasionaron esas divisiones y fusiones), el principio regulador de la adoración, los sacramentos, la predicación, la suscripción a estándares subordinados, la disciplina de la iglesia y la teología pastoral. He omitido las muchas revistas del siglo diecinueve en las que las discusiones y los debates relacionados con el gobierno de la iglesia ocurrieron tan a menudo. También he optado por no incluir comentarios escritos por presbiterianos sobre libros como Hechos y las Epístolas Pastorales.

Para empezar, debo hacer una mención especial a dos recursos en particular: La *Institución de la Religión Cristiana* de Juan Calvino[1] y la *Institución de Teología Eléntica* de Francis Turretin.[2] Estos dos recursos han ejercido una amplia influencia en generaciones de reformados y presbiterianos, sobre todo en el ámbito del gobierno de la iglesia. Ningún lector que no se haya familiarizado al menos con el libro 4 de la *Institución de Calvino* y el punto 18 de la *Institución de Turretin* puede apreciar plenamente los debates de nuestra tradición sobre el gobierno de la Iglesia.

Un valioso recurso en línea es un sitio web mantenido por el Centro Histórico de la PCA. Los visitantes pueden encontrar en este sitio muchos materiales históricos relacionados con el gobierno de la iglesia presbiteriana y la historia de la iglesia. Aquellos particularmente interesados en la historia y el desarrollo del *Libro de Orden de la Iglesia* de la PCA encontrarán una gran cantidad de información aquí.

Espero que esta bibliografía cumpla dos objetivos. Primero, que te permita conocer la profundidad y plenitud de la reflexión presbiteriana sobre la enseñanza de las Escrituras sobre el gobierno de la iglesia. En segundo lugar, que te anime a estudiar estos recursos y a continuar, tal vez incluso a avanzar, esta rica conversación en nuestros días: todo para la edificación de la iglesia, y para la gloria de la única Cabeza y Rey de la iglesia, Jesucristo.

---

[1] Juan Calvino, *Institutes of th e Christian Religion* [*Institución de la Religión Cristiana*], ed. John T. McNeill, trans. Ford Lewis Battles, 2 vols. (Filadelfia: Westminster, 1960).

- Francis Turretin, *Institutes of Elenctic Theology* [*Institución de Teología Eléntica*], ed. James T. Dennison Jr. James T. Dennison Jr., trans. George M. Giger, 3 vols. (Phillipsburg, NJ: P&R Publishing, 1992 – 1997).

Libros de orden de la iglesia

The Book of Church Order of the Presbyterian Church in America [*El Libro de Orden de la Iglesia de la Iglesia Presbiteriana en América*]. 6ª ed. Lawrenceville, GA: The Committee for Christian Education and Publications, 2010. La edición más reciente del Libro de Orden de la Iglesia de la PCA. El *BCO* suele ser enmendado anualmente. Las enmiendas están disponibles a través del Comité de Educación Cristiana y Publicaciones de la PCA.

The Book of Church Order of the Orthodox Presbyterian Church [*El Libro de Orden de la Iglesia de la Iglesia Presbiteriana Ortodoxa*]. Willow Grove, PA: The Committee on Christian Education of the Orthodox Presbyterian Church, 2011. La edición más reciente del Libro de Orden de la Iglesia de la OPC.

Ramsay, F. P. *An Exposition of the Form of Government and the Rules of Discipline of the Presbyterian Church in the United States*. Richmond [*Exposición de la forma de gobierno y las reglas de disciplina de la Iglesia Presbiteriana en los Estados Unidos*]. Richmond, VA: Presbyterian Committee of Publication, 1898. Citada con frecuencia por Smith (2007), esta obra es un comentario sección por sección sobre el Libro de Orden de la Iglesia de la PCUS. Es útil para comprender tanto la justificación como el pedigrí histórico de muchas disposiciones del gobierno de la iglesia presbiteriana contemporánea.

Smith, Morton. *Commentary on the Book of Church Order of the Presbyterian Church in America* [*Comentario sobre el Libro de Orden de la Iglesia de la Iglesia Presbiteriana en América*]. 6ª ed. Taylors, SC: Presbyterian Press, 2007. Un comentario sección por sección sobre el Libro de Orden de la Iglesia de la PCA por un padre fundador de la PCA, y por mucho tiempo secretario permanente de la denominación. Valioso tanto para ayudar al lector a entender los principios en juego en varias disposiciones del *BCO* como para situar muchas partes del *BCO* en una perspectiva histórica.

Compendios

Un compendio es una colección selecta de las acciones de un tribunal de la iglesia. En general, estas colecciones se organizan de forma tópica y cubren un período de tiempo determinado. Al compilar miles de páginas de minutas de la iglesia, hacen que esas minutas sean prácticamente accesibles para la iglesia. Estos compendios proporcionan un tesoro de información para aquellos interesados, por ejemplo, en cómo las cortes eclesiásticas interpretan su constitución eclesiástica. Muchos detalles del gobierno de la iglesia se abordan en estas obras. Los incisos en la lista a continuación están ordenados en orden cronológico. Los incisos del siglo diecinueve se han agrupado geográficamente.

Records of the Presbyterian Church in the United States of America, 1706–1788 [*Registros de la Iglesia Presbiteriana en los Estados Unidos de América, 1706 – 1788*]. 1841. Reimpresión, Nueva York: Arno Press & The New York Times, 1969. Dada la relativa brevedad de las actas de los tribunales superiores presbiterianos estadounidenses del siglo dieciocho, estas actas concretas se han impreso en su totalidad. Esta colección incluye las actas del Presbiterio de Filadelfia (1706 – 1716), el Sínodo de Filadelfia (1717 – 1758), el Sínodo de Nueva York (1745 – 1758) y el Sínodo de Filadelfia y Nueva York (1758 – 1788).

Baird, Samuel J. *A Collection of the Acts, Deliverances and Testimonies of the Supreme Judicatory of the Presbyterian Church from Its Origin in America to the Present Time, with Notes and Documents, Explanatory and Historical* [*Recopilación de las Actas, Disposiciones y Testimonios del Tribunal Supremo de la Iglesia Presbiteriana desde su Origen en Estados Unidos hasta el Presente*]. Filadelfia: Presbyterian Board of Publication, 1856. Este compendio abarca las acciones de la Asamblea General de la Iglesia Presbiteriana desde 1706 hasta la década de 1850 (después de la escisión de la Vieja y la Nueva Escuela de 1836 – 1837, la obra de Baird sigue solo las actas de la Iglesia Presbiteriana de la Vieja Escuela). La obra es sustancial

(856 páginas) y está meticulosamente ordenada e indexada. Es muy valiosa para recoger la sabiduría de las Asambleas pasadas en relación con una gran cantidad de cuestiones y problemas a los que se enfrenta la iglesia.

Nicolassen, G. F. *A Digest of the Acts and Proceedings of the General Assembly of the Presbyterian Church in the United States Revised Down to and Including Acts of the General Assembly of 1922* [*Compendio de las Actas y Procedimientos de la Asamblea General de la Iglesia Presbiteriana en los Estados Unidos, Revisado hasta las Actas de la Asamblea General de 1922*]. Richmond, VA: Presbyterian Committee of Publication, 1923. A veces conocido como "Alexander's Digest" (W. A. Alexander preparó originalmente el compendio de la Asamblea de la PCUS en 1887). Con 1,158 páginas, esta obra ofrece un panorama completo de la labor de la Asamblea de la PCUS desde 1861 hasta 1922. (La PCUS se formó después de que la Iglesia Presbiteriana se dividiera en organismos del Norte y del Sur en 1861. La PCUS se conoce a veces como la Iglesia Presbiteriana del Sur, y es el organismo del que surgió la PCA). Se publicaron compendios posteriores en 1944 y 1965.

Leslie, J. D. *Presbyterian Law and Procedure in the Presbyterian Church in the United States* [*Ley y Procedimiento Presbiteriano en la Iglesia Presbiteriana en los Estados Unidos*]. Richmond, VA: Presbyterian Committee of Publication, 1930. Escrito por el (entonces) secretario permanente de la PCUS, esta obra trata de "reunir en forma lógica y en breve compendio todas las leyes y reglas de la iglesia relacionadas con cada fase de su gobierno, trabajo y adoración" (p. 7). Es, por diseño, un resumen de los compendios de Alexander y Nicolassen (Leslie también ha consultado las actas del PCUS hasta 1929). Está estructurado según la (entonces) Forma de Gobierno del PCUS. Notar también el esfuerzo posterior de P. J. Garrison Jr., *Presbyterian Laws and Procedures: The Presbyterian Church, U.S.* [*Leyes y Procedimientos Presbiterianos: La Iglesia Presbiteriana, EE. UU.*] (Richmond, VA: John Knox Press, 1953). La obra de Leslie complementa en efecto el esfuerzo de J. A. Hodge (1884).

Moore, William E. *The Presbyterian Digest of 1886. A Compend of the Acts and Deliverances of the General Assembly of the Presbyterian Church in the United States of America* [Compendio Presbiteriano de 1886. Un Compendio de las Actas y Disposiciones de la Asamblea General de la Iglesia Presbiteriana en los Estados Unidos de América]. Filadelfia: Presbyterian Board of Publication, 1886. Con 876 páginas, es un suplemento sustancial y una extensión de Baird (1856). Moore preparó su compendio por primera vez tres años después de que las Iglesias Presbiterianas de la Vieja y la Nueva Escuela (del Norte) se reunieran en 1870. Lo revisó en 1886. Por tanto, esta obra es valiosa en dos aspectos. En primer lugar, prolonga los esfuerzos de Baird durante tres décadas. En segundo lugar, permite a los lectores examinar las decisiones de la Iglesia Presbiteriana de la Nueva Escuela (1838 – 1869) no registradas en Baird. Los lectores interesados en las actas y las decisiones de la PCUS, o de la Iglesia Presbiteriana del Sur, deben consultar Nicolassen (1923).

Hodge, J. Aspinwall. *What Is Presbyterian Law as Defined by the Church Courts?* [¿Qué es la Ley Presbiteriana tal como la definen los Tribunales de la Iglesia?] 7ª ed., rev. y enl. Filadelfia: Presbyterian Board of Publication and Sabbath-School Work, 1884. J. Aspinwall Hodge fue un pastor presbiteriano del norte y sobrino del profesor del Seminario Teológico de Princeton, Charles Hodge. Esta valiosa obra repasa el contenido de la Forma de Gobierno de la Iglesia Presbiteriana del Norte en forma de preguntas y respuestas. Lo hace con referencia a las actas y las entregas de la Asamblea General de la Iglesia Presbiteriana del Norte. Por tanto, es un híbrido entre un comentario sobre la Forma de Gobierno de la iglesia y un resumen de las acciones de su Asamblea. Comparar el esfuerzo similar y posterior de Leslie (1930).

Gilchrist, Paul J., ed. *Documents of Synod* [Documentos del Sínodo]. New Castle, DE: Reformed Presbyterian Church, Evangelical Synod, 1982. La RPC(ES), mediante un proceso conocido como "unirse y recibir", se unió a la PCA en 1982. Este volumen contiene "documentos de estudio y acciones" de este organismo desde 1965 hasta 1982. Un útil "índice de las acciones sinodales" de la

RPC(ES) concluye el volumen. Para los interesados en la historia y la política del PCA, esta obra es un recurso importante.

———. *PCA Digest: 1973–1993. A Digest of the Minutes of the General Assembly of the Presbyterian Church in America* [Compendio de la PCA: 1973 – 1993. Un Compendio de las Actas de la Asamblea General de la Iglesia Presbiteriana en América]. 2 vols. Atlanta: Office of the Stated Clerk of the General Assembly of the Presbyterian Church in America, 1993. Un compendio de las acciones de la Asamblea General de la PCA en las dos primeras décadas de existencia de la denominación. El primer volumen consta de cuatro partes: "Acciones de la asamblea; interpretaciones de la constitución; casos judiciales; estatutos, manuales y directrices". El segundo volumen es una colección de documentos relativos a posturas redactados por comités nombrados por la Asamblea. Algunos documentos van seguidos de una lista de recomendaciones relevantes que la Asamblea adoptó.

———. *PCA Position Papers: 1994–1998* [Documentos de Posturas de la PCA: 1994 – 1998] Vol. 3 del PCA Digest. Atlanta: Office of the Stated Clerk of the General Assembly of the Presbyterian Church in America, 1998. Una continuación de Gilchrist (1993). Este volumen contiene documentos de posturas a nivel de la Asamblea de 1994 a 1998, y un índice combinado de Gilchrist (1993) y esta obra. La advertencia de Gilchrist respecto a la posición eclesiástica de estos documentos de posición es saludable: "Es necesario señalar que, al citar los documentos de posturas, se debe tener cuidado en cuanto a si fueron meramente recibidos o si fueron adoptados como acción de la Asamblea General. Incluso cuando se adoptan, estos documentos y decisiones reflejan el consejo piadoso de esa Asamblea General en particular y no tienen fuerza constitucional a menos que se adopten cambios en el Libro de Orden de la Iglesia u otros estándares de la Iglesia" (1993:3).

Estudios

Hall, David W., and Joseph H. Hall. *Paradigms in Polity: Classic Readings in Reformed and Presbyterian Church Government* [*Paradigmas en la Forma de Gobierno: Lecturas Clásicas sobre el Gobierno de la Iglesia Reformada y Presbiteriana*]. Grand Rapids: Eerdmans, 1994. Una antología de selecciones de las principales obras históricas reformadas y presbiterianas sobre el gobierno de la iglesia. Después de la introducción de los editores siguen selecciones de "Continental Europe and Reformation Polities" ["Formas de Gobierno de la Europa Continental y de la Reforma"], "Dutch Reformed Polities" ["Formas de Gobierno Holandesas"], "Scottish and British Polities" ["Formas de Gobierno Escocesas y Británicas"] y "North American Polities" ["Formas de Gobierno Norteamericanas"]. Las selecciones van precedidas de útiles introducciones, y un buen ensayo bibliográfico concluye el volumen. Para un lector interesado en el pedigrí histórico y el desarrollo del gobierno de la iglesia presbiteriana, este volumen es un lugar importante para comenzar.

Antes de 1900: Las Islas Británicas.

Los incisos en la lista a continuación están ordenados en orden cronológico. Los incisos correspondientes al siglo diecinueve se han agrupado geográficamente.

Jus Divinum Regiminis Ecclesiastici, o *El Derecho Divino del Gobierno de la Iglesia,* originalmente afirmado por los Ministros del Sions College, Londres, diciembre de 1646. Revisado y editado por David Hall. Reimpresión, Dallas: Naphtali, 1995. Ampliamente considerada como autoría de ciertos miembros de la Asamblea de Westminster, esta obra es una exposición y defensa temprana y fundacional del *jus divinum* [derecho divino] presbiteriano. Es uno de los tratados bíblicos más sólidos del presbiterianismo *jus divinum* disponibles.

Bannerman, James. *The Church of Christ: A Treatise on the Nature, Powers, Ordinances, Discipline, and Government of the Christian*

Church [*La Iglesia de Cristo: Un tratado sobre la naturaleza, los poderes, las ordenanzas, la disciplina y el gobierno de la iglesia cristiana*]. 2 vols. Edimburgo: T&T Clark, 1868. Reimpresión, Edimburgo: Banner of Truth, 1960. Podría decirse que es el texto presbiteriano más completo sobre la doctrina de la iglesia. El hijo de Bannerman, D. Douglas Bannerman (ver más adelante), recopiló estos dos volúmenes a partir de las conferencias que James Bannerman había impartido a sus estudiantes ministeriales en el New College, de la Iglesia Libre de Escocia. Bannerman deja pocos apartados de la doctrina de la iglesia sin tocar. Resulta especialmente útil el compromiso de Bannerman con las formas de gobierno eclesiástico no presbiterianas.

Cunningham, William. *Historical Theology: A Review of the Principal Doctrinal Discussions in the Christian Church Since the Apostolic Age* [*Teología Histórica: Una Revisión de las principales discusiones doctrinales en la iglesia cristiana desde la edad apostólica*]. 3ª ed. 2 vols. Edimburgo: T&T Clark, 1870. Reimpresión, Edimburgo: Banner of Truth, 1960. Contemporáneo de Bannerman, Cunningham fue director y profesor de Historia de la Iglesia en el New College de Edimburgo. Aunque gran parte de esta obra abarca áreas que van mucho más allá de la doctrina de la iglesia, los capítulos de Cunningham sobre "La Iglesia" (1:9-42), "El Concilio de Jerusalén" (1:43-78), "Las Autoridades Civiles y Eclesiásticas" (1:390-412), "El Gobierno de la Iglesia" (2:514-556) y "La Controversia Erastiana" (2:557-87) merecen ser estudiados. Al igual que Bannerman, Cunningham ayuda al lector a situar la doctrina de la iglesia en el contexto histórico-teológico.

Cunningham, William. *Discussions on Church Principles: Popish, Erastian, and Presbyterian* [*Discusiones sobre los principios de la iglesia: papistas, erastianos y presbiterianos*]. Edimburgo: T&T Clark, 1863. Una colección póstuma de material publicado e inédito de Cunningham sobre la doctrina de la iglesia (p. iii). Es especialmente útil el artículo de Cunningham titulado "Church Power" ["Poder de la iglesia"] (pp. 235-256).

MacPherson, John. *Presbyterianism* [*Presbiterianismo*]. Edimburgo: T&T Clark, 1882. Parte de la serie de T&T Clark Handbooks for Bible Classes [Manuales para clases de Biblia], *Presbyterianism* ofrece una declaración esclarecedora y sucinta (p. 154) del gobierno de la iglesia presbiteriana. MacPherson, ministro de la Iglesia Libre, fue también autor de un breve comentario sobre la Confesión de Fe de Westminster y de una famosa serie de conferencias sobre la doctrina de la iglesia en la teología escocesa.

Bannerman, D. Douglas. *The Scripture Doctrine of the Church Historically and Exegetically Considered—The Eleventh Series of the Cunningham Lectures* (*La doctrina de la iglesia en las Escrituras, considerada histórica y exegéticamente, Undécima serie de Conferencias Cunningham*). Edimburgo: T&T Clark, 1887. Reimpresión, Grand Rapids: Baker, 1976. D. Douglas Bannerman fue ministro de la Iglesia Libre e hijo de James Bannerman (arriba). El valor de esta obra radica en su presentación de un tratamiento fundamentalmente bíblico-teológico de la enseñanza de las Escrituras sobre la iglesia. Bannerman comienza con "La iglesia en los tiempos de Abraham" y concluye con "La iglesia cristiana gentil... Antioquía y Roma".

Witherow, Thomas. *The Apostolic Church: Which Is It? An Enquiry at the Oracles of God as to Whether Any Existing Form of Church Government Is of Divine Right* [*La iglesia apostólica: ¿cuál es? Una Investigación de los oráculos de Dios sobre si cualquier forma existente de gobierno de la iglesia es de derecho divino*]. 5ª ed. rev. Glasgow: Andrew Elliot, 1881. Reimpresión, Glasgow: Free Presbyterian Publications, 1990. Una declaración breve y ampliamente reimpresa de los principios básicos del gobierno de la iglesia presbiteriana (un resumen aparece en Hall y Hall). El autor fue profesor de Historia de la Iglesia en el Magee College de Londonderry.

———. *The Form of the Christian Temple: Being a Treatise on the Constitution of the New Testament Church* [*La forma del templo cristiano: Un tratado sobre la constitución de la iglesia del Nuevo Testamento*]. Edimburgo: T&T Clark, 1889. Un análisis más sustancial (p. 468) del gobierno de la iglesia por el autor de *The Apostolic Church: Which Is It?*. La obra está dividida en tres partes: "Libro I: Agencias Temporales [de la Iglesia]", "Libro II: Elementos Divinos y Permanentes [de la iglesia]" y "Libro III:

Adiciones Humanas [a la iglesia]". Esta obra, agotada desde hace tiempo, merece ser reimpresa.

Killen, William D. *The Framework of the Church: A Treatise on Church Government* [*El esquema de la iglesia: Un tratado sobre el gobierno de la iglesia*]. Edimburgo: T&T Clark, 1890. Killen fue un presbiteriano irlandés del siglo diecinueve. Fue profesor de Historia de la Iglesia y de Teología Pastoral en el Irish Assembly's College de Belfast, y posteriormente presidente del mismo, y director de la Presbyterian Theological Faculty de Irlanda. Este tratado de 355 páginas sobre el gobierno de la iglesia se divide en cuatro partes: "La Iglesia y su gobierno", "El congregacionalismo", "La prelatura" y "El presbiterio". Uno de los puntos fuertes de la obra de Killen es su preocupación por abordar la evidencia histórica de los primeros siglos de la historia de la iglesia (ver también Killen's *The Ancient Church* [*La iglesia antigua*], ed. John Hall [Nueva York: Anson D. F. Randolph & Company, 1883]). Esta obra, agotada desde hace tiempo, merece ser reimpresa.

Antes de 1900: Estados Unidos.

Los dos primeros incisos a continuación se publicaron antes de que la Iglesia Presbiteriana se dividiera en líneas geográficas. La mayoría de los incisos posteriores se publicaron después de esta división y, por tanto, se han agrupado geográficamente.

Mason, John Mitchell. *Essays on the Church of God: In Which the Doctrines of Church Membership and Infant Baptism Are Fully Discussed* [*Ensayos sobre la iglesia de Dios: en los que las doctrinas de la membresía de la iglesia y el bautismo de los niños se discuten completamente*]. 1843. Reimpresión, Taylors, SC: Presbyterian Press, 2005. John Mitchell Mason fue un ministro influyente en la Iglesia Reformada Asociada a finales del siglo diecinueve. Esta obra se propone dar "un relato detallado pero sucinto de la iglesia de Dios, que abarca las principales cuestiones relativas a su naturaleza, miembros, funcionarios, orden, adoración y los puntos directamente relacionados con ellos" (p. 1). Dabney, Peck y McGill fueron solo tres de los muchos presbiterianos estadounidenses que reconocieron la importancia de estos ensayos para una comprensión bíblica de la iglesia y su gobierno. Recientemente reimpresos, estos ensayos están incluidos en ambas ediciones de las *Obras de Mason* (1832, 1849).

Miller, Samuel. *Presbyterianism, the Truly Primitive and Apostolic Constitution of the Church of Christ* [*El presbiterianismo, la constitución verdaderamente primitiva y apostólica de la iglesia de Cristo*]. Filadelfia: Presbyterian Board of Publication, 1840. Miller, el primer profesor de Historia de la Iglesia y de Gobierno de la Iglesia en el Seminario Teológico de Princeton, fue el autor de esta declaración y defensa relativamente breve de la historia, la doctrina, el gobierno y el culto de la Iglesia Presbiteriana. Reimpreso con frecuencia a lo largo del siglo diecinueve, el tratado de Miller se ganó el respeto y la admiración de los presbiterianos posteriores, tanto del Norte como del Sur. Para los lectores modernos que buscan una introducción a los principios del gobierno de la Iglesia presbiteriana, el artículo de Miller es un punto de partida ideal.

Peck, Thomas E. *Notes on Ecclesiology* [*Notas sobre eclesiología*]. 2nd ed. Richmond, VA: Presbyterian Committee of Publication, 1892. Reimpresión, Greenville, SC: Presbyterian Press, 2005. Peck sirvió en el Seminario Teológico de la Unión (Virginia) de 1860 a 1893. Primero enseñó Historia y Gobierno de la Iglesia y luego, sucediendo a Dabney, Teología. Esta obra consiste esencialmente en los apuntes de las conferencias de Peck sobre el gobierno de la iglesia. Es la exposición más completa y amplia sobre el tema realizada por un presbiteriano del sur, e indispensable para comprender la enseñanza de las Escrituras sobre el gobierno de la iglesia.

———. *Miscellanies of Thomas E. Peck* [*Misceláneas de Thomas E. Peck*]. 3 vols. Richmond, VA: Presbyterian Committee of Publication, 1895 – 1897. Reimpresión, Edimburgo: Banner of Truth, 1999. Las Misceláneas son artículos de revistas, sermones y notas de Peck recopilados y publicados póstumamente. Algunas de estas piezas son valiosas declaraciones de aspectos de la doctrina del gobierno de la iglesia. "Church and State" ["Iglesia y Estado"]

(2:266-89) no reproduce en absoluto la declaración de Peck sobre el tema en sus *Notas*. "The Powers of Our Several Church Courts" ["Los poderes de nuestros diversos tribunales eclesiásticos"] (2:331-360) es una declaración definitiva sobre el poder de la iglesia ejercido por sus diversos tribunales. "Thornwell's Writings" (2:361-399, especialmente 383-399) ofrece el estudio y análisis comprensivo de Peck sobre los principios de Thornwell relativos al gobierno de la iglesia.

Robinson, Stuart. *The Church of God as an Essential Element of the Gospel* [*La iglesia de Dios como elemento esencial del evangelio*]. Filadelfia: Joseph M. Wilson, 1858. Reimpresión, Willow Grove, PA: The Committee on Christian Education of the Orthodox Presbyterian Church, 2009. Robinson fue un distinguido ministro presbiteriano que enseñó brevemente sobre el Gobierno de la Iglesia y Teología Pastoral en el Seminario Teológico de Danville (Kentucky), y sirvió como moderador de la Asamblea General de la PCUS en 1869. *The Church of God* se originó como un "Discurso inaugural... pronunciado ante [el Seminario Teológico de Danville] durante las sesiones de la Asamblea General en Lexington, Kentucky, en mayo de 1857". Agotado desde hace tiempo, pero ahora reeditado de forma atractiva, *The Church of God* de Robinson plantea de forma elocuente la tesis de que la iglesia no es algo accesorio en el único plan de Dios para salvar a los pecadores por medio de Cristo. Por el contrario, la iglesia es fundamental para el desarrollo de este plan único en la historia redentora. La obra de Robinson, por tanto, sitúa útilmente la doctrina de la iglesia y de su gobierno en el contexto bíblico-teológico. Por ello, proporciona un valioso complemento contemporáneo a las *Notes on Ecclesiology* de Peck.

———. *Discourses of Redemption* . . . [*Discursos de la redención*], 4ª ed. estadounidense. Richmond, VA: Presbyterian Committee of Publication, 1866. Valiosos por sí mismos como un estudio histórico-redentor de las Escrituras, estos *Discursos* tienen apéndices con valiosas "notas", dos de las cuales son "El lugar de la iglesia en el esquema de la redención" y "La relación de los poderes temporales y espirituales históricamente considerados: La teoría Escoto-estadounidense" (pp. 453-470; 474-488). Como ha señalado T. David Gordon, este último artículo demuestra de forma útil los antecedentes de la doctrina presbiteriana del sur sobre la espiritualidad de la iglesia en la teología presbiteriana escocesa.

Dabney, Robert L. *Discussions: Evangelical and Theological [Discusiones evangélicas y teológicas]*. Vol. 2 de Discussions. Richmond, VA: Presbyterian Committee of Publication, 1891. Reimpresión, Edimburgo: Banner of Truth, 1967. Dabney, ministro presbiteriano de Virginia y profesor durante mucho tiempo del Union Theological Seminary (Virginia), nunca publicó un estudio sistemático sobre el gobierno de la iglesia. Sin embargo, ha dejado una serie de piezas importantes que tocan el tema. Algunas de estas piezas han sido reunidas en el segundo volumen (de cuatro) de las *Discusiones de Dabney*. "Teorías sobre el oficio de anciano" es una declaración completa e importante del punto de vista de los "dos oficios" sobre el oficio de anciano. "¿Qué es la Unión Cristiana?" aborda lo que significa (y lo que no significa) la unidad de la iglesia para la unión y el compañerismo eclesiástico. "La decisión de la Iglesia de Wall Street en el Tribunal Supremo de los Estados Unidos" ofrece las reflexiones de Dabney sobre un importante asunto contemporáneo de la iglesia y el estado. Los lectores interesados en conocer más acerca de los pensamientos de Dabney sobre la relación entre la iglesia y el estado también deberían consultar su *Syllabus and Notes of the Course of Systematic and Polemic Theology Taught in Union Theological Seminary [Programa y notas del curso de Teología Sistemática y Polémica impartido en el Seminario Teológico Unión]*, Virginia, 2ª ed. rev. (Richmond, VA: Shepperson & Graves, 1871; repr., Edimburgo: Banner of Truth, 1985), 862-87; y su *The Practical Philosophy: Being the Philosophy of the Feelings, of the Will, and of the Conscience, with the Ascertainment of Particular Rights and Duties [La Filosofía Práctica: Filosofía de los sentimientos, de la voluntad y de la conciencia, con la determinación de los derechos y deberes particulares]* (Kansas City, MO: Hudson, Kimberly, 1897; repr., Harrisonburg, VA: Sprinkle Publications, 1984), 302-328.

Thornwell, James H. *Collected Writings of James Henley Thornwell: Ecclesiastical [Colección de escritos de James Henley Thornwell:*

Eclesiásticos]. Vol. 4 de *Collected Writings*. Editado por John B. Adger y John L. Girardeau. Richmond, VA: Presbyterian Committee of Publication, 1873. Reimpresión, Edimburgo: Banner of Truth, 1974. Thornwell fue un influyente ministro y profesor presbiteriano de Carolina del Sur a mediados del siglo diecinueve. Este volumen del *Collected Writings de Thornwell* es una recopilación póstuma de los escritos de Thornwell sobre la iglesia. Destacan las defensas de Thornwell del punto de vista de los "dos oficios" del anciano (ver las pp. 43-142) y los argumentos de Thornwell contra las "juntas de la iglesia" (pp. 144-295). También se incluye en este volumen el influyente "Address to All Churches of Christ" ["Discurso a todas las iglesias de Cristo"] (pp. 446-464), del que es autor Thornwell y que la Iglesia Presbiteriana del Sur adoptó posteriormente en 1861. Este discurso sigue siendo una declaración poderosa e influyente de la naturaleza y la misión de la iglesia.

Smyth, Thomas. *The Complete Works of Rev. Thomas Smyth* [*Las obras completas del Reverendo Thomas Smyth*], D.D. Editado por J. Wm. Flinn. 10 vols. Columbia, SC: R. L. Bryan, 1908. Smyth, un erudito y prolífico ministro presbiteriano, emigró de Irlanda y sirvió con distinción en la Segunda Iglesia Presbiteriana, Charleston, Carolina del Sur, desde 1834 hasta 1873. *Las Obras Completas de Smyth* no tuvieron una gran difusión cuando se imprimieron por primera vez y no se han reimpreso. Como resultado, son difíciles de encontrar (actualmente hay un índice disponible en el sitio web del Centro Histórico de la PCA). A diferencia de muchos otros presbiterianos del sur, Smyth adoptó una postura de "tres oficios" del ministerio y defendió (con Charles Hodge y otros) las "juntas de la iglesia". Muchos de los escritos eclesiológicos de Smyth ofrecen una defensa del presbiterianismo contra la prelatura. El volumen 4 contiene su "Ecclesiastical Catechism of the Presbyterian Church for the Use of Families, Bible Classes, and Private Members" ["Catecismo eclesiástico de la Iglesia Presbiteriana para el uso de las familias, las clases de Biblia y los miembros particulares], por el que Smyth es más conocido, y que da una expresión útil a muchos principios de la eclesiología presbiteriana en un formato accesible.

Hodge, Charles. *Discussions in Church Polity: From the Contributions to the "Princeton Review"* [Discusiones sobre la forma de gobierno de la iglesia]. Nueva York: Charles Scribner's Sons, 1878. Profesor durante mucho tiempo del Seminario Teológico de Princeton, Charles Hodge publicó su *Teología Sistemática* en tres volúmenes casi al final de su vida. Según el hijo de Hodge, A. A. Hodge, Charles Hodge planeó un cuarto volumen sobre la doctrina de la iglesia, pero no vivió para redactarlo. Los artículos eclesiológicos de Hodge, publicados en la *Princeton Theological Review* de 1835 a 1867, fueron agrupados y, con la bendición de Hodge, publicados en este volumen de aproximadamente 540 páginas. Aunque no es una declaración exhaustiva de la doctrina de la iglesia, los artículos de Hodge tocan muchos puntos del gobierno de la iglesia y representan una importante voz presbiteriana del norte a mediados y finales del siglo diecinueve.

———. *Constitutional History of the Presbyterian Church in the United States* [Historia constitucional de la Iglesia Presbiteriana en los Estados Unidos]. 2 vols. Filadelfia: Presbyterian Board of Publication, 1851. Aunque técnicamente es una historia de la Iglesia Presbiteriana de Estados Unidos, la *Historia Constitucional de Hodge* reflexiona periódicamente sobre algunas de las cuestiones importantes relacionadas con el gobierno de la iglesia que surgieron durante este período. A este respecto, cabe destacar la discusión y el análisis que hace Hodge de la división entre el Old/New Side en el siglo dieciocho.

McGill, A. T. *Church Government: A Treatise Compiled from His Lectures in Theological Seminaries* [El gobierno de la iglesia: Un tratado compilado de sus conferencias en los seminarios teológicos]. Filadelfia: Presbyterian Board of Publication and Sabbath-School Work, 1888. *Church Government* ofrece, en algunos aspectos, una contrapartida (más larga) a las *Notas sobre Eclesiología de Peck*. Esta obra, como indica el subtítulo, comprende las conferencias de McGill sobre el gobierno de la iglesia en su forma más madura. McGill sirvió en el Western Theological Seminary (Allegheny, Pensilvania), en el Columbia Theological Seminary (Carolina del Sur) y, finalmente, en el Princeton Theological Seminary, este último desde 1854 hasta 1883. "Fue moderador de la Asamblea General de la Iglesia Presbiteriana (Vieja Escuela) en 1848, secretario permanente de 1850 a 1862, y secretario permanente de 1862 a 1870" (Alfred Nevin, ed., *Encyclopaedia of the Presbyterian Church in the United States of America, Including the Northern and Southern Assemblies* [Filadelfia: Presbyterian Publishing, 1884], 495). Una característica notable de esta obra es su discusión de cuarenta páginas sobre el diácono, incluyendo una defensa de la diaconisa.

Contemporáneos.

Los primeros cuatro incisos a continuación fueron escritos por miembros de la facultad del Seminario Teológico de Westminster y están organizados en un orden cronológico aproximado. Los dos últimos incisos están relacionados de manera más inmediata con la Iglesia Presbiteriana en América (PCA).

Murray, John. *The Collected Writings of John Murray: The Claims of Truth and Select Lectures in Systematic Theology* [Recopilación de escritos de John Murray: Las afirmaciones de la verdad y conferencias selectas de teología sistemática]. Vols. 1 y 2 de Collected Writings. Carlisle, PA: Banner of Truth, 1977. Murray, profesor de Teología Sistemática en el Seminario Teológico de Westminster de 1930 a 1966, nunca publicó una teología sistemática ni un tratado sobre la iglesia. Sin embargo, muchas de sus conferencias y artículos publicados fueron reunidos póstumamente en esta colección. Los dos primeros volúmenes contienen artículos sobre la doctrina del gobierno de la iglesia. Cabe destacar "La iglesia y la misión" (1:24-52); "La relación entre la iglesia y el Estado" (1:25-59), "El gobierno en la iglesia de Cristo" (1:260-268), "La base bíblica de la unión eclesiástica" (1: 269-272), "El gobierno de la iglesia" (2:336-344), "La forma de gobierno" (2:345-350), "Argumentos contra el oficio de anciano temporal" (2:351-356) y "El oficio en la iglesia" (2:357-365).

Kuiper, R. B. *The Glorious Body of Christ* [El glorioso cuerpo de Cristo]. Grand Rapids: Eerdmans, 1958. Al igual que Clowney

(1995), este libro es uno de los pocos ejemplos del siglo veinte de una amplia declaración reformada sobre la iglesia. Algunas partes tocan la doctrina del gobierno de la iglesia. Aunque los antecedentes de Kuiper pertenecían a las iglesias reformadas, fue profesor en el Seminario Teológico de Westminster (Pensilvania) y, por tanto, tuvo ocasión de relacionarse con colegas y estudiantes presbiterianos y de influir en ellos.

Clowney, Edmund P. "Distinctive Emphases in Presbyterian Church Polity" ["Énfasis Distintivo en la Forma de Gobierno Presbiteriana"], en *Pressing toward the Mark* [*Prosiguiendo hacia la Meta*], editado por Charles Dennison y Richard Gamble, 99-110. Filadelfia: The Committee for the Historian of the Orthodox Presbyterian Church, 1986. Una breve declaración del siglo veinte sobre los principios en los que se basa el gobierno de la Iglesia Presbiteriana, realizada por un veterano profesor del Seminario Teológico de Westminster (Pensilvania) y posterior presidente del mismo.

———. *The Church* [*La iglesia*]. Downers Grove, IL: InterVarsity, 1995. Aunque no es una declaración del gobierno de la iglesia presbiteriana en sí, esta obra es una rara declaración presbiteriana del siglo veinte sobre la iglesia. Clowney se preocupa especialmente por situar la doctrina de la iglesia en su contexto bíblico-teológico.

Cannada, Robert C., and W. Jack Williamson. *The Historic Polity of the PCA* [*La histórica forma de gobierno de la PCA*]. Greenville, SC: A Press, 1997. Un tratado influyente del gobierno de la iglesia por dos padres fundadores de la Iglesia Presbiteriana en Estados Unidos. Muchos de sus múltiples apéndices dan al lector acceso a declaraciones históricas de la forma de gobierno presbiteriana estadounidense.

Lucas, Sean M. *On Being Presbyterian: Our Beliefs, Practices, and Stories* [*Sobre ser presbiteriano: Nuestras creencias, prácticas e historias*]. Phillipsburg, NJ: P&R Publishing, 2006. Una declaración ampliamente leída y no técnica de la doctrina, la adoración, el gobierno y la historia presbiteriana. Las páginas 132-148 ofrecen un estudio conciso y selectivo de los principios de gobierno presbiteriano y analizan su aplicación en la Iglesia Presbiteriana en Estados Unidos.

NOVEDAD

EL PROBLEMA DEL ANTIGUO TESTAMENTO

ENFOQUES HERMENÉUTICO, ESQUEMÁTICO Y TEOLÓGICO

DUANE A. GARRETT

En este libro Duane A. Garrett también explora importantes temas interpretativos como la naturaleza de la ley, la función de la elección y los pactos, y cómo funciona la profecía, ofreciendo audazmente un camino a seguir que es fiel al texto y a la fe cristiana.

Lanzamiento en 2024

VOLUMEN I
PROLEGÓMENOS A LA TEOLOGÍA

DOGMÁTICA REFORMADA POSTERIOR A LA REFORMA

Origen y desarrollo de la ortodoxia reformada, ca. 1520 a ca. 1725

RICHARD A. MULLER

Segunda Edición

Richard Muller ha emprendido este estudio exhaustivo de doctrinas específicas para demostrar cómo se desarrolló la doctrina en el período protestante temprano.

Nuestra meta es equipar a cada creyente con literatura de un sólido contenido bíblico que le permita profundizar en la Palabra de Dios y crecer en la madurez cristiana.

Síguenos en redes sociales
como **@montealtoes**

Puedes *adquirir* nuestros libros en:
www.montealtoeditorial.com

www.ingramcontent.com/pod-product-compliance
Lightning Source LLC
LaVergne TN
LVHW032009070526
838202LV00059B/6363